Kursbuch Religion 11+
Lehrerhandbuch

Kursbuch Religion 11+

LEHRERHANDBUCH

Herausgegeben von Gerhard Kraft

Für die einzelnen Kapitel zeichnen verantwortlich:
Ulrich Kämmerer, Gerhard Kraft, Dieter Petri, Hartmut Rupp, Heinz Schmidt,
Christa Spilling-Nöker und Jörg Thierfelder

Calwer Verlag Stuttgart
Verlag Moritz Diesterweg Frankfurt am Main

ISBN 3–7668–3417–7 (Calwer Verlag)
ISBN 3–425–00807–2 (Verlag Moritz Diesterweg)

Umschlaggestaltung: Ellen Steglich, Stuttgart
Herstellung: die werkstatt, Bern
Satz: SatzTeam Berger, Ellenberg
Druck: Gutmann & Co., Talheim

Inhalt

Vorwort

Neuere Entwicklungen der Religionsdidaktik, geänderte Arbeitsformen wie auch veränderte schulische Bedingungen machen ein Nachdenken über Verwendungsformen und Inhalte von Lehrbüchern und Lernmaterialien besonders in der Sekundarstufe II notwendig.
Einige Stichworte dazu sind Themenzentrierung, Handlungsorientierung, Mehrdimensionalität und Interdisziplinarität. Erfahrungsorientierung und -reflexion lösen positivistische Wissens- und Lernkonzepte ab. Durch Wissensvielfalt und Wissenserweiterung ist der Orientierungs- und Legitimationskrise nicht beizukommen. Problemöffnender als ein reproduzierendes Lernen ist ein selbstaktivierendes, selbstorganisierendes und selbststeuerndes Lernen. Wichtig ist, daß die Schülerinnen und Schüler als Subjekte im Zusammenhang von Tradition und Lebenswelt vorkommen.

Neben erläuternden und erzählenden Texten stehen Gedichte, Interviews und vor allem Quellentexte. Bilder unterschiedlicher Art (Fotografien und Karikaturen, ältere und moderne Kunst) wollen nicht einfach illustrieren, sondern zum Nachdenken anregen, weiterführende Impulse geben, die das Thema in seiner Vielschichtigkeit aufzeigen und den Inhalt des Gesagten ergänzen.
Aus der Fülle des Materials zu den einzelnen Aspekten der Themen können und müssen die Lehrerinnen und Lehrer, zusammen mit den Schülerinnen und Schülern, auswählen. Wichtig ist den Autoren, daß die Schülerinnen und Schüler nicht nur mit den biblischen und geistesgeschichtlichen Traditionen vertraut werden, sondern sich in Beziehung setzen mit den zeitgeschichtlichen Problemen und Fragen. Die Schüler/innen sollen erfahren, daß »ihre Sache« verhandelt wird, daß es um ihre Gegenwart und Zukunft geht.

Gerhard Kraft

Nach Religion fragen

1 Zielsetzung, Aufbau und Probleme des Kapitels

1.1 Zielsetzung

Das erste Kapitel stellt Schülerinnen und Schülern (und damit unvermeidlich auch der Lehrerin, dem Lehrer) die berühmte »Gretchenfrage« nach ihrem Verhältnis zur Religion (zu Gott, zum Glauben, zur Kirche ...). Damit zielt es zunächst nicht auf »Christlichkeit« oder »Kirchlichkeit«, also nicht auf das dezidierte Bekenntnis, die Bindung an eine konkrete Glaubensgemeinschaft, die Übereinstimmung mit institutionell vermittelten Glaubensinhalten/-wahrheiten oder die Teilnahme an kirchlichen Ritualen, Liturgien, Kasualien oder Freizeitangeboten, sondern auf das *Aufspüren, Wahrnehmen, Nachdenken, Sprechen und Beurteilen von sich* (nicht selten verdeckt, vermittelt) *lebensweltlich und lebensgeschichtlich manifestierender und ausprägender Religiosität.*

Es setzt dabei keinen bestimmten Begriff, keine bestimmte Definition von Religion voraus, wie sie etwa im letzten Abschnitt des Kapitels (S. 51f.) aufgeführt werden (wenngleich diese jeweils wesentliche Teilaspekte dessen enthalten, was unter Religion verstanden wird). Es bezieht sich naheliegenderweise, aber nicht ausschließlich auf Beispiele und Konkretionen aus dem Bereich des christlichen Glaubens.[1] Es ist jedoch tendenziell religionswissenschaftlich und religionssoziologisch angelegt und verweist wiederholt auf Phänomene in anderen Religionen, insbesondere im Judentum und im Islam.

Im Blick auf Situation und Stellenwert von Religion in der (post)modernen, pluralen, sich weltanschaulich neutral verstehenden Gesellschaft versteht es die wachsende – formale wie substantielle – Entkirchlichung (nicht nur) Jugendlicher, also die nachlassende Bedeutung positiver, institutionalisierter Religion, ebensowenig »verfallstheoretisch« als Symptom und Folge von Aufklärung, Säkularisierung, Entmythologisierung und damit als Beleg für die These der Religionslosigkeit der Moderne wie die Tendenz zur »Privatisierung der Religion« und zur »Sakralisierung des Subjekts«.[2] Pluralisierung, Relativierung und Individualisierung von Lebenslagen und -stilen, Werthaltungen und Wahrheit(en) werden vielmehr als nicht hintergehbare Voraussetzungen und Bedingungen heutigen Fragens nach Religion anerkannt und gewissermaßen als »kritische Prinzipien« mitgedacht.[3]

Von daher wird religionswissenschaftlich nach »der« Religion in den Religionen, insbesondere aber nach religiösen Dimensionen in den Lebensgeschichten und Lebenswelten (post)moderner Menschen gefragt.

Dabei wird vorausgesetzt, daß Menschen (im Sinne von »dem Menschen«) eine »unheilbar religiöse Natur« (W. Pannenberg) eignet, Religion – zunächst einmal als Religiosität – gewissermaßen ein »Anthropinum« ist, wesensmäßig und untrennbar zum Menschen gehört, also »menschlich« ist. Ob solche Religiosität sich auch für den (post)modernen einzelnen noch aus dem Zusammenspiel von radikaler Negativitätserfahrung und Transzendenzverwiesenheit ergibt, also mit F. D. Schleiermacher aus dem

1 Die Diskussion, ob der christliche Glaube eine Religion sei und als solche begriffen werden könne, kann an dieser Stelle nicht geführt werden, könnte aber etwa bei der Beschäftigung mit Barths bekannter Abgrenzung (vgl. S. 51) angeregt werden. Bonhoeffer und Tillich haben dies – mit anderen Gründen und Motiven als Barth – ebenfalls bestritten.

2 Vgl. Thomas Luckmann: Die unsichtbare Religion, S. 139 ff., 178 ff. u.ö.

3 Darin spiegelt sich der von Peter L. Berger beschriebene »häretische Imperativ«: Die moderne pluralistische Gesellschaft und der Mensch in ihr sind gekennzeichnet durch den Übergang vom Schicksal zur Wahl. Damit steht der einzelne Mensch vor der Notwendigkeit zu wählen. Er muß sich für (s)einen Glauben entscheiden. (Vgl. Peter L. Berger: Der Zwang zur Häresie, S. 39 ff., 42 f.)

Bewußtsein seines Nicht-aus-sich-selbst-Seins und seiner »schlechthinnigen Abhängigkeit« zu erklären ist, mag bezweifelt werden. Jedenfalls muß sie sich für ihn nicht mehr notwendig und ausschließlich in verschiedenen historisch konkreten, kulturell geprägten und »dogmatisch« ausdifferenzierten Religionen und der exklusiven Bindung an eine von ihnen ausprägen.
Auch ist die institutionelle Einbindung und ihre Wirksamkeit in gemeinschaftlichen Vollzügen für viele Menschen heute nicht mehr verpflichtend (wenngleich, in neuen Formen und Gestalten wie etwa Kirchentagen, Taizé usw., insbesondere für junge Menschen wieder attraktiv!).
Solche Religiosität äußert sich und begegnet bei Jugendlichen zunehmend unkonventionell, verborgen, alternativ und nicht selten in überraschender Gestalt. In ihr artikuliert sich das persönliche Suchen und Fragen nach letzten tragenden Bedingungen zur Welt- und Selbstorientierung, -deutung und -gestaltung, nach Sinn, Hoffnung, Gerechtigkeit, nach Ursprung, Grund und Ziel von Welt und Mensch, nach beider Zukunft, nach der Existenz und Erfahrbarkeit »Gottes«, nach tragfähigen und lebbaren Normen und sie begründenden Werten, nach überzeugenden Perspektiven des Umgangs mit der eigenen Endlichkeit, mit Sterben und Tod, nach »anderem« Leben, nach »Weltabstand« …[4]

Bezogen auf Schüler/innen am Beginn der Gymnasialen Oberstufe setzt das Kapitel voraus, daß diese

- in ihren alltags-/lebensweltlichen Horizonten und Kulturen vielfältig von – vor allem säkularisierter, kommerzialisierter, mediatisierter und tendenziell esoterischer – Religiosität umgeben und umworben sind,
- zwar traditionell »kirchlichen« bzw. »christlichen« Erscheinungsweisen, Sprachformen, Symbolen, »Wahrheiten« und Praktiken überwiegend skeptisch, indifferent, ablehnend, im günstigsten Fall in »symbiotischer Distanz« gegenüberstehen, jedoch nicht areligiös bzw. mehrheitlich dezidiert atheistisch oder antichristlich eingestellt sind, sondern für religiöse Erlebnis- und Erfahrungsmöglichkeiten offen sind, in denen eine ihrer lebensgeschichtlichen Befindlichkeit entsprechende Sinnorientierung und Selbst- und Weltinterpretation angebahnt und begleitet werden kann, wobei
- ihrem Autonomiebedürfnis Rechnung zu tragen ist, Lebenswelt und Glaubenspraxis überzeugend, kohärent integriert werden müssen, dem »häretischen Imperativ« der Moderne auch im Bezug auf Religion, (also dem Zwang zur Wahl und Entscheidung auch bezogen auf eigene Glaubensvorstellungen) entsprochen werden muß und ihre jugendspezifische Ästhetik, insbesondere hinsichtlich Kommunikation, liturgischer Formen, Spiritualität und Frömmigkeitspraxis, zu berücksichtigen ist,
- lebensweltlich (also etwa in der Vielfalt ihrer Kulte und Kulturen, Szenen, Milieus …) wie lebensgeschichtlich »religiöse Erfahrungen« gemacht haben und machen, also nicht »religionslos« leben und sich und die Welt nicht »religionslos« bzw. »nicht-religiös« interpretieren.

Neben der *Erkenntnis der Religiosität des* (auch – und vielleicht gerade – modernen) *Menschen* und damit der partiellen *Widerlegung der These der Religionslosigkeit der modernen* »verwissenschaftlichten«, pluralen *Welt*, neben der *Entdeckung des Vorhandenseins von Religion im Alltag* und ihrer »begleitenden« Bedeutung *in der Lebensgeschichte* des einzelnen (in allen Religionen), neben der *Einsicht in ihre »gesellschaftliche«* (soziale, kulturelle …) *Funktion* als Aprori und Gestaltungsfaktor soll das Kapitel Schülerinnen und Schüler auf weitere *»Spuren der Engel«* bzw. *»Transzendenzen«* aufmerksam machen, die insbesondere *in Riten und Ritualen, in Symbolen, Festen und Feiern, in liturgischen Ele-*

4 »Religiöse Fragen beziehen sich nicht auf etwas in der Welt, sondern auf die Welt selbst. In ihnen ist nicht einzelnes in der Welt fraglich, sondern die Welt selber und das In-der-Welt-Sein sind hier fraglich. Bei nicht-religiösen Fragen wird die fraglose Selbstverständlichkeit der Welt (und der Lebenswelt) vorausgesetzt. Religiöse Fragen dagegen gehen auf Distanz zur Welt insgesamt. Sie artikulieren Differenz zur Welt, um einen (neuen) Bezug zur Welt zu gewinnen. Aussagen über ein Jenseits der Welt, eine andere Welt, die Welt des ganz Anderen machen Sinn nur, wenn in ihnen diese Differenz, d.h. der Bezug zur Welt erkennbar mitgedacht wird. … Aussagen über eine andere Welt sind Befragungen dieser Welt, sie sehen diese Welt anders. Religiöse Fragen beziehen sich also weder auf etwas in der Welt noch auf eine andere Welt, sondern auf den Weltabstand« (Henning Luther: Religion als Weltabstand, in: Ders.: Religion und Alltag, S. 23).

menten und spirituellen Praktiken begegnen und aufzuspüren sind.[5] Dies kann angesichts des begrenzten Umfangs des Kapitels nur exemplarisch und in Teilaspekten geschehen; in den folgenden didaktisch-methodischen Hinweisen werden jeweils Anregungen zur Vertiefung bzw. Erweiterung gegeben, die im Unterricht geschehen können.
Neben diesem inhaltlichen wie intentionalen Schwerpunkt thematisiert das Kapitel *das Verhältnis von (»Natur«-)Wissenschaft und Theologie bzw. von Wissen und Glauben* als eine für den RU in der Gymnasialen Oberstufe wesentliche hermeneutisch-methodische Prämisse. In diesen Zusammenhang gehört auch die *»Weltbild«-Problematik*, die hier insbesondere unter dem Aspekt moderner kosmologischer (bzw. kosmogonischer) Theorien und ihrer Auswirkung auf den Gottesglauben, vor allem auf die Frage nach Gott als Schöpfer und Erhalter der »Welt«, thematisiert wird. Neben dem *Erwerb von grundlegenden Kenntnissen* hierzu und der *Sensibilisierung für die unterschiedlichen Hermeneutiken und Sprechweisen* (»Sprachen«) in (»Natur«-)Wissenschaft und Theologie sollen Schülerinnen und Schüler vor allem *Einsicht in den komplementären Charakter* dieser beiden gewinnen. Wesentliches ist erreicht, wenn sie *»Wissen« und »Glauben«* nicht als gegensätzliche, sich ausschließende Modi von Welterklärung und -bewältigung verstehen, sondern *als komplementäre Verstehens- und Sprechweisen*, als von unterschiedlichen Ausgangspunkten mit unterschiedlicher Methodik und Hermeneutik und unterschiedlichen Erkenntnisinteressen fragende und forschende und in ihren Einsichten sich ergänzende Betrachtungsweisen desselben Phänomens, die sich, bei reflektierter Anwendung, der Grenzen ihrer Erkenntnisse und des Gültigkeits- und Wahrheitsanspruches ihrer Aussagen bewußt sind.
Schließlich behandelt das Kapitel *den Religionsunterricht* (in der Gymnasialen Oberstufe) *als solchen*, insbesondere seine *pädagogische Begründung*, seinen *Beitrag zu Persönlichkeitsbildung und Erziehung, sein »Proprium«*, seine Inhalte und Ziele im Kontext des Kanons »verwandter« Fächer bzw. Lernbereiche und die ihm – gewissermaßen theologisch-anthropologisch – inhärenten *Fragen bzw. Probleme hinsichtlich der Leistungsbewertung*. Die Bearbeitung dieser Aspekte will zum einen vor dem Hintergrund gegenwärtiger Diskussionen und Infragestellungen des RU vor allem seine (schul- wie allgemein-)*pädagogische Legitimation* und damit seinen *Beitrag zum Bildungs- und Erziehungsauftrag* der Gymnasialen Oberstufe bewußtmachen. Zum anderen sollen in der Diskussion über die genannten Aspekte *Erfahrungen und Erwartungen* der Schülerinnen und Schüler *und* der Lehrerin bzw. des Lehrers *an den RU bewußtgemacht*, diskutiert und geklärt werden, um auch auf diese Weise *Arbeits- und Kommunikationsgrundlagen und -bedingungen* für den konkreten Unterricht im jeweiligen Kurs zu *finden und festzulegen*.
Das Kapitel thematisiert ausdrücklich nicht die »klassische« Religionskritik (Feuerbach, Marx, Nietzsche, Freud … bis hin zu T. Moser), die üblicher- und bewährterweise im Zusammenhang mit der »Gottesfrage« bearbeitet wird. Daher sei betont, daß es der Intention und dem Duktus des Kapitels entspricht, »die Geister scheiden« zu lernen, d.h. kritisch nach Funktion und Wirkung von Religion zu fragen.

1.2 Aufbau und Probleme des Kapitels

Das Kapitel stellt Schülerinnen und Schülern – als selbst Fragenden und Suchenden – die »Gretchenfrage« und konfrontiert sie so im schulischen Unterricht mit der Frage, die ihnen nicht fremd ist, der sie sich »öffentlich« eher selten und ungern stellen und die sie »öffentlich« vermutlich auch ungern persönlich beantworten. Seinem religionswissenschaftlichen und -soziologischen Ansatz entsprechend zielt

5 Daß Religion instrumentalisierbar, mißbrauchbar, für ganz unterschiedliche und gegensätzliche Zwecke und Ziele einsetzbar ist und immer ambivalente Wirkungen auf den einzelnen wie auf Kultur und Gesellschaft haben kann, hatte und hat, daß mithin also die bloße Feststellung des Vorhandenseins von Religion nicht hinreicht, um ihr Wesen zu verstehen, daran ist an dieser Stelle zu erinnern! Immer ist also zu fragen und zu prüfen, ob und was Religion beiträgt zur Befreiung, Heilung, Hoffnung, Lebenserneuerung, Veränderung zu Frieden, Gerechtigkeit, (Mit-)Menschlichkeit, Menschenwürde, zur Humanisierung von Welt und Mensch, zu heilendem und helfendem Umgang mit Schuld, Angst, Endlichkeit …

das Kapitel daher mehr auf Dialog, Diskussion und Kontroverse als auf Überzeugung und Bekenntnis. Das schließt – im Sinne des Postulats von Heinz Zahrnt: »Wer Nein zum Christentum sagt, sollte wenigstens verstanden haben, wovon er Abschied nimmt« (S. 40) – die bewußte Auseinandersetzung mit (nicht nur) christlichen Glaubensinhalten und ihren existentiellen Herausforderungen und Konsequenzen nicht aus. Bedenkt man, daß die Jahrgangsstufe 11, in der Schülerinnen und Schüler aus verschiedenen Schulformen und Klassen zu neuen Lerngruppen zusammenwachsen müssen, die Einstiegskonstellation in den RU in der Gymnasialen Oberstufe darstellt, so erscheint es (allgemein- wie religions-)pädagogisch wünschenswert und sinnvoll, über die »Gretchenfrage« eher und mehr ins Gespräch zu kommen und einen Dialogprozeß anzubahnen, als sie bereits zu beantworten. Dieser Überlegung versucht das Kapitel in verschiedener Weise Rechnung zu tragen.
Als *Leitmotiv* bzw. *These*, mit der sich die Schülerinnen und Schüler auseinandersetzen sollen, kann D. Bonhoeffers Prophezeiung einer »völlig religionslosen Zeit« in Verbindung mit R. Magrittes Bild »Le Rossignol« als Einstieg das Gespräch über die »Gretchenfrage« eröffnen (S. 8f.).
Die sich anschließende *alltagsweltliche Perspektive* (S. 10–13) soll, vor allem durch ihren (exemplarischen) Bezug auf religiöse Phänomene in der Lebenswelt Jugendlicher (Schule, Kleidung, Rock-/Popkultur; Werbung), Bewußtsein und Sensibilität für das Vorhandensein von Religion wecken. Sie soll zugleich auf die starke symbolische Repräsentanz, Mediatisierung und Kommerzialisierung solcher Religiosität aufmerksam machen und dabei die kritische Wahrnehmung und Auseinandersetzung mit Instrumentalisierung und Funktionalisierung religiöser, insbesondere christlicher Symbole und Motive anregen.
In *lebensgeschichtlicher Perspektive* greift das Kapitel auf Taufe und Konfirmation zurück, ein Initiations- und ein Passageritual, die vermutlich der größte Teil der Schülerinnen und Schüler erlebt hat und an die sie sich noch direkt (Konfirmation) oder mit Hilfe verschiedener Dokumente (Taufe) erinnern können (S. 14–21). Neben der Erkenntnis der kultur- und religionsübergreifenden Praxis solcher Rituale an »Gelenkstellen« des Lebens und ihrer religiösen, sozialen und kulturellen Bedeutung können, bezogen auf die These der Religionslosigkeit wie auf die jüngste deutsche Vergangenheit (Jugendweihe), Unterschiede und Gemeinsamkeiten religiöser bzw. bewußt nicht-religiöser Rituale der Lebensbegleitung herausgearbeitet werden. In diesem Zusammenhang sind Erweiterungen und Vertiefungen möglich, etwa im Blick auf Hochzeit und Beerdigung, vor allem auch im Blick auf spezifische Rituale in jugendlichen Kulturen und Lebenswelten (etwa: Aufnahmerituale in »peer-groups«, Cliquen, Rituale des Dazugehörens) bis hin zu Initiations- und Passageritualen alltäglichster Art (etwa: Vorstellung eines neuen Spielers oder einer neuen Mannschaft im Fußball …).
Die folgenden Abschnitte zu *Gebet* (S. 22–24), *Fest* (S. 25f.) und *Sonntag* (S. 27–30) lenken das Augenmerk auf unterschiedliche *regelmäßige*, gewissermaßen *»alltägliche« religiöse Vollzüge, in denen persönliche und soziale, kulturelle Funktionen und Wirkungen zusammenkommen*. Es kann herausgearbeitet werden, daß solche Vollzüge religionsübergreifend und z.T. auch -verbindend sind bzw. sein können, daß in ihnen und durch sie der einzelne in besonderer Weise nicht nur individuell betroffen, sondern in das ihn umgebende soziale Gefüge eingebunden ist, so daß die Infragestellung des jeweiligen Vollzuges sowohl auf die religiöse Dimension einer Kultur zurückwirkt als auch vor allem auf deren soziale Wirklichkeit und Qualität. So lassen sich insbesondere Aspekte des humanisierenden Beitrags, den Religionen für die Lebenswirklichkeit der Menschen leisten können, aufzeigen. Schließlich können bestehende Verkürzungen und Verengungen aufgearbeitet werden, die Religion tendenziell mit Innerlichkeit, Gefühl, Weltabgewandtheit usw. identifizieren bzw. privatisieren, d.h. von der sozialen und kulturellen Wirklichkeit getrennt sehen.
Unter dem Aspekt von Schüler- bzw. Erfahrungsorientierung kann der Unterricht bei einem dieser drei größeren Abschnitte ansetzen bzw. sie in der vorgegebenen Reihenfolge thematisieren. Mögliche Fortsetzungen bzw. Vertiefungen können mit den Abschnitten zum Glauben (S. 39–41) und zu den Symbolen als »Sprache des Glaubens« (S. 42–46) vorgenommen werden. Dabei kann die Frage nach der (Un-)Möglichkeit des Glaubens für moderne Menschen leitmotivisch das *Nachdenken über Eigenart und Verhältnis der Erkenntnismodi »Glauben« und »Wissen(schaft)»* initiieren und begleiten. Die Beschäftigung mit (nicht nur religiösen bzw. christlichen) Symbolen, für die Anknüpfungsmöglichkei-

ten etwa bei der Behandlung der Werbeanzeigen (S. 12f.) oder des Kreuzes als Modeschmuck (S. 10) bestehen, ermöglicht neben der *Klärung des Symbolbegriffes und der »Leistung« von Symbolen* auch einen *kritischen Blick auf die* (inflationäre) *Verwendung* (den Mißbrauch?) *religiöser bzw. spezifisch christlicher Symbole* in vielen Bereichen der Alltagswelt.

Der Einstieg in die Beschäftigung mit »Religion« ist jedoch ebenso auch über das Kapitel »Glauben – Wissen – Erkenntnis« (S. 31–41 bzw. 46) oder über das Kapitel zum Religionsunterricht selbst (S. 47–50) denkbar. Dabei wird man jeweils von unterschiedlichen Anknüpfungspunkten bei Fragen, Erfahrungen, Meinungen, Widerständen, Vorurteilen usw. der Schülerinnen und Schüler ausgehen können. Während die Thematisierung des Religionsunterrichts sich gut an eigenen Erfahrungen und Erwartungen bis hin zur Infragestellung des Faches anbinden läßt, bieten sich bei der Weltbild- bzw. Wahrheitsfrage aktuelle Einstiege (z.B. neue kosmologische Theorien, Rehabilitierung G. Galileis durch die katholische Kirche) an, aber auch vorhandene Einstellungen und Urteile der Schülerinnen und Schüler. Insgesamt scheint es bei allen Zugangsweisen bzw. Teilkapiteln sinnvoll, mit Vertiefungen, Erweiterungen und Ausblicken auf andere Themen des Kapitels bzw. andere Kapitel des Buches zu arbeiten (etwa: Aufnahme des Exodusmotivs bzw. des Wegsymbols im »Bibel«-Kapitel S. 144ff., Vertiefung des lebensgeschichtlichen Ansatzes im »Normen«-Kapitel S. 112ff., Diskussion des Verhältnisses von Religion und Glauben im Kapitel zur »Sinn«-Frage S. 88 usw.).

2 Literatur- und Medienangaben

Albrecht, Horst: Die Religion der Massenmedien, Stuttgart 1993

Barth, Ulrich / Gräb, Wilhelm (Hg.): Gott im Selbstbewußtsein der Moderne. Zum neuzeitlichen Begriff der Religion, Gütersloh 1993

Barz, Heiner: Religion ohne Institution? Jugend und Religion 1, Opladen 1992

Barz, Heiner: Postmoderne Religion. Die junge Generation in den Alten Bundesländern. Jugend und Religion 2, Opladen 1992

Barz, Heiner: Postsozialistische Religion. Am Beispiel der jungen Generation in den Neuen Bundesländern. Jugend und Religion 3, Opladen 1993

Baumann, Arnulf H. (Hg.): Was jeder vom Judentum wissen muß, Gütersloh [7]1993

Berg, Horst Klaus: Ein Wort wie Feuer. Wege lebendiger Bibelauslegung, Stuttgart 1991

Berger, Peter L.: Auf den Spuren der Engel. Die moderne Gesellschaft und die Wiederentdeckung der Transzendenz, Freiburg i. Br. [2]1992

Ders., Der Zwang zur Häresie. Religion in der pluralistischen Gesellschaft, Freiburg i. Br. 1992

Ders., Zur Dialektik von Religion und Gesellschaft. Elemente einer soziologischen Theorie, Frankfurt a. M. 1973

Bethge, Eberhard: Dietrich Bonhoeffer. Theologe – Christ – Zeitgenosse. Eine Biographie, Gütersloh [6]1986

Betz, Otto: Das Geheimnis der Zahlen, Stuttgart 1989

Biehl, Peter: Symbole geben zu lernen. Einführung in die Symboldidaktik anhand der Symbole Hand, Haus und Weg. Reihe: Wege des Lernens Bd. 6, Neukirchen-Vluyn 1989

Bonhoeffer, Dietrich: Widerstand und Ergebung. Briefe und Aufzeichnungen aus der Haft, hg. von Eberhard Bethge, Gütersloh [15]1994

Briggs, John / Peat, F. David: Die Entdeckung des Chaos. Eine Reise durch die Chaos-Theorie, München 1990

Bubmann, Peter / Tischer, Rolf (Hg.): Pop & Religion. Auf dem Weg zu einer neuen Volksfrömmigkeit?, Stuttgart 1992

Das Buch Gottes. Elf Zugänge zur Bibel. Ein Votum des Theologischen Ausschusses der Arnoldshainer Konferenz, Neukirchen-Vluyn 1992

Buschmann, Gerd / Leich, Burkhard: Gott sei Punk: Religion – Tote Hose?! Opium fürs Volk – Die neue CD der Toten Hosen. In: religion heute, Oktober 1996, S. 192–195

Chagall, Bella: Brennende Lichter, Hamburg 1993

Chagall, Marc: Jakobs Traum, Gouache 1976

Die Christenlehre, Heft 11/1994

Denecke, Rainer: Die Religion der Bilder. Religiöse Motive in der Werbung, in: Arbeitshilfe für den evangelischen Religionsunterricht an Gymnasien Heft 50, Hannover 1992

Dienst, Karl: Zwischen Passageritus und gemeindepädagogischer Gelegenheit. Zu Interpretationen der Konfirmation, in: Die Christenlehre 5/94. S. 201–207

Früchtel, Ursula: Mit der Bibel Symbole entdecken, Göttingen 1991
Gandow, Thomas: Jugendweihe. Humanistische Jugendfeier, München 1994
Gawert, Johannes / Middel, Reinhard: Werbung ohne Tabu? Pro und Contra zur Benetton-Werbung, hg. vom Gemeinschaftswerk der Evangelischen Publizistik e.V., Frankfurt a.M. 1994 (Diareihe und Begleitheft)
Geo-Wissen: Chaos und Kreativität, Hamburg 1990
Glaube und Lernen. Zeitschrift für theologische Urteilsbildung. 9. Jahrgang. Heft 2/1994. Thema: Naturwissenschaft und Glaube
Gollwitzer, Helmut: Was ist Religion? Fragen zwischen Theologie, Soziologie und Pädagogik, München 1980
Gottwald, Eckart: Jesus, die Jeans und das Gottesreich. Religion in der Werbung, Konsumreligion und Transzendenz, in: Der Evangelische Erzieher 5/94, S. 423–432
Gräb, Wilhelm: Auf den Spuren der Religion. Notizen zur Lage und Zukunft der Kirche. In: Zeitschrift für Evangelische Ethik. 39. Jg. 1995. Heft 1, S. 43–56
Grethlein, Christian / Hanisch, Helmut (Hg.): Religionsunterricht. Informationen zu einem neuen Unterrichtsfach im Osten. Unter Mitarbeit von Roland Biewald und Birgit Marchlowitz, Leipzig 1995
Grün, Ulrich / Wirtz, Peter: In God we trust. Christliche Botschaften in der Rockmusik, in: Religion heute Nr. 14/Juni 1983, S. 128–137
Halbfas, Hubertus: Religion, Stuttgart 1976
Hannover, Joyce: Gelebter Glaube. Die Feste des jüdischen Jahres, Gütersloh 1992
Hemminger, Hansjörg / Hemminger, Wolfgang: Jenseits der Weltbilder. Naturwissenschaft, Evolution, Schöpfung, Stuttgart 1991
Hollenweger, Walter J.: Konflikt in Korinth / Memoiren eines alten Mannes. Zwei narrative Exegesen zu 1. Kor. 12–14 und Ez 37, Gütersloh [6]1990
Identität und Verständigung. Standort und Perspektiven des Religionsunterrichts in der Pluralität. Eine Denkschrift der Evangelischen Kirche in Deutschland. Im Auftrag des Rates der Evangelischen Kirche in Deutschland, hg. vom Kirchenamt der EKD, Gütersloh 1994
Jung, Carl Gustav u.a.: Der Mensch und seine Symbole, Sonderausgabe, Olten [12]1991
Katechetische Blätter 4/95: Themenheft Verführung durch Werbung, S. 228–260
Kern, Hermann: Labyrinthe, München [3]1987
Kirchhoff, Hermann: Urbilder des Glaubens. Labyrinth, Höhle, Haus, Garten, München 1988
Kirste, Reinhard / Schultze, Herbert / Tworuschka, Udo: Die Feste der Religionen. Ein interreligiöser Kalender mit einer synoptischen Übersicht, Gütersloh 1995
Krüger, Peter: Madonna mia! Wie kommt »Heiliges« im Video-Clip ins Bild und zur Sprache?, in: ru 1/95, S. 20–27
Kwiran, Manfred / Künne, Michael (Hg.): Jüdische Feste – Wurzeln des Glaubens. Bilderzyklus von Hartmut R. Berlinicke, Braunschweig 1994
Lämmermann, Godwin: Konfirmation und Jugendweihe. Zur Gegenwart und Zukunft eines sozialen Passageritus, in: Praktische Theologie, Heft 2/1994, S. 134–146
Luckmann, Thomas: Die unsichtbare Religion, Frankfurt a/M. [2]1993
Lurker, Manfred: Die Botschaft der Symbole. In Mythen, Kulturen und Religionen, München [2]1992
Luther, Henning: Religion und Alltag. Bausteine zu einer Praktischen Theologie des Subjekts, Stuttgart 1992
Meyer-Blanck, Michael / Kuhl, Lena: Konfirmandenunterricht mit 9/10jährigen. Planung und praktische Gestaltung, Göttingen 1994
Meyer-Blanck, Michael: Vom Symbol zum Zeichen. Symboldidaktik und Semiotik, Hannover 1995
Nipkow, Karl Ernst: Erwachsenwerden ohne Gott? Gotteserfahrung im Lebenslauf, München [4]1992
Oelkers, Jürgen / Wegenast, Klaus (Hg.): Das Symbol – Brücke des Verstehens, Stuttgart u.a. 1991
Oelmüller, Willi / Dölle, Ruth u.a.: Philosophische Arbeitsbücher 3. Diskurs: Religion, Paderborn 1979
Paden, William E.: Am Anfang war Religion. Die Einheit in der Vielfalt, Gütersloh 1990
Religionen, Religiosität und christlicher Glaube. Eine Studie, hg. im Auftrag des Vorstandes der Arnoldshainer Konferenz (AKf) und der Kirchenleitung der Vereinigten Evangelisch-Lutherischen Kirche Deutschlands (VELKD) von der Geschäftsstelle der Arnoldshainer Konferenz und dem Lutherischen Kirchenamt Hannover, Gütersloh [3]1993
Riedel, Ingrid: Bilder. In Therapie, Kunst und Religion, Stuttgart 1988
Riedel, Ingrid: Die Emmaus-Geschichte als Trauerweg. Erschließung eines Textes mit bibliodramatischen Elementen, in: JRP 8/1991, S. 89–99
Riedel, Ingrid: Formen. Kreis, Kreuz, Dreieck, Quadrat, Spirale, Stuttgart [7]1995
Schmidt, Werner H.: Alttestamentlicher Glaube in seiner Geschichte, Neukirchen-Vluyn [7]1990
Schweitzer, Friedrich: Lebensgeschichte und Religion. Religiöse Entwicklung und Erziehung im Kindes- und Jugendalter, Gütersloh [3]1994

Thömmes, Arthur: Endsieg des Ellenbogens. Rocksongs für den Religionsunterricht, Kassette und Textheft, hg. vom Deutschen Katecheten-Verein, München 1993

Sombeck, Theo / Vering, Axel / Willert, Albrecht: Das Bild von der Welt in Naturwissenschaft und Theologie, Göttingen 1993

Tillich, Paul: Symbol und Wirklichkeit, Göttingen [3]1986

Wagner, Falk: Was ist Religion? Studien zu ihrem Begriff und Thema in Geschichte und Gegenwart, Gütersloh [2]1991

Was jeder vom Islam wissen muß. Herausgegeben vom Lutherischen Kirchenamt der Vereinigten Evangelisch-Lutherischen Kirche Deutschlands und vom Kirchenamt der Evangelischen Kirche in Deutschland, Gütersloh [4]1995

3 Didaktisch-methodische Hinweise zu den einzelnen Unterrichtselementen

3.1 Die Gretchenfrage und »Wir gehen einer völlig religionslosen Zeit entgegen«

Die »Gretchenfrage« (J. W. Goethe)

Das *»Faust«-Zitat* (Faust. Erster Teil. Marthens Garten. Vers 3413ff.) und die folgende Anrede an die Schülerinnen und Schüler sollen die Schwerpunkte des gesamten ersten Kapitels vorstellen und zum Gespräch über Erwartungen an und Erfahrungen mit Religion, Gott, Glaube und mit Religionsunterricht anregen. Daraus kann eine gemeinsame Unterrichtsplanung mit Schwerpunktsetzung erwachsen. Die Reaktionen auf die »Gretchenfrage« können der Lehrerin bzw. dem Lehrer erste vorsichtige Eindrücke davon vermitteln, welches Interesse, welche Bereitschaft und welche (Vor-)Einstellungen die Schülerinnen und Schüler bezogen auf den Religionsunterricht, seine Themen, Inhalte und Methoden einbringen. Seite 7

»Wir gehen einer völlig religionslosen Zeit entgegen« (Dietrich Bonhoeffer)

Dietrich Bonhoeffers fragmentarische *Gedanken aus der Haft* in Tegel, veröffentlicht in »Widerstand und Ergebung«, und *René Magrittes »Le Rossignol«* dienen einzeln und, sich gegenseitig kommentierend und verstärkend, als Einstiegsimpulse in die Auseinandersetzung über Religiosität bzw. Religionslosigkeit »des modernen« Menschen. Gewissermaßen thesenhaft prophezeien bzw. behaupten sie die Unmöglichkeit des Glaubens an Gott für den mündigen, aufgeklärten, weltzugewandten Menschen in der zweiten Hälfte bzw. am Ausgang des 20. Jahrhunderts und den durch vielfältige Ursachen und Faktoren bewirkten Funktionsverlust Gottes (nach denen im Unterrichtsgespräch zu fragen ist!). Magrittes »Ladenhüter« bzw. »Esel« thront, ein machtloser Herrscher ohne Verbindung zur – allerdings menschenleeren – Alltagswelt, geradezu ironisch als bärtiger, weißhaariger Greis auf einer Wolke über der Wirklichkeit, Zepter und Reichsapfel in Händen haltend, wie ein nutzlos gewordenes Relikt aus grauer Vorzeit. Allerdings betrachtet man, der Rahmen macht es deutlich, ein Bild und nicht die Wirklichkeit selbst, ein Verfremdungseffekt, der sich auch in anderen Werken Magrittes findet (z.B. »Ceci n'est pas une pipe!«). Bildbetrachtung und -analyse bieten die Möglichkeit zu fächerübergreifendem Arbeiten. Seite 8f.

Bonhoeffers Überzeugung von der Religionslosigkeit des mündigen Menschen beruht auf einem Religionsbegriff (bzw. dessen Ablehnung), dessen Wesensmerkmale Metaphysik, Individualismus, Partialität (im Gegensatz zur Ganzheit des Glaubens), Vormundschaft (statt Mündigkeit), Entbehrlichkeit, das Verständnis Gottes als »deus ex machina« und die Kritik am verhängnisvollen Privilegcharakter der christlichen Religion sind.[6] Für Bonhoeffer ist die Zeit der Innerlichkeit, des Gewissens, des Pietistischen mit

6 Vgl. Eberhard Bethge: Dietrich Bonhoeffer, S. 958 ff., v.a. S. 979 ff.

Faschismus und 2. Weltkrieg endgültig abgelaufen. Seine Einschätzung der Mündigkeit der Welt und des Menschen und die daraus abgeleitete Forderung nach einer »nicht-religiösen« bzw. »weltlichen« Interpretation der Wirklichkeit können durch ein Schülerreferat deutlicher herausgearbeitet werden (Briefe vom 30. April, 5. Mai, 25. Mai, 8. Juni, 27. Juni, 8. Juli, 16. Juli, 18. Juli, 27. Juli und 3. August 1944).[7]

Es ist zu vermuten, daß Schülerinnen und Schüler Bonhoeffers Prophezeiung auf den ersten Blick bestätigen und »Gefallen« an Magrittes Bild haben werden. In beiden Impulsen finden sich aber auch Hinweise, die eine ungebrochene Zustimmung zur These von der Religionslosigkeit und vom Funktionsverlust Gottes und des Glaubens an ihn in der modernen Welt problematisch werden lassen. Bei kritischer Betrachtung werden Schülerinnen und Schüler selbst in Zweifel ziehen, ob »der Mensch« »ohne Zuhilfenahme der ›Arbeitshypothese: Gott‹« bzw. »ohne ›Gott‹« in allen wichtigen Fragen »ebensogut wie vorher« zurechtkommt (Brief vom 8. Juni 1944). Auch in Magrittes Bild erscheint die »gottlose« Welt merkwürdig unbelebt und unwirtlich. So wird das Gespräch über Texte und Abbildung eine differenzierte, kritische Reflexion der These (und damit das Einbringen von Wirklichkeits- und Erfahrungsbezug) bewirken können: Bei Magritte hat vielleicht ein Gottesklischee, ein in infantiler Konkretion steckengebliebenes Gottesverständnis den Bezug zur Welt verloren!

Schwierig, da bei Bonhoeffer notgedrungen nicht hinreichend durchgearbeitet, ist der Gedanke von der Jenseitigkeit Gottes »mitten in unserem Leben«. Schülerinnen und Schüler werden hierzu Zugang gewinnen über Bonhoeffers Mahnung und Forderung, den Menschen in seiner Weltlichkeit und Mündigkeit nicht »madig« zu machen und Gott nicht doch noch »an irgendeiner allerletzten heimlichen Stelle« hineinzuschmuggeln. Zum andern werden sie darin vermutlich die Vorstellung von »Spuren der Engel« bzw. der Transzendenz im Alltag, also der Erfahrbarkeit – aber nicht Verrechenbarkeit (!) – Gottes in der Alltagswirklichkeit wiedererkennen können. (Der Barthsche Hintergrund dieses Gedankens ist, insbesondere in der Jahrgangsstufe 11, noch nicht angemessen zu thematisieren.)

3.2 »Religion« im Alltag

Die folgenden Seiten enthalten Materialien, die einen alltagsweltlichen Zugang anregen, der das Augenmerk auf religiöse Elemente, Symbole, Motive in Lebenswelten Jugendlicher richtet.

Foto: Wandbild

Seite 10

Religiöse Motive im weitesten Sinne finden sich z.B. in der unmittelbaren Lernumgebung der Schülerinnen und Schüler, in Klassenraum- und Wandbemalungen. Neben Symbolen wie Kreuzen in verschiedenen Varianten, Spiralen, Labyrinthen, Yin und Yang usw. finden sich immer wieder Regenbögen, Schöpfungs- (Heile-Welt-), Auf- und Ausbruchsmotive. Wenngleich solche Schülerarbeiten nicht bewußte religiöse Gestaltungen sind, so lassen viele davon durchaus religiöse bzw. religiös grundierte Sehnsüchte und Bedürfnisse erkennen. Fraglos spielen bei Auswahl und Gestaltung solcher Bilder eher vordergründige Motive (Ausbruch aus dem »Gefängnis« Schule, Sehnsucht nach »wirklichem« Leben, nach heiler Welt/Natur …) eine wesentliche Rolle. Dennoch bieten Sehnsüchte nach Ganzheit, Freiheit, Harmonie, nach der anderen Welt oder dem ganz Anderen Anlaß zum Nachdenken über weitere Transzendenzchiffren. Bezüge zu biblischen Texten (etwa: Regenbogen –1. Mose 6–9) bzw. Erschließungen symbolischer Formen (etwa: Kreuz; Yin und Yang – »Ganzheit« durch Vereinigung der Gegensätze im Taoismus) helfen, den religiösen Gehalt solcher Motive zu erkennen und zu verstehen.

7 Dietrich Bonhoeffer: Widerstand und Ergebung, siehe vor allem S. 131–137, 154–163, 166f., 172–183, 190–193

»Die Dinger sind im Moment wahnsinnig in«

Religiöse Symbole auf Kleidern und auf Schmuck erfreuen sich wachsender Beliebtheit. Der Text bietet die Möglichkeit, nach der Religiosität solcher Modetrends zu fragen. Während die zitierte Verkäuferin einen Zusammenhang mit Religion für sich zurückweist, sieht der »Kirchenmann« in solchen Zeitströmungen ein verstecktes Wiedererwachen von Religion in der Gesellschaft. Das Unterrichtsgespräch hierzu kann sowohl auf die Gefahr der Instrumentalisierung religiöser Symbole aufmerksam machen als auch vor einer überzogenen Deutung ihrer Verwendung als »Beweis« der Religiosität ihrer Träger warnen. Seite 10

Another Day in Paradise (Phil Collins)

Das Vorhandensein, die thematische Breite und Intensität *religiöser Motive in der Rock-/Popkultur* bis in die Namengebung und bewußte Inszenierung von Kultfiguren wie »Madonna«(!) ist die vielleicht auffälligste und in jüngster Zeit auch religionspädagogisch verstärkt wahrgenommene und untersuchte Erscheinungsweise von Religion in Jugendkulturen.[8] Die Bandbreite der Gruppen, Musikstile und Themen ist beachtlich. Dabei geht es in diesem Zusammenhang *nicht* um sog. »Sakro-Pop«-Gruppen oder Sänger, die als Christen bewußt christliche Themen, Inhalte und Motive aufgreifen, also gewissermaßen »missionarisch« wirken wollen. Das Interesse gilt vielmehr solchen Gruppen und einzelnen Künstlern (z.B. Genesis, Phil Collins, Sting, Die Toten Hosen, Marius Müller-Westernhagen u.v.a.m.), in deren Texten Religiöses bzw. Christliches in häufig religions- und kirchenkritischer, aber auch gesellschaftskritischer Absicht auftaucht (weitere Beispiele ZM 1–3). Seite 11
Der Text von Phil Collins formuliert in beeindruckender Einfühlsamkeit und Klarheit mit deistischem Unterton Zweifel an Existenz, Gerechtigkeit und Wirkmöglichkeit Gottes (also die klassische »Theodizee«-Frage) und appelliert zugleich an Hörerinnen und Hörer, sich angesichts eines »anderen Tages im Paradies« (mit)menschlicher zu verhalten. Gerade die kritischen, skeptischen, zweifelnden Aussagen solcher Texte, häufig von entsprechend einfühlsamer oder auch aggressiver Musik getragen bzw. untermauert, machen diese Lieder für Jugendliche attraktiv. Dabei ist didaktisch vor der Gefahr der pädagogischen »Kolonisierung der Lebenswelt« (J. Habermas) Jugendlicher, also ihrer unterrichtlichen Instrumentalisierung und Funktionalisierung zu warnen! Als Gegenstände (nicht nur) des (Religions-) Unterrichts verlieren Elemente der Jugendkultur häufig rasch und zwangsläufig ihr Interesse und ihre Faszinationskraft, zumal wenn sie »analysiert« werden sollen und mit apologetischem Charakter eingesetzt werden. Die Verwendung von Musikstücken und Liedtexten erscheint unter dem Aspekt des Entdeckens religiöser Themen, Motive und Symbole insofern gerechtfertigt, als die Hörgewohnheiten der meisten Jugendlichen sich vor allem auf die Musik (Sound, Rhythmus) richten, die Texte häufig aber nicht bekannt sind bzw. nicht verstanden werden. Bei entsprechend angemessenem, vorsichtigem Einsatz können Schülerinnen und Schüler, besonders wenn sie englische Texte erst übersetzen und sich damit auf sie einlassen müssen, durchaus Entdeckungen und differenzierte Wahrnehmungen machen. Da Schülerinnen und Schüler in aller Regel näher an der Rock-/Popmusikszene sind, sollte die Lehrerin, der Lehrer ihnen die Auswahl der Songs (zumindest weitgehend) überlassen.
Beim *Vergleich von Rock-/Poptexten mit Kirchenliedern* durch die Jahrhunderte können aufschlußreiche Veränderungen herausgearbeitet werden: etwa der Verlust bzw. die Veränderung in der Symbolsprache, der Wandel in der Art, »Theologie« in den Texten zu elementarisieren, die Tendenz zu musikalischer, textlicher und rhetorischer Einfachheit (bis hin zu mitunter peinlicher Schlichtheit) in neueren Liedern, das Problematischwerden ungebrochener Bekundungen der Glaubensgewißheit, das verstärkte Aussprechen persönlicher Sehnsüchte, Fragen und Probleme, die Aktualität der Themen in Liedern der Gegen-

8 Vgl. hierzu an neuerer Literatur: Horst Albrecht, Die Religion der Massenmedien, S. 9–34 – Peter Bubmann, Rolf Tischer (Hg.): Pop & Religion – Ulrich Grün, Peter Wirtz: In god we trust, S. 128–137 – Peter Krüger: Madonna Mia!, in: ru 1/95, S. 20–27
Arthur Thömmes: Endsieg des Ellenbogens. rhs 1/94

wart u.v.a.m. Zugleich lassen sich aber auch Gemeinsamkeiten feststellen, etwa im Aussprechen menschlicher Grundfragen und -erfahrungen: »Hunger« nach Gerechtigkeit, Frieden, Mitmenschlichkeit, Liebe, Lebensbegleitung, nach gelingendem Leben, nach Glaubwürdigkeit, nach Perspektiven des Umgangs mit Leid und Tod, nach Gotteserfahrung. Die Lehrerin, der Lehrer muß hier keine Auswahl von Liedern treffen. Schülerinnen und Schüler können beim Durchgang durch das (neue) Gesangbuch und neuere (Kirchentags-) Liederhefte, z.B. in Gruppen, die nach Epochen oder thematischen Schwerpunkten unterschieden vorgehen und eine überschaubare Auswahl vorlegen, aufschlußreiche Entdeckungen machen.

Ein vertiefendes *Referat zur »Gottesfrage im Jugendalter«* soll, zugleich als Hinführung bzw. Überleitung zur Beschäftigung mit Religion in der Lebensgeschichte, verdeutlichen, welche religiösen Grundfragen oder -themen sich lebensgeschichtlich stellen. K. E. Nipkow[9] nennt, bezogen auf das Jugendalter, folgende »Einbruchstellen«, an denen sich Bestand und Qualität des Gottesglaubens entscheiden können:

- die Erwartung an Gott als liebevollen Helfer, allernächsten Freund und Garant des Guten, also die Frage nach der Möglichkeit von Gotteserkenntnis und Gottesglauben angesichts der Wirklichkeit
- die Frage nach Gott als Schlüssel zur Erklärung der Welt im ganzen und des Geheimnisses von Leben und Tod
- die Frage nach Realität und Fiktivität Gottes
- das Problem der sozialen Ebene der Glaubensvermittlung, insbesondere der Glaubwürdigkeit (Identifizierbarkeit, Orientierungsfunktion, Personenbezogenheit) christlicher Lebensführung.

In der Diskussion dieser Feststellungen können sich Themen herauskristallisieren, die im Unterricht exemplarisch behandelt werden können (wobei vielfältig auf andere Kapitel des Buches zurückgegriffen werden kann) und die einen Ausblick auf Inhalte des Religionsunterrichts in folgenden Kurshalbjahren ermöglichen (Theodizeefrage, Religionskritik, Auferstehung, Weltbildfrage, Verhältnis von Theologie und Naturwissenschaft …).

»Wir machen den Weg frei«

Seite 12

Das Auftreten von *Religion in der Alltagswelt* kann als Unterrichtsprojekt *am Beispiel von Werbeanzeigen (und TV-Werbespots)* untersucht werden. Diese bedienen sich, teils indirekt durch Anspielungen, teils sehr eindeutig mit ausdrücklichen Zitaten (z.B. »Paradise now«-Katalog der Oberbekleidungsfirma Otto Kern, Benetton-Plakate …) christlicher Motive und Symbole.[10] Neben methodischen Freiräumen und Chancen projektorientierten Arbeitens (gemeinsame Planung, arbeitsteilige Gruppenarbeit, kreatives Arbeiten, Öffnung von Unterricht, abschließende Präsentation von Ergebnissen etwa in der Schulöffentlichkeit …) sind vor allem Einsichten in die zeitgenössische Medien- und Konsumkultur und ihre Mechanismen und Strategien der Aneignung und Verwendung von Religion zu gewinnen (Plagiierung, Trivialisierung, aber auch Aktualisierung bis hin zu religions-, kirchen- und christentumskritischer Pointierung). Vergleiche und kontrastierende Verknüpfungen mit biblischen Texten ermöglichen aufschlußreiche Wahrnehmungen und Deutungen sowohl der Anzeigen als auch vor allem der Bibel, in deren Licht Verheißungen, Sinnangebote, Lebensziele und -werte in der Werbung als fragwürdige und problematische Versprechungen erscheinen können. Zugleich gerät aber auch die immer wieder behauptete christliche Tradition, Prägung, Grundierung unserer Kultur, Gesellschaft und Wertorientierung in kritisches Licht, wenn der Eindruck entsteht, es sei heute vor allem die Werbung, die Fragen stelle, die eigentlich von Christentum und Kirche gestellt werden müßten (vgl. die Debatte um die »Benetton«-

9 Karl Ernst Nipkow: Erwachsenwerden ohne Gott? S. 43–92

10 Religiöse Motive in der Werbung werden u.a. in folgenden Veröffentlichungen untersucht: Rainer Denecke: Die Religion der Bilder – Johannes Gawert, Reinhard Middel: Werbung ohne Tabu? – Eckart Gottwald: Jesus, die Jeans und das Gottesreich, S. 423–432 – Katechetische Blätter 4/95, S. 228–260

Werbung). Die Materialien und Impulse auf den Seiten 12 und 13 sollen zu solchen Überlegungen anregen.
Die in vielfältigen Varianten auftretende Anzeigenserie »Wir machen den Weg frei« der Volks- und Raiffeisenbanken zielt in ihrer bildlich–ikonographischen Gestaltung (Mountainbikefahrer, Jogger, Paddler …) wie in den jeweiligen inhaltlichen Konkretionen des Slogans (Sorglos reisen, mehr erleben; Schöner wohnen nach eigenen Plänen usw.) auf ein jüngeres Publikum und dessen Wünsche, Bedürfnisse, Lebensziele. Das Lebenssymbol des Weges[11] wird hier auf das Motiv des durch das Unternehmen von finanziellen Risiken freigemachten Weges reduziert. Der dabei entfaltete Begriff von Befreiung und Freiheit (sorglos, sicher, erfolgreich, kalkulierbar, erlebnisorientiert, effektiv, gewinnbetont leben) entspricht vermutlich gängigen Vorstellungen, aber kaum den in der jüdisch-christlichen Tradition vielfältig ausgesprochenen Erfahrungen von Befreiung, die exemplarisch durch den Mosehymnus (2. Mose 15) erschlossen werden können. Anhand dieses biblischen Textes (wie auch anhand von 1. Mose 28, zur Anzeige auf S. 13) können Schülerinnen und Schüler exemplarisch in Methoden der Analyse biblischer Texte eingeführt werden. Dabei sollten sie Elemente der historisch-kritischen Tradition kennenlernen, also etwa der Text- und Literarkritik, der Form-, Traditions- und Wirkungsgeschichte bis hin zur existentialen Interpretation. Unverzichtbar sind inzwischen aber ebenso stärker erfahrungsorientierte und kreative bzw. interaktive Auslegungsmethoden.[12]

»Himmelsleiter«-Werbeanzeige

Die Anzeige mit dem Motiv der »Himmelsleiter« zitiert offenkundig 1. Mose 28, v.a. Vers 12f. Im biblischen Text, ursprünglich eine ätiologische Kultgründungs- bzw. Heiligtumslegende[13], offenbart Gott sich in der Theophanie als der, der Jakob und seinen Nachkommen grenzenlose Ausbreitung, unverbrüchlichen Beistand und Segen verheißt. In der Anzeige (»unlimited vision«) wird das Motiv der Entgrenzung auf einen Farbfilm bezogen. Die Verheißung geschieht durch den Hersteller, der Mensch selbst hält die Leiter und scheint sie besteigen zu wollen. Die Verheißung wird als »kein Traum, pure Wirklichkeit« qualifiziert, eine subtile, aber deutliche Absetzung vom biblischen Vorbild. Man kann von einer Umkehrung sprechen, die der Umkehrung in der Gott-Mensch-Beziehung moderner Menschen entspricht: Gott offenbart sich und verheißt bzw. schenkt dem Menschen – der Mensch verspricht und schenkt dem Menschen … Seite 13
Für den Vergleich mit der Anzeige geeignete künstlerische Darstellungen zu 1. Mose 28 finden sich bei Marc Chagall[14] und bei Sieger Köder[15].

3.3 Religion im Lebenslauf

Die Beschäftigung mit der lebensgeschichtlichen Bedeutung von Religion geschieht exemplarisch anhand des Initiationsritus »Taufe« und entsprechender Parallelen im Judentum und im Islam (S. 14–16) und anhand des Passageritus »Konfirmation« und dessen nicht-religiöser Parallele Jugendfeier/Jugendweihe (S. 17–21).

11 Vgl. hierzu u.a.: Peter Biehl: Symbole geben zu lernen, S. 98–127; 215–227 – Ursula Früchtel: Mit der Bibel Symbole entdecken, S. 323–360
12 Vgl. hierzu insbesondere: Horst Klaus Berg: Ein Wort wie Feuer – Das Buch Gottes – Ingrid Riedel: Die Emmaus-Geschichte als Trauerweg, S. 89–99
13 Vgl. Werner H. Schmidt: Alttestamentlicher Glaube in seiner Geschichte, S. 23 f., 30 ff.
14 Marc Chagall: Jakobs Traum, Gouache 1976
15 Die Bibel. Einheitsübersetzung. Mit Bildern von Sieger Köder, Ostfildern 1992

»Ich bin getauft auf deinen Namen ...«

Seite 14

Die Eigenart des christlichen Taufverständnisses, das mehr als nur ein Reinigungsritual meint und dem durch das Motiv des aus dem »Bad der Wiedergeburt« (Titus 3,5) aufgetauchten »neuen Menschen« auch Elemente eines Passageritus zueigen sind, soll zweifach erarbeitet werden:

- neutestamentlich akzentuiert: Einmaligkeit der Taufe, Übereignung an Jesus, Abbild von dessen Sterben, Begrabenwerden und Auferstehen, Sündenvergebung, Wiedergeburt und neues Leben, Geistverleihung, Aufnahme in die Gemeinschaft des Gottesvolkes, Teilhabe am ewigen Leben, Angebot für alle
- systematisch-theologisch akzentuiert: Geschenk der voraussetzungs- und bedingungslosen Liebe Gottes zu allen Menschen, von woher die aus dem NT bzw. der Urkirche nicht abzuleitende Kindertaufe ihre Legitimation und Bedeutung erhält.

Britmila (jüdische Beschneidungsfeier)

Seite 15

Die Aspekte der Aufnahme in eine Gemeinschaft und der Lebensbegleitung durch deren Mitglieder können auch am Beispiel der Beschneidung männlicher Kinder herausgearbeitet werden.

Die Beschneidung war im Altertum bei mehreren vorderasiatischen Völkern verbreitet. Heute wird sie im Islam geübt; auch von afrikanischen, asiatischen, australischen und ozeanischen Volksstämmen wird sie vollzogen, zum Teil erst in der Pubertät. Aus medizinischen Gründen wird sie auch bei uns gelegentlich praktiziert.
Für die Israeliten ist die Beschneidung seit Urzeiten das unabdingbare Zeichen des Abrahamsbundes zwischen Gott und seinem Volk (vgl. 1. Mose 17,9–14; 3. Mose 12,3). Ein jüdischer Knabe wird in der Regel am 8. Tag nach seiner Geburt beschnitten.
Die Beschneidung geht so vor sich: Der Beschneider *(hebr. Mohel)* entfernt mit einem Messer – in älteren Zeiten war es meist aus Stein – die Vorhaut *(hebr. Mila)* des männlichen Gliedes, legt die Eichel völlig frei *(hebr. Peria)* und saugt die Wunde ab *(hebr. Meziza)*. Vor der Beschneidung, die in der Synagoge, im Krankenhaus oder zu Hause vorgenommen werden kann, legt man das Kind auf einen besonderen Sitz, den »Sessel Elias«, des Propheten, der als Gottes ewiger Bote an sein Volk gilt. Während der Beschneidung hält der »Gevatter« *(hebr. Sandak)* das Kind auf dem Schoß. Bevor der *Mohel* den Lobpreis Gottes für das Gebot der Beschneidung anstimmt, kommt es dem Vater zu, Gott für das Glück zu danken, daß der Neugeborene in den Bund Abrahams aufgenommen ist.
Mit der Beschneidung ist die Namensgebung verbunden. In manchen Gemeinden erhält die Synagoge ein Band *(hebr. Mappa)* aus dem bei der Beschneidung verwendeten Linnen, auf dem Name, Geburtsdatum und der Segensspruch »zur Tora, zur Ehe und zu guten Taten« gestickt sind. Dann folgt ein Festmahl, bei dem die Gäste Geschenke überreichen. – Bei Mädchen gibt es keine Beschneidung; die Namensgebung findet meist am ersten Sabbat nach der Geburt in der Synagoge statt.
Ist der beschnittene Knabe der Erstgeborene, so bedarf es 30 Tage nach der Geburt noch der »Auslösung« (vgl. 2. Mose 13,11–15), weil sowohl die ersten Früchte der Ernte wie auch die Erstgeburt von Tier und Mensch Gott zustehen. Bei einem festlichen Mahl wird einem Angehörigen einer Priesterfamilie *(hebr. Kohen)* die Auslösesumme im Wert von fünf »Schekeln« überreicht.
Im Neuen Testament wird die Beschneidung Jesu und seine Darstellung im Tempel erwähnt (Lk 2,21–24). Die judenchristliche Gemeinde hat an der Beschneidung festgehalten, für die Heidenchristen dagegen wurde die Verpflichtung zur Beschneidung aufgehoben (vgl. Apg 15). Für alle Christen wurde die Taufe die Aufnahme in den Bund Gottes in Jesus Christus.

Aus: Arnulf H. Baumann (Hg.): Was jeder vom Judentum wissen muß. GTB 788. Gütersloher Verlagshaus, Gütersloh [5]1990. S. 86f.

»Segne dieses Kind« (Tauflied)

Das zeitgenössische Tauflied vermittelt die Einsicht, daß Taufe zwar einmaliger Akt ist, aber lebenslange Wirkung haben soll. Sie verpflichtet die taufende und aufnehmende Gemeinde, den Täufling auf seinem Weg in die Freiheit helfend zu begleiten, und ermöglicht dem Getauften, »mit seinen eigenen« Kräften sein Leben unter Gottes Verheißung zu gestalten. Seite 16
Die angeregte *Diskussion zur Frage der Kindertaufe* (ZM 4), die dem berechtigten Kritikbedürfnis der Schülerinnen und Schüler Rechnung tragen und Raum zum Aussprechen anderer, u.U. gegenteiliger Erfahrungen gewähren soll, sollte durch (Kurz-)Referate zu verschiedenen Aspekten des Themas vorbereitet werden. (Geeignetes Material für solche (Kurz-)Referate bietet der Evangelische Erwachsenenkatechismus, Gütersloh [5]1989, S. 1054–1080.)
Vertiefend kann in diesem Zusammenhang auf Bergers These vom »häretischen Imperativ« der Moderne als dem Zwang zur Wahl auch bezogen auf die eigene Religion eingegangen werden (ZM 5, ein längerer, komplexer Text, anhand dessen Textarbeit eingeübt werden kann bzw. der bei fortgeschrittenen Schülerinnen und Schülern auch als Klausurtext verwendet werden kann).

Konfirmation

An ihre *Konfirmation* können sich Schülerinnen und Schüler zu Beginn der Oberstufe noch gut erinnern. Seite 17 Als Impulse hierzu können eigene Konfirmationsfotos, -urkunden, -sprüche dienen. An ihre Erfahrungen anknüpfend, werden sie die Konfirmation und ihre konkrete Bedeutung für ihr eigenes Leben kritisch bedenken können. Die »Befestigung im Glauben« und die damit verbundene Aufnahme in die Erwachsenengemeinde (mit den entsprechenden sakramentalen Konsequenzen) ritualisiert und symbolisiert den Übergang zur Selbständigkeit und Selbstverantwortlichkeit im und für den eigenen Glauben (wohingegen Konfirmierte im Blick auf die Gestaltung des eigenen Lebens längst noch keine vergleichbare Selbständigkeit erreicht haben). Sie erfolgt (im 13./14. Lebensjahr) an der Nahtstelle, an der traditionell lebensgeschichtlich der Übergang von der Kindheit ins Jugendalter angesiedelt war (der sich in den letzten Jahrzehnten allerdings deutlich verschoben hat).

Konfirmation in der Lebensgeschichte

In einer wichtigen lebensgeschichtlichen Umbruchphase, in der es vermittelt durch die Orientierung an Seite 17 sog. Vorbildern – also überzeugend und kohärent lebenden und handelnden Personen – zur Ausprägung eigener Lebensziele und selbstverantworteter Werthaltungen kommen soll, symbolisiert die Konfirmation den lebensbegleitenden Beitrag und das lebensorientierende Angebot des christlichen Glaubens.

Zeiten ritueller Übergänge (William E. Paden)

Die Schüler/innen können anhand des Textes von William E. Paden herausarbeiten, daß die Konfirma- Seite 18 tion als Passageritus zu religiöser Volljährigkeit ihren neuen Status als Religionsmündige bestätigt und damit zeigt und hervorhebt, daß der christlichen Gemeinschaft die ihnen nun zugesprochene Verantwortung und Verpflichtung (zumindest theoretisch) wichtig ist.[16]
Die Karikatur soll zum Gespräch über das spannungsreiche Verhältnis von Gemeinschaftsbindung und Freiheit, von Verpflichtung und Selbständigkeit, von Vorbild- bzw. Fremdorientierung und eigenem Weg anregen. Sie bietet darüber hinaus (wie die Küstenmacher-Zeichnung auf S. 15) die Möglichkeit, den Umgang mit Karikaturen als Diskussionsimpulsen einzuüben.

16 Zur Konfirmation als Passageritus vgl.: Karl Dienst: Zwischen Passageritus und gemeindepädagogischer Gelegenheit, S. 201–207 – Godwin Lämmermann: Konfirmation und Jugendweihe, S. 134–146

... oder Jugendweihe? und Humanistische Jugendfeier 1993

Seite 19
und Seite 20

Die Auseinandersetzung mit Jugendweihe/Jugendfeier soll zum einen die Erkenntnis vermitteln, daß auch sich dezidiert nichtreligiös verstehende Gesellschaften und Kulturen auf vergleichbare Passagerituale nicht verzichten können. Beiden ist mit der Konfirmation gemeinsam der Anspruch von Lebensorientierung, Sinnstiftung, Wertverpflichtung und Integration in eine übergreifende Gemeinschaft an einem lebensgeschichtlichen Knotenpunkt, der als Übergang in das Erwachsenenleben verstanden wird, ebenso auch die Vorstellung vom eigenen Lebensweg, der nun beginnt. Beide betonen die Selbständigkeit der Jugendlichen und die damit wachsenden gesellschaftlichen Gestaltungsmöglichkeiten, aber auch -ansprüche. In beiden ist der Gelöbnis- bzw. Selbstverpflichtungsanspruch für die Jugendlichen sehr groß.

Einsegnung – Ermutigung

Seite 21

Im Vergleich mit dem Auszug aus einer neueren Konfirmationsagende können somit zum andern Differenzen zum Verständnis der Konfirmation deutlich werden. Dabei können Schülerinnen und Schüler insbesondere das unterschiedliche Verhältnis von Anspruch und Zuspruch herausarbeiten.[17] Aufschlußreich wäre ein Gespräch mit Mitschülerinnen und Mitschülern, die an einer Jugendweihe bzw. humanistischen Jugendfeier teilgenommen haben. Dabei sollten deren Beweggründe deutlich werden, Vergleiche hinsichtlich der Vorbereitung, Durchführung und Gestaltung der jeweiligen Feiern gezogen werden und das mögliche Fortwirken der Feier, ihre Bedeutung für den weiteren Lebensweg thematisiert werden. Unter Umständen bietet sich die aus dem Fernsehen bekannte Form der »Pro/Contra-Diskussion« (mit »Anwälten« und »Sachverständigen« für beide Positionen sowie vorheriger und abschließender Abstimmung) an.
Diese Methode kann auch zur Diskussion des richtigen Konfirmationsalters eingesetzt werden (siehe ZM 6). Sollten Schülerinnen und Schüler die Argumente für die unterschiedlichen Positionen nicht selbst in Kurzreferaten[18] bzw. durch Befragung kompetenter Gesprächspartnerinnen und -partner zusammenstellen, so könnten Pfarrer/innen, Psychologinnen und Psychologen oder Pädagoginnen und Pädagogen die entsprechenden Rollen in einer Pro/Contra-Diskussion wahrnehmen.

3.4 Not lehrt beten ...? und »Unser Leben sei ein Fest ...«

Die Beschäftigung mit Gebet, Festen und dem Sonntag/Sabbat vermittelt Einsichten in das religionsübergreifende und -verbindende Vorhandensein verschiedener Vollzüge gelebten Glaubens und in deren individuelle wie soziale Funktionen. Sie soll geläufige Klischeevorstellungen von der Privatheit (»Religion ist Privatsache!«) widerlegen und das Bewußtsein für die gesellschaftliche und kulturelle Bedeutung religiöser Praxis schärfen. Insbesondere mit der Debatte um die (Ausdehnung der) Sonntagsarbeit wird eine »aktuelle« Problematik aufgenommen, anhand derer die jüdisch-christliche Tradition als humanisierendes Gegengewicht zur herrschenden Ökonomisierung und Funktionalisierung nahezu aller Lebensbereiche ins Spiel gebracht werden kann.

Beten nur die Schwachen? Gebet als Ausdruck von Demut und Unterwerfung?

Seite 22

Man wird bei Schülerinnen und Schülern unterschiedliche Erfahrungen, Einstellungen zum Beten und ganz verschiedene Gebetspraxis voraussetzen können. Vermutlich praktiziert ein nicht zu unterschätzender Teil von ihnen ein breites Spektrum freier, textlich wie formal ungebundener »Moratorien im Alltag«

17 Zur Jugendweihe/Jugendfeier vgl. v.a.: Thomas Gandow: Jugendweihe – Die Christenlehre 11/1994
18 Einen früheren Konfirmationszeitpunkt vertreten: Michael Meyer-Blank, Lena Kuhl: Konfirmandenunterricht mit 9/10jährigen – Zur Glaubensentwicklung vgl.: Friedrich Schweitzer: Lebensgeschichte und Religion

(H. Barz) bis hin zum Tagebuch, die gebetsähnliche Bedeutung haben. Da es ihnen vermutlich aber eher schwerfällt, »öffentlich« ihr Verhältnis zum Beten und ihre Gebetspraxis zu besprechen, wird der Einstieg neutraler bzw. allgemeiner über die Vielfalt von Gebetsanlässen und -formen, Gebetshaltungen und -gesten sowie Gebetsinhalte gesucht.
Dabei wird man etwa über Text/Bild-Collagen mit Abbildungen Betender und ihnen zugeordneten Gebeten, mit einer – von Schülerinnen und Schülern aus einem größeren Angebot von Gebetsbüchern zu treffenden – Auswahl von Gebeten zu verschiedenen Anlässen aus verschiedenen Epochen und Kulturen, mit Aktualisierungen, Umdichtungen und Kontrafakturen bekannter Gebete oder auch mit einer genaueren Betrachtung des »Vater unser« arbeiten können. Gegebenenfalls kann mit muslimischen Mitschülerinnen und Mitschülern über Praxis und Bedeutung des täglichen rituellen Gebetes im Islam (»salat«) gesprochen werden. Angestrebt wird die Einsicht in die Vielfalt von Gestalten und Funktionen des Betens und damit das Aufbrechen eines eingeschränkten Verständnisses bzw. Vorurteils des Gebetes als Zeichen von Schwäche bzw. als Bewältigungsstrategie für Krisen-/Kontingenzsituationen.

Abends mit Kindern beten (Volker Fritz)

Seite 23

Der Text bietet die Möglichkeit, das gebundene wie das freie Gebet als Rituale der Gestaltung regelmäßiger Übergangssituationen zu verstehen, das seine stabilisierende, Sicherheit und Geborgenheit vermittelnde Bedeutung durch seine Regelmäßigkeit und geprägte, rhythmisierte Gestaltung gewinnt. Wichtig ist dabei die Einsicht, daß Beten eine komplementäre Form menschlicher Kommunikation neben anderen ist, die insbesondere keine Konfliktlösung oder das zwischenmenschliche Gespräch ersetzt. Zugleich kann die dialogische Dimension des Betens deutlich werden, daß also die im Gebet gesuchte und gegebene Möglichkeit des »Aussprechens« zugleich stets auch einen Adressaten, einen »Ansprechpartner« impliziert, dem man etwas anvertraut, dem man dankt oder klagt, den man lobt, für etwas oder jemand bittet usw.

Beten ist Revolte – Psalm 13

Seite 24

Die Beschäftigung mit Psalm 13 und seiner Deutung durch D. Sölle und F. Steffensky will Verkürzungen eines quietistischen, verinnerlichenden und privatistischen Gebetsverständnisses bewußt aufbrechen und verdeutlichen, daß Beten als Form widersprechenden und eingreifenden »Handelns« Ausdruck der Nichtzustimmung und des Veränderungswunsches der vorfindlichen Wirklichkeit sein kann.
Gegebenenfalls sind Schülerinnen und Schüler im Verlauf der Beschäftigung mit dem Gebet dazu bereit, selbstformulierte Gebete (etwa als Tisch-, Morgen- oder Abendgebet bzw. als Gebet zu aktuellen Anlässen oder zu latenten Problemen wie Krieg, Gefährdung der Schöpfung) vorzustellen und/oder Gebete für eine Andacht oder einen Schulgottesdienst zu verfassen.
Betrachtung und Gespräche über Albrecht Dürers berühmte »Betende Hände« und das mit ihnen implizierte Gebetsverständnis können mit einem Impulszitat von Blaise Favre (»Beten ohne Handeln ist Wasser schöpfen mit einem Korb.«) angeregt bzw. vertieft werden.

Feste im Jahreslauf

Seite 25

Die Beschäftigung mit »Festen im Jahreslauf« dient unter vergleichend-religionswissenschaftlichem Aspekt dem Kennenlernen wichtiger Feste in den großen Weltreligionen, ihrer Herkunft, Begründung, Gestaltung und Bedeutung[19] und ihrer Distanz bzw. Nähe zu christlichen Festen. Zur Erarbeitung dieser Informationen bietet sich methodisch neben den vorgeschlagenen Gesprächen mit Angehörigen anderer Religionen v.a. arbeitsteilige Gruppenarbeit mit möglichst anschaulicher Präsentation der Ergebnisse an.

19 Grundlegende Informationen: Reinhard Kirste, Herbert Schultze, Udo Tworuschka: Die Feste der Religionen – Insbesondere zu Festen im Judentum: Bella Chagall: Brennende Lichter – Joyce Hannover: Gelebter Glaube – Manfred Kwiran, Michael Künne (Hg.): Jüdische Feste – Wurzeln des Glaubens

Vertiefend (und durch ein Referat zu weiteren Auszügen aus dem Buch von W. E. Paden, etwa S. 122–137, ergänzt) sollen Feste als zyklische bzw. periodische Anlässe zur Erneuerung einer Welt, Kultur bzw. Religion und Ausdruck der diese tragenden und ihre Mitglieder bindenden und verpflichtenden Werte erkannt werden, durch die Zeit rhythmisiert und strukturiert wird. Der vergleichende Blick auf säkulare Feste bzw. Feiertage dient der Einsicht in deren Ritualisierungen und ersatzreligiöse Funktionen. Aufschlußreiche Einsichten in die »religiöse« Grundierung und Legitimation gerade moderner, säkularer Gesellschaften vermittelt die Beschäftigung mit der sog. »Zivilreligion«. In dieser vereinigen sich (z.T. trivialisierte) Elemente des christlichen Glaubens mit tragenden ideologischen Vorstellungen der Zivilgesellschaft zu quasi-religiösen staatsbürgerlichen Grundwerten bzw. Ritualen (vgl. ZM 7). Am Beispiel des Weihnachtsfestes, seiner nachlassenden religiösen, aber parallel wachsenden quasi-religiösen Bedeutung kann u.a. verdeutlicht werden, in welcher Weise sich säkulare Kulturen religiöser Muster, Traditionen und Inhalte bedienen, um sich eine Letztbegründung zu geben, die sie sich aus sich selbst heraus nicht geben können.

Moratorium, Unterbrechung des Alltags: das Fest (Odo Marquard)

Seite 26

Der Text von O. Marquard bietet zum einen die Möglichkeit, die gewonnenen religionswissenschaftlichen Erkenntnisse philosophisch-anthropologisch zu vertiefen (Feste feiern als nur menschliche Fähigkeit und Notwendigkeit, bedingt durch die Fähigkeit des Menschen, zu sich selbst und der Welt auf Distanz zu gehen). In der Auseinandersetzung mit Marquards Verteidigung des Festes als »Moratorium des Alltags« gegen den Alltag (bzw. des Alltags gegen das Fest) kann zugleich eine kritische Bestandsaufnahme und Auseinandersetzung mit alltäglichen Gewohnheiten erfolgen, die die Differenz von Alltag und Fest verschwimmen lassen und damit Feste »entwerten«.
Die Erzählung vom »großen Abendmahl« (Lk 14,15–24) kann von Schülerinnen und Schülern, z.B. im Rollenspiel, angeeignet und gedeutet werden. Ihr besonderer eschatologischer Charakter kann durch die vergleichende Lektüre und Besprechung weiterer Gleichnisse herausgearbeitet werden. Dabei sollte, etwa mit Hilfe eines fachspezifisch-theoretischen Textes (z.B. von Hans Weder), in das metaphorische Verständnis der Gleichnisse Jesu selbst im Sinne eines Sprachhandelns eingeführt werden. Das christliche Abendmahl kann als ein Fest (im Sinne Odo Marquards) verstanden werden, zu dem alle eingeladen sind, in dem »eschatologisch« der soziale Alltag unterbrochen und eine übergreifend-verbindende menschliche Gemeinschaft hergestellt wird.

Das Fest der Befreiung …?

Seite 27

Sonntag bzw. Sabbat sollen exemplarisch als Feste der Befreiung thematisiert werden, zumindest ihrer biblischen Herkunft nach. Dabei bieten sich vielfältige Verknüpfungs- und Vertiefungsmöglichkeiten zum »Bibel«-Kapitel an (S. 146ff.). Angesichts vielfältiger Einschnitte in die sog. »Sonntagskultur« und der Individualisierung und Pluralisierung in der Art, wie Menschen heute den Sonntag »feiern«, können (und sollten) bei den Schülerinnen und Schülern kognitive Dissonanzen ausgelöst und als Gesprächsimpulse genutzt werden. Wenn die unter literarischem Aspekt ausgewählten *Gedichte von G. Eich und R. Ausländer* sich den Schülerinnen und Schülern nur schwer erschließen sollten, so kann W. Biermanns »Kleinstadtsonntag« (ZM 8) zum Gespräch über zeitgenössische und eigene »Sonntagskultur« anregen. Die *Abbildung* des mit ausgestreckten Armen auf dem Straßenpflaster liegenden Mannes, der mit geschlossenen Augen offenkundig glücklich lächelt, kann z.B. als Anregung eingesetzt werden, mögliche Reaktionen von Passanten zu beschreiben oder zu spielen. Auch könnten Schülerinnen und Schüler, etwa aus einer von der Lehrerin, dem Lehrer vorgelegten Sammlung von Fotos (»Exemplarische Bilder«, aber auch Illustriertenfotos o.ä.) eine Auswahl von Sonntagsbildern treffen und dazu erläutern, inwiefern die gewählten Bilder »Sonntag« ausdrücken.

Sabbat und Sonntag
Das Sabbatjahr: Nicht das Letzte herausholen … (

Die intensivere Beschäftigung mit dem Sabbat, seiner Begrün batjahr und seiner ökonomisch-ökologischen Funktion dient Wurzeln des (christlichen) Sonntags, insbesondere der mit ihne Die Bedeutung dieser Erkenntnisse soll in die gegenwärtige Disk tagskürzungen eingebracht werden, wozu die Zeitungsnotizen (M In dieser Diskussion geht es letztlich auch um die Wirksamkeit re und Prägungen der modernen Industrie- und Freizeitgesellschaft.
Dazu bieten sich vielfältige diskursive bzw. kreative Arrangements an. Schüler (neben Umfragen oder der bereits erwähnten »Pro/Contra«-Di bzw. gegen Sonntagsarbeit gestalten, Aufrufe bzw. Texte für Untersch einen entsprechenden Gesetzesentwurf formulieren, ein Programm für ein werfen, in dem der Grundgedanke des Sabbats bzw. des Sabbatjahres für di liche Wirklichkeit konkretisiert wird. Die daraus entstehenden Diskuss Aspekte, wie etwa die Frage danach, wie ethische Ansprüche überzeugend (Appelle, Vorbildhandeln, Gesetze, Verbote …), wie (vor allem religiös begrün mit den Gesetzmäßigkeiten und »Sachzwängen« moderner Gesellschaften in Ei oder wie sehr solche Ansprüche Handlungsspielräume und Gestaltungsfreiheit de sollen. Dabei ist wichtig, daß vorhandene Spannungen, Widersprüche, gegensätz Konflikte nicht moralisierend verworfen, nivelliert oder harmonisiert werden bzw. d aber »falschen« Lösungen propagiert werden. Der mit Sabbat(jahr) bzw. dem Sonntag tologische« Anspruch auf Ruhe, Unterlassen, Gerechtigkeit und Befreiung wird sich Arbeitsgesellschaft immer auch widerständig erweisen müssen. Das Festhalten an ihm rechtfertigtes Privileg«; es sollte als ein um des Menschen und der Schöpfung willen Widerspruch gegen jede nützlichkeitsorientierte Verzweckung der Lebenswelt verstanden w

»Der Sonntag repräsentiert den Sinn« (Robert Spaemann)

Der Text von R. Spaemann, der geeignet erscheint, um in die Erschließung fachspezifischer Text derung, Erschließung über Leitfragen, Argumentationsgang …) einzuführen, faßt die zuvor gew nen Erkenntnisse über die kulturelle und soziale Bedeutung des Sonntags pointiert zusammen. Zug deutet er weitere Dimensionen und Konsequenzen eines »Kosten-Nutzen«-Denkens an, durch das Funktionalisierung und Ökonomisierung weiter Lebensbereiche vorangetrieben wird. Am Beispiel d Sonntags kann so der humanisierende Beitrag von Religion in einem alle Menschen betreffenden gesel schaftlichen Handlungsfeld herausgearbeitet werden.
Bei der Bearbeitung dieses Teilkapitels sollte die Realität gelebter Sonntage (gerade der Schülerinnen und Schüler!) nicht zu kurz kommen. Gerade für Jugendliche ist etwa der sonntägliche Kirchgang aus verschiedenen Gründen wenig attraktiv, ebenso mancherlei familiäre Aktivitäten. Sie haben ein verständliches Bedürfnis nach Kontrasterfahrungen zum Alltag der Schulwoche. Daher bekommt mit dem Wochenende auch der Sonntag einen hohen Stellenwert als Zeit bzw. Raum für Erlebnisse und unterschiedliche Aktivitäten bis hin zum Sport. Ein einseitiges, verkürztes Verständnis vom Sonntag als Tag der Ruhe, Erbauung, Erhebung mit moralisierender Abwertung bestimmter Aktivitäten erscheint von daher auch pädagogisch problematisch und fragwürdig. Hier kann Marquards Verständnis vom Fest als »Unterbrechung des Alltags« und Spaemanns These »Der Sonntag repräsentiert den Sinn« (im Sinne des Nichtfunktionalen, Nichtutilitaristischen) (selbst)kritischer Gesprächsimpuls sein.

Glauben – Wissen – Erkenntnis
Was ist Wahr(heit)?
Glauben und Wissen
Was heißt »glauben« – »Glaube«?

…nn wer glaubt, der forscht nicht nach Beweisen« (Mascha Kaléko).

…ses Teilkapitel geht den im Titel genannten Begriffen und ihrem Verhältnis zueinander in drei größe… Schritten nach, indem es

- die »Wahrheitsfrage« stellt und die Eigenart unterschiedlicher Wahrheitsbegriffe (alltagsweltlich, philosophisch, religiös) bestimmt und unterscheidet (S. 31–33)
- (»Natur«-)Wissenschaft als komplementären Erkenntnis- und Weltdeutungsmodus mit eigener Hermeneutik und Methode von Theologie abgrenzt, deren unterschiedliche Erkenntnisinteressen und Aussageweisen charakterisiert und deren Erkenntnismöglichkeiten und -grenzen bestimmt (S. 34–38)
- Charakter und Eigenart des Glaubens als eines Erkenntnis- und Deutungsmodus' verständlich macht, der auf der Erfahrung und Überzeugung der Existenz und Wirksamkeit Gottes und seiner Beziehung zum Menschen gründet (S. 39–41).

Folgt man K. E. Nipkows Untersuchungen zur »Gotteserfahrung im Lebenslauf«, so ist diese gesamte Thematik von Weltbild und Wahrheit, insbesondere aber die Bestimmung des Verhältnisses von Theologie und Naturwissenschaft, eine der zentralen religionspädagogischen Herausforderungen bei der religiösen Begleitung Jugendlicher. Nach Nipkow ist sie eine der »Naht-« oder »Einbruchstellen«, an denen für Jugendliche die Entscheidung zwischen dem Glauben an Gott und dem Verlust des Gottesglaubens fallen kann.[20] Mit ihrer Behandlung werden zugleich wichtige hermeneutische Grundlagen gelegt und Weichen gestellt für den Religionsunterricht in der Gymnasialen Oberstufe, vor allem bezogen auf die falsche Antithese von »Wissen« oder bzw. statt/gegen »Glauben« (»Glauben heißt nicht wissen!«) und der daraus resultierenden Überzeugung von der Sachlichkeit, Objektivität und qualitativ größeren »Glaubwürdigkeit« (»natur«-)wissenschaftlicher Erkenntnisse (»Wissens«).
Es muß deutlich werden, daß Theologie und (»Natur«-)Wissenschaft(en) weltbildgebunden dasselbe Phänomen mit unterschiedlichen »Augen« betrachten, dabei von unterschiedlichen Leitfragen und Erkenntnisinteressen ausgehen und mit unterschiedlichen »Brillen« (Methoden) arbeiten, die nicht wertfrei sind, sondern immer schon in einer bestimmten Beziehung zum untersuchten Phänomen stehen und damit keine absolut »objektiven« Aussagen zulassen (vgl. Heisenbergsche Unschärferelation). Sie sollen mithin als komplementäre Sichtweisen der selben Wirklichkeit verstanden werden.[21]

3.5.1 Was ist Wahr(heit)?

Genau hinschauen

1 Die Erfahrung der Perspektivität und Standpunktbezogenheit von Wahrnehmungen und daraus resultierender Urteile kann anhand der mehrdeutigen Figuren und des kurzen Textes »Die Perle« unter zwei Aspekten bewußt gemacht werden. Die alltägliche Beobachtung, daß zwei Menschen, die dasselbe Objekt betrachten, nicht das Gleiche sehen, erschließt sich Schülerinnen und Schülern erfahrungsgemäß

20 Karl Ernst Nipkow: Erwachsenwerden ohne Gott?, S. 60 ff.

21 Das Verhältnis von Naturwissenschaft und Theologie und die Weltbildfrage werden in einer Fülle von Unterrichtshilfen, Themenheften, Kursmaterialien, Unterrichtsentwürfen etc. behandelt. Grundsätzlich hierzu aus neuerer Zeit: Glaube und Lernen Heft 2/1994. Thema: Naturwissenschaft und Glaube – Hansjörg Hemminger, Wolfgang Hemminger: Jenseits der Weltbilder – Theo Sombek, Axel Vering, Albrecht Willert: Das Bild von der Welt in Naturwissenschaft und Theologie

mit Vergnügen bei der Betrachtung der (u.U. z.T. bereits bekannten) mehrdeutigen Figuren (wobei man zur Entschlüsselung der mittleren das Buch auf den Kopf stellen muß!). Fächerverbindend können hierzu Erkenntnisse aus dem Biologie- und Physikunterricht bzw. die Befragung der entsprechenden Lehrerinnen und Lehrer diese Wahrnehmungseffekte naturwissenschaftlich erklären.

Die Perle (Mt 13,45 f.) und **Die Ringparabel**

Der Jules-Verne-Text macht deutlich, daß Menschen dasselbe Objekt aus ihren jeweiligen Prägungen und spezifischen Erkenntnisinteressen heraus mit unterschiedlichen »Augen« sehen und beschreiben bzw. »definieren«. Keine der jeweiligen Sichtweisen ist »falsch«, jede ist – auf ihre Weise, d.h. in ihren Grenzen – »richtig«, vermag jedoch nur Teilaspekte des »wahren« Charakters des Objektes zu erfassen. Gerade dieser kurze, anschauliche Text vermag überzeugend zu vermitteln, was unter Komplementarität von Wahrnehmung und Wirklichkeit zu verstehen ist. Zur Übung können Schülerinnen und Schüler andere Beispiele für perspektivengebundenes Sprechen verfassen, etwa kurze Texte in der Art des Verne-Textes, in denen andere Objekte, aber auch Ideen, Vorstellungen, ungegenständliche Phänomene »beschrieben« werden (vgl. Deutschunterricht: Unfallschilderung verschiedener Beteiligter). Seite 32
Das Gleichnis von der Perle (Mt 13,45f.) vermag Schülerinnen und Schüler noch einmal für gleichnishaft-metaphorisches Sprechen zu sensibilisieren. Dabei ist zu beachten, daß das Himmelreich nicht der Perle entspricht, sondern zum gesamten Verhalten/Handeln des Kaufmanns in Beziehung gesetzt wird. Die Perle selbst bleibt Objekt, ist zugleich Symbol und Element des »Gesamtsymbols Gleichnis«.
Die Beispielsätze dienen der Erarbeitung folgender philosophischer Wahrheitstheorien:
- der Korrespondenztheorie, die in der Tradition der Scholastik die »adaequatio«, also die Entsprechung von Sache und Begriff, von Aussage und Sachverhalt als »Wahrheit« bezeichnet
- der Evidenztheorie (auch: pragmatische Theorie), die die lebenspraktische Wirkung, die Relevanz des Gegenstands für das Leben des einzelnen zum Maßstab von »Wahrheit« macht
- der Kohärenztheorie, nach der wahr ist, was in das System, das Ganze des Lebens, der Welt eingeordnet ist, nach der sich »Wahrheit« aus dem Ort des einzelnen im Kontext des Ganzen ergibt
- der Konsenstheorie, nach der wahr ist, was per Konsens akzeptiert wird bzw. worüber Übereinstimmung besteht
- der historischen (bzw. relativen) Theorie, nach der »Wahrheit« nicht eine absolute, letztgültige, objektive, sondern eine relationale Größe ist, deren Kriterien etwa Geschichtlichkeit, Relativität, Konkretheit, Positionalität sind.

Die kritische Prüfung und Diskussion der Tragfähigkeit und Überzeugungskraft (u.U. anhand alltagsweltlicher Beispiele) dieser Theorien im Unterrichtsgespräch wird die Einsicht in die Relativität und Begrenztheit ihrer Geltung und in die Existenz unterschiedlicher Dimensionen von »Wahrheit« vermitteln.
Mit Lessings »Ringparabel«, bei deren Behandlung die Kooperation mit dem Deutschunterricht naheliegt, wird die Wahrheitsfrage auf Religion bezogen. Die Lösung, die sie bietet, steht der Evidenztheorie nahe (»Wahrheit« erweist sich durch die Wirkung des gelebten Anspruchs: »Ich höre ja, der rechte Ring besitzt die Wunderkraft, beliebt zu machen; vor Gott und Menschen angenehm. Das muß entscheiden! (...) Es strebe von euch jeder um die Wette, die Kraft des Steins in seinem Ring an' Tag zu legen!«). Durch Rekurs auf Tradition, das historische Prinzip (»den Vater«), also allein geschichtlich ist »Wahrheit« nicht mehr legitimierbar. Solche »Zufälligkeit« von Offenbarung ist durch »Vernunftwahrheit« zu ersetzen. Diese Position wird Schülerinnen und Schüler vermutlich ansprechen bzw. überzeugen. Hier kann die Lehrerin, der Lehrer durch Verweis auf die »Offenbarungsqualität« religiöser Wahrheit allerdings eine vorschnelle Zustimmung bzw. Identifikation vermeiden, um den Eindruck eines zu pragmatischen bzw. relativen Verständnisses religiöser Wahrheit bzw. ihrer Verrechenbarkeit mit dem Faktischen zu vermeiden. Nach christlichem Verständnis sprechen Scheitern und Schuldigwerden des Menschen nicht gegen die Wahrheit der Botschaft vom gnädigen und gerechten Gott der Liebe und von der Rechtfertigung aus Glauben.

Die Eigenart des religiösen Wahrheitsanspruchs (Richard Schaeffler)

Seite 33

Der Text von R. Schaeffler dient in diesem Zusammenhang der Klärung und Diskussion des Charakters, der Qualität religiöser, nicht nur christlicher Wahrheitsansprüche. Nach Schaeffler sind wahre religiöse Aussagen solche, die »Heil« schaffen. Damit ist – anders und mehr als bei Lessing (»... beliebt zu machen; vor Gott und Menschen angenehm«) – eine aktive, helfend-heilende, erneuernde, aufbauende, lebenschaffende Beziehung gemeint, die – auch aus eigener Verletzung heraus – die Verbindung zum Gegenüber neu stiftet (Aussage *und* Sprach*handlung*). Das »Glauben« dieser Aussage meint mithin mehr als ein durch Evidenz bewiesenes Für-wahr-Halten, sondern ist Ausdruck einer existenziellen Beziehungsqualität, die sich auf den anderen einläßt.
Angesichts vielfältiger »Heilslehren« und -ansprüche ist es wichtig, daß im Unterricht Maßstäbe und Kriterien von »Heil« diskutiert werden. Dabei kann christliches Verständnis von »Heil« anhand vielfältiger biblischer Texte erarbeitet, zugleich aber auch in der realen Ambivalenz von Befreiung und Entmündigung, Unterdrückung thematisiert werden, wie sie etwa in »fundamentalistischen« Kreisen (im weitesten Sinn) geschieht.
Mit dem Schaeffler-Text bzw. der zweiten Frage dazu kann zum Verhältnis von Glauben und Wissen übergeleitet werden.

3.5.2 Glauben und Wissen

Der schwache Punkt der Rationalisten (Albert Einstein)
Schafft Wissen Gewißheit? (Vladimir Rencin)

Seite 34

Der Text und die Karikatur sollen gezielt bei den Schülerinnen und Schülern vorhandene Einschätzungen von der Objektivität, Universalität, dem höheren Wahrheitsgehalt (natur-)wissenschaftlicher Aussagen in Frage stellen.
Dabei erscheint A. Einstein dank des ihm anhaftenden Mythos vom Wissenschaftler, der der Erklärung der Welt sehr nahe gekommen ist, als besonders glaubwürdiger Vertreter einer Position. Umso überraschender kann deshalb die Erfahrung sein, daß gerade er die Grenzen wissenschaftlicher Erkenntnis so klar nennt (keine Antwort auf die Sinnfrage) und es gerade als notwendige und wichtigste Aufgabe der Religion bezeichnet, dieses zu leisten. Ebenso gesprächsanregend ist Einsteins Verhältnisbestimmung von Vernunft und Tradition, die keiner Letztbegründung bedarf. Auch hier ist der Physiklehrer, die Physiklehrerin wichtiger Gesprächspartner.
Rencins Karikatur, die auch vor der Bearbeitung des Einstein-Textes erschlossen und erörtert werden kann, stellt und beantwortet die Frage nach den Grenzen des Wissens mittels Montage der fragwürdigen Gleichung von (mathematischer) Erkenntnis und Lebensglück mit dem skeptisch blickenden Wissenschaftler. Im Umgang mit dieser Karikatur können Schülerinnen und Schüler ihre ganz unterschiedlichen Gleichungen von Lebensglück aufstellen (auf große Bögen schreiben, symboliseren, zeichnen ...) diese vergleichen und darüber ins Gespräch kommen.

Urknall oder Schöpfung – Zum Verhältnis von Naturwissenschaft und Theologie

Seite 35

Mit der Behandlung kosmologischer Aspekte kommt die Weltbildthematik in den Blick. Schülerinnen und Schüler können sich, etwa in Physikbüchern oder Bibellexika, über Weltbilder im Wandel der Geschichte informieren bzw. diese in Referaten vorstellen. Gerade bei dieser Thematik legt sich fächerverbindendes Arbeiten mit dem Fach Physik nahe (Befragung des Physiklehrers/der Physiklehrerin, Team-Teaching, Abstimmung der entsprechenden Curricula).

Abbildungen (Julius Schnorr von Carolsfeld, Klaus Meyer zu Uptrup)
Asyl für den Herrgott

Zugänge zur Weltbildfrage und zum Verhältnis von Gottesglauben und moderner »Natur«wissenschaft können über den Vergleich der beiden Abbildungen und die Analyse und Diskussion des »Spiegel«-Textes gewonnen werden. Unterschiedliche Verhältnisbestimmungen, die Schülerinnen und Schülern geläufig sein dürften, können herausgearbeitet, verglichen, in ihren Konsequenzen für das Verständnis vom Menschen und seinem Leben bedacht und beurteilt werden (Gegensatz, Überwindung, »Veredelung«, Ergänzung, Komplementarität). Hermeneutisch geschärft werden müßte das Bewußtsein für die unterschiedlichen Fragehaltungen und Erkenntnisinteressen »natur«wissenschaftlichen und religiösen Sprechens, insbesondere im Bezug auf die Rede von Gott. Der Schluß des »Spiegel«-Textes dürfte Anregung zur Diskussion bieten, vor allem über die Frage, ob weitere kosmologische Kenntnisse den Glauben an einen Schöpfergott obsolet machen oder gar widerlegen.

Seite 35
Seite 35 f.

Die Behandlung dieser Materialien, die durch Referate zu weiteren neueren kosmologischen Modellen vertieft werden sollte (ZM 9–11),[22] führt zur intensiven Beschäftigung mit der priesterschriftlichen Schöpfungserzählung und bereitet die Auseinandersetzung mit dem Gespräch zwischen Theologen und Physikern vor. Methodologisch sollte in diesem Zusammenhang insbesondere der »Modell«-Charakter kosmologischer Theorien bewußtgemacht werden, d.h. die Einsicht, daß es sich um analytische, der Kausalität verpflichtete Hypothesen handelt, deren Wahrheitsanspruch begrenzt und anders, aber nicht höher ist als der anderer Betrachtungsweisen. Der in der sog. »Heisenbergschen Unschärferelation« erfaßte Zusammenhang zwischen dem Erkenntnisinteresse und der Art der Beobachtung (der Messung, des Experiments), der lehrt, daß eine vollständige objektive Beschreibung eines (physikalischen) Systems, so wie es ist, nicht möglich ist, sollte Berücksichtigung finden.

Jenseits von Eden

Dieser längere Auszug aus einem noch umfassenderen Gespräch erscheint zum einen geeignet, weil ein Theologe und ein »Natur«wissenschaftler (Physiker) hier wirklich »im Gespräch« miteinander sind und dabei ihre unterschiedlichen »Sprachen« deutlich werden. Er bietet zum anderen die Möglichkeit einer intensiveren Beschäftigung mit biblischer Rede von Schöpfung anhand von 1. Mose 1,1–2,4a. Eine wesentliche, für den Religionsunterricht in der Gymnasialen Oberstufe grundlegende hermeneutische Erkenntnis, die durch die Beschäftigung mit dem Gespräch vermittelt werden kann, ist die Erkenntnis der Komplementarität unterschiedlicher Welterschließungs- und -erklärungsmodi (»Wissenschaft«, »Glaube«, »Kunst« usw.) und der jeweiligen Begrenztheit bzw. Relativität der durch diese vermittelten Einsichten und Antworten (»Wahrheiten«).

Seite 37

Daß die priesterschriftliche Rede von der Schöpfung und dem Schöpfer am Anfang der Bibel in eben diesem Sinn »Antwort« auf menschliche Fragen und Erfahrungen und Reaktion auf religiöse, mythologische und kulturelle Kontexte exilierter Israeliten im babylonischen Exil ist, läßt sich nicht nur in »klassisch-hermeneutischer« Weise durch Textanalyse und -vergleich (etwa mit dem babylonischen »Enuma elish«-Mythos) herausarbeiten, sondern anschaulich (und methodisch ansprechender z.B. in Gestalt von Rollenspiel bzw. Rollenlesen) auf dem Wege der narrativen Exegese. Dazu bieten sich Auszüge aus Walter J. Hollenwegers »Memoiren eines alten Mannes«[23] an, mit deren Hilfe eine lebendige Einbettung in die Exilssituation vermittelt werden kann. Ein anderer Zugang zu 1. Mose 1–2 als Bekenntnis und nicht als naturwissenschaftliches Protokoll läßt sich über den Vergleich mit anderen biblischen, vor allem alttestamentlichen Texten gewinnen, in denen von Schöpfung die Rede ist. Hier bieten sich besonders die Psalmen 8, 19, 104 an. In der Sprache des Lobes (von Schöpfung und Schöpfer) drückt sich die spezifische Beziehung zu beiden und eine andere Weltsicht, ein anderes Weltverhältnis aus als das »natur«wissenschaftlichen Kausalitätsdenkens.

22 Vgl. zur Chaos-Theorie: John Briggs, F. David Peat: Die Entdeckung des Chaos – Geo-Wissen: Chaos und Kreativität

23 Walter J. Hollenweger: Konflikt in Korinth / Memoiren eines alten Mannes, S. 49–58

3.5.3 Was heißt »glauben« – »Glaube«?

Parabel vom modernen Menschen (Kadidja Wedekind)
Wiener Genesis: Berufung Abrahams

Seite 39

Während der Text von den Schwierigkeiten »moderner Menschen«, an etwas zu glauben, erzählt, die vor allem in den Zweifeln, dem skeptischen Prüfen der eigenen Wahrnehmung und dem daraus resultierenden Nichtwahrhabenkönnen des Wirklichen bestehen, entfalten die Abbildung und der ihr zugrundeliegende biblische Text ein anderes Glaubensverständnis: Abraham, der glaubende Mensch, bleibt – trotz allem Zweifel – nicht bei sich, auf sich und seine Erfahrungen fixiert, sondern lebt in und aus der Gottes*beziehung*. Die aufs äußerste reduzierte Schilderung seiner Berufung in 1. Mose 12 läßt die Radikalität dieser von Gott ausgehenden Verbindung spürbar werden, die durch Anrede, Aufforderung und Zusage gestiftet wird. Die vertiefende Beschäftigung mit der gesamten Abrahamsüberlieferung (1. Mose 12–25) kann Schülerinnen und Schülern zum einen die Einsicht vermitteln, daß Abrahams Weg mit Gott exemplarisch für Wege und Geschichte von Menschen mit Gott steht. Dies ist keine »zweifelsfreie« Geschichte, sondern vielmehr eine, in der die Tiefen und Spannungen menschlicher Erfahrungen mit Gott schonungslos enthüllt und als untrennbar zum Glauben gehörend entfaltet werden. Zum anderen zeigt die Erkenntnis der Einbettung der Abrahamsüberlieferung in die »Urgeschichte« die Besonderheit der Beziehung, die der biblische Gott mit den Menschen hat. Nach dem Scheitern seiner Beziehung zur »Menschheit« (1. Mose 11) wendet er sich mit seiner Verheißung einem Menschen zu und wird so zu einem »persönlichen« Gott, zu dem Beziehung möglich ist. Die Pointe der Parabel regt zum Gespräch über Schwierigkeiten »moderner Menschen« (der Schüler/innen …!?) mit dem Glauben an; die Metaphorik des Textes (Wüste, Verirrung, Erschöpfung – Oase, Quelle, Datteln, Wasser – Verhungern, Verdursten) ist durchaus kritisch zu befragen, insbesondere auch im Blick darauf, ob Schüler/innen sich als »moderne Menschen« darin treffend beschrieben sehen.

Die Erschließung des Wort- bzw. Konnotationsfeldes »glauben« – »Glaube« sollte nicht nur die Mehrdeutigkeit der Begriffe und damit die Kontextualität ihrer Bedeutung deutlich machen. Zu vermitteln ist die Erkenntnis, daß menschliches Leben ohne »glaubendes« Grundvertrauen nicht denkbar und lebbar ist; die Beziehungsqualität und -dimension religiösen Glaubens als eines Glaubens »an« sollte in gleicher Weise deutlich werden. In der vorgeschlagenen Methode des Schreibgesprächs liegt insbesondere die Chance, daß Schüler/innen in kleinen Gruppen zu 3 bis 4 Personen intensiv miteinander ins Gespräch kommen und dabei dichter und ernsthafter aufeinander »hören« und Bezug nehmen.

Leben, als ob es Gott gibt … (Heinz Zahrnt)

Seite 40

Mit dem zitierenden Bezug auf Bonhoeffers Diktum von der funktionslos gewordenen »Zuhilfenahme der ›Arbeitshypothese Gott‹« (vgl. S. 8) greift der Text auf den Ausgangspunkt des Kapitels und die These von der Religionslosigkeit der Moderne zurück. Zahrnt setzt voraus und respektiert, daß Menschen leben (können), als ob es Gott nicht gibt, und daß Christen weder schlechtere noch bessere Argumente für die Existenz Gottes haben als etwa Rationalisten für ihre Überzeugung von seiner Nichtexistenz. Im Sinne von Peter L. Bergers These vom »Zwang zur Häresie« (vgl. ZM 5) geht er davon aus, daß Menschen heute hinsichtlich ihrer religiösen bzw. weltanschaulichen Orientierung zu wählen haben und daß keine Glaubensüberzeugung a priori von der Pflicht befreit ist, ihre Tragfähigkeit und Glaubwürdigkeit der kritisch-rationalen Prüfung zu unterziehen. Die Wahrheit des christlichen Glaubens an die Existenz und Wirkkraft Gottes erschließt sich jedoch erst und nur im und durch das Wagnis der Erprobung. Gottesvergewisserung und Gotteserfahrung, so Zahrnts These, sind nur möglich im vertrauenden Sicheinlassen auf seine Existenz. Zahrnts Glaubensverständnis – leben, als ob es Gott gibt – kann als anregender, fruchtbarer Impuls zur Auseinandersetzung mit religionskritischen Positionen dienen. Zahrnts Postulat, daß, wer sich vom Christentum verabschiede, es zuvor zumindest kennengelernt, besser aber noch sich darauf eingelassen haben müsse, vermag eine neue, provokative, das Unterrichtsge-

spräch anregende Perspektive einzubringen, nämlich die einer »umgekehrten Theodizee«, einer »Rechtfertigung« der Kritiker und ihrer Position.
Aufschlußreich könnte Vorstellung (etwa durch kurze Schülerreferate), Begegnung und Gespräch mit »glaubwürdigen« Personen sein (nicht nur mit religionspädagogischen »Klassikern« wie A. Schweitzer, M. Gandhi, M. L. King, D. Bonhoeffer, Mutter Theresa usw., sondern vor allem mit Menschen aus dem Umfeld der Schüler/innen). In solchen Begegnungen können problematische Glaubensvorstellungen aufgebrochen werden, insbesondere statische Vorstellungen, hinter denen ein »orthodoxer« Glaubensbegriff steht.

Glaube wird »bekannt«

Die Auseinandersetzung mit verschiedenen Glaubensbekenntnissen verfolgt mehrere Intentionen. Seite 41
In allen Religionen wird Glaube nicht nur »gelebt« und damit praktiziert, sondern ebenso in hochverdichteten symbolischen Texten tradiert, öffentlich ausgesprochen und damit (in doppeltem Sinne) »bekannt«. Bekennendes Sprechen ist, bei aller traditionellen und dogmatischen Formulierung, nicht neutrales, sondern positionelles, erfahrungsbezogenes, betroffenes und existentiell verankertes Sprechen. Wer – etwa beim Apostolikum – bestimmte Aussagen nicht mitsprechen kann, drückt damit auch aus, daß er/sie sich mit ihnen auseinandersetzt und sie im Lichte seiner Lebensgeschichte und -situation deutet und bewertet. Mit dem Sprechen eines gebundenen Bekenntnisses wissen sich Menschen eingebunden in die jeweilige größere, weltweite Gemeinschaft ihrer Religion. Bekenntnisse bringen Weltsichten, -anschauungen, Haltungen, moralische, religiöse, ideologische Verpflichtungen zum Ausdruck, auch wenn sie als »Negationen« formuliert sind (vgl. etwa das fiktive »Credo 1995«).

Zumindest die grundlegenden Bekenntnisse von Christentum, Judentum und Islam sollten die Schüler/innen kennenlernen und inhaltlich wie formal vergleichen. Neben dem Apostolikum kann das Nicänum Berücksichtigung finden, insbesondere, wenn die Erweiterungen des letzteren erarbeitet und in den theologiegeschichtlichen Zusammenhang gerückt werden. Als jüdisches Grundbekenntnis ist das Sch'ma Jisrael (5. Mose 6,4ff.) vorzustellen, das nicht nur im Synagogengottesdienst (nach der Predigt) gesprochen wird, sondern nach Möglichkeit auch beim täglichen Morgen- und Abendgebet und in der letzten Stunde des Lebens. Weniger bekannt und besonders zum Vergleich mit dem Apostolikum geeignet ist seine Entfaltung in den »13 Glaubenswahrheiten« des Moses Maimonides (1135–1204) (ZM 12), die bis heute Aufnahme in das jüdische Gebetbuch gefunden haben.[24]

Auch die Shahada, das grundlegende Bekenntnis des Islam, begegnet im Alltag und Lebenslauf frommer Moslems vielfältig. Sie gehört zu den sog. »fünf Säulen« des Islam. Ihre Auslegung und Entfaltung läßt zugleich Verwandtschaft und Differenz zu jüdischem und christlichem Glauben deutlich werden.[25]
Soll das Apostolikum als christliches Glaubensbekenntnis im Mittelpunkt der Beschäftigung stehen, so kann eine intensive Auseinandersetzung auf folgendem Weg erreicht werden: Der Text wird den Schülern und Schülerinnen Aussage für Aussage zeilenweise auf großen Bögen vorgelegt; sie können jede der Aussagen schriftlich mit Fragen, Kommentaren, Erfahrungen, Bewertungen versehen. Eine Zusammenschau dieser Äußerungen läßt erkennen, welche Aussagen unklar, unverstanden, erklärungs- bzw. deutungsbedürftig sind oder diskutiert werden sollen. Bei der – vermutlich nur exemplarischen – Behandlung solcher Aussagen bzw. der sich an ihnen entzündenden Fragen kann u.a. auf entsprechende biblische Texte zurückgegriffen werden.

Neben festen, tradierten Glaubensbekenntnissen kennt jede Religion und jede Zeit das persönliche, freie Bekenntnis und damit den Versuch, Tradition neu, zeitgemäß zu formulieren. Schüler/innen können aus der Vielzahl neuerer Bekenntnisse eine subjektive Auswahl treffen und diese begründen (zunächst ein-

24 Vgl. zur grundlegenden Orientierung: Arnulf H. Baumann (Hg.): Was jeder vom Judentum wissen muß
25 Vgl. zur grundlegenden Orientierung: Was jeder vom Islam wissen muß

zeln, dann in kleineren Gruppen, schließlich im Plenum). Dabei können persönliche Glaubenshaltungen zum Ausdruck kommen und miteinander ins Gespräch gebracht werden. Gegebenenfalls lassen sich Schüler/innen auch zu eigenen Formulierungen bewegen. Distanz, Skepsis, Kritik, Unverständnis gegenüber »etabliertem« Glauben, »Kirche« und »Dogma« können so ausgesprochen werden. Eigene Bekenntnisse befragen dabei die Tradition, müssen sich zugleich aber auch von ihr in Frage stellen und an ihr messen lassen.

3.6 Symbole – »Sprache« des Glaubens

Dieser Abschnitt dient dazu, Symbole und Zeichen voneinander abzugrenzen, ohne sie einander starr entgegenzusetzen, Kennzeichen repräsentativer Symbole zu erheben, religiöse von anderen Symbolen zu unterscheiden und exemplarisch ein geläufiges Symbol in einer religiösen, hier spezifisch biblisch-christlichen Verwendung kennenzulernen und zu untersuchen. Es soll und kann keine intensive und differenzierte Beschäftigung mit dem Gesamtkomplex »Symbol«, mit verschiedenen »Symbol«-Begriffen oder verschiedenen symboldidaktischen Positionen bzw. Schulen leisten, und es soll auch keine Unterrichtsreihe zu Symbolen darbieten. Vielmehr zielt es auf die grundsätzliche Einsicht, daß Religionen sich der Symbole bedienen müssen, ja letztlich das »Unsagbare« nur symbolisch vermitteln und damit für Menschen erfahrbar werden lassen können.[26]

Die Schöpfung (Juli Gudehus)

Seite 42 f.

Die beiden Auszüge (Beginn und Schluß) aus der piktographischen Darstellung von 1. Mose 1,1–2,4a von Juli Gudehus stellen auf den ersten Blick eine ungewöhnliche und zeitgemäße Visualisierung des biblischen Textes dar und regen zu eigener Produktion (Gestaltung weiterer Passagen aus der priesterschriftlichen Schöpfungserzählung) an. Sie enthalten geläufige Piktogramme und Signets, aber auch neue graphische Zeichen und verknüpfen diese zu einer »graphischen Erzählung«. Die Autorin wollte nach eigenem Bekunden erproben, ob man »mit Symbolen, die kleine Sinninhalte sind, größere Sinninhalte darstellen kann« bzw. »ob es wohl auch möglich ist, durch Kombination dieser Zeichen größere Sinnzusammenhänge darzustellen«.
Schüler/innen können anhand einzelner Piktogramme (etwa des Auges, das für Gott steht, oder des Zeichens für »Schöpfung«) und ihrer Kombination (etwa der Darstellung der Aussage »Und Gott sah, daß es sehr gut war«) die Aussagekraft solcher Zeichen(systeme) prüfen und damit der Behauptung der Autorin nachgehen, daß Wort und Bild wirklich »die gleiche Berechtigung« haben. In diesem Zusammenhang ist danach zu fragen, ob der Text sich heutigen Menschen durch solche Zeichensysteme leichter erschließt und verständlicher vermittelt oder sogar durch sie ersetzt werden kann bzw. ob der Text nicht einen »hermeneutischen« Mehrwert hat. Andererseits ist ebenso zu prüfen, ob die traditionelle, etwa bei P. Tillich auftretende Entgegensetzung von Symbol und Zeichen (ohne Verweischarakter auf eine andere Wirklichkeit) heute noch gelten kann. Bestimmte Zeichen, etwa aus Jugendkultur oder Warenwerbung (Jeansmarken, Mercedes-Stern usw.), haben offenkundig symbolische Qualität und Symbolcharakter gewonnen, denn sie vermögen Konnotationen mit quasi-religiösem Verheißungscharakter freizusetzen und damit »verborgene Tiefen unseres eigenen Seins« (Tillich) zu eröffnen. Schülerinnen und Schülern sind solche »Symbole« vermutlich vertraut, vielleicht aber nicht immer bewußt.

26 Zum Gesamtkomplex »Symbol« vgl. u.a.: Peter Biehl: Symbole geben zu lernen, S. 9–72 – C. G. Jung u.a.: Der Mensch und seine Symbole – Manfred Lurker: Die Botschaft der Symbole – Michael Meyer-Blank: Vom Symbol zum Zeichen – Jürgen Oelkers, Klaus Wegenast (Hg.): Das Symbol – Brücke des Verstehens – Paul Tillich: Symbol und Wirklichkeit

Was ist ein Symbol? (Paul Tillich)

Der Text nennt und entfaltet vier grundlegende Merkmale *repräsentativer Symbole*, d.h. solcher Symbole, die nicht nur auf eine andere Wirklichkeit verweisen, sondern sie repräsentieren, also verkörpern und verbürgen: die Eigenschaft, über sich hinauszuweisen, die Teilhabe an der Wirklichkeit, auf die verwiesen wird, die Notwendigkeit und Kontextualität ihres Entstehens und Vergehens und die Kraft zur Erschließung sonst verschlossener Dimensionen der Wirklichkeit. Seite 44f.

Tillich unterscheidet Symbol und Zeichen sehr strikt (»bloße Zeichen«, »harmlose Zeichen«). Letztere sind für ihn zweckmäßige Konventionen, die auswechselbar sind, zwar – wie Symbole – über sich selbst hinaus auf etwas anderes weisen, aber nicht an dieser anderen Wirklichkeit partizipieren, also nicht »repräsentativ« sind. *Religiöse Symbole* sind nach Tillich dadurch gekennzeichnet, daß durch sie und nur durch sie »das wahrhaft Unbedingte«, das, was Menschen »unbedingt angeht«, also »Gott«, ausgedrückt werden kann. Daß »die Sprache des Glaubens (...) die Sprache des Symbols« ist, ist in der Natur des Glaubens selbst begründet: das wahrhaft Unbedingte »transzendiert unendlich den Bereich der endlichen Realität« und kann daher nur in einer Weise adäquat ausgedrückt werden, die solche Transzendenz ermöglicht (ZM 13).

Bei den spezifisch *christlichen Symbolen* unterscheidet Tillich drei Grundarten bzw. Ebenen: solche, die das Wesen Gottes zu erfassen suchen, solche, die Gottes Handeln und Wirken und solche, die Gottes Inkarnation in der endlichen Welt erfassen sollen (ZM 14).

Im vorliegenden Text charakterisiert Tillich religiöse Symbole knapp als jene, die den letzten Seinsgrund ausdrücken und die Erfahrung der letzten Wirklichkeit durch heilige Dinge, Personen und Ereignisse vermitteln.

In diesem Sinn können Schüler/innen erkennen und unterscheiden, daß es sich bei den Piktogrammen zur Schöpfungserzählung nicht um religiöse Symbole und weitgehend auch nicht um Symbole handelt, wohl aber um einzelne Zeichen mit durchaus intensivem Verweischarakter. Die Abbildungen auf Seite 45 hingegen können als religiöse Symbole beschrieben und erläutert werden, selbst der »Baum als Ökosystem« (vgl. Tillich ZM 14). Die gewünschte Erläuterung des Zusammenhangs zwischen dem jeweiligen Symbol und wesentlichen Inhalten des Glaubens der jeweiligen Religion kann durchaus über die Erschließung der Gestalt der einzelnen Symbole erfolgen (weitere Beispiele: christlicher Fisch, jüdische Menora, islamischer (maurischer) Bogen usw.), sollte aber durch religionsphänomenologisch orientierte Schülerreferate zu den einzelnen Religionen (etwa zum Taoismus/Yin und Yang) vertieft werden.

Symbolische Zahlen und ihre Bedeutung (Drei, Sieben, Zwölf usw.) dürften Schülern und Schülerinnen tendenziell geläufig sein; zur näheren Betrachtung symbolischer Formen bietet sich nicht zuletzt im Blick auf das im folgenden thematisierte Symbol »Weg« die Spirale bzw. das Labyrinth an.[27]

Biblische Wege ...

Das Symbol »Weg« wurde bereits als religiöses Motiv in der Werbung thematisiert und in Beziehung zu den alttestamentlichen Erzählungen vom Exodus der Israeliten gesetzt. Die Auseinandersetzung mit der Erzählung vom Weg zweier Jünger mit dem Auferweckten von Jerusalem nach Emmaus, die im Erkennen des Auferweckten, der Umkehr und dem Auferweckungsbekenntnis der beiden gipfelt, dient der exemplarischen Erschließung einer religiösen, hier sehr spezifisch christlichen bzw. christologischen Verwendung und Gestaltung des »Weg«-Symbols. Der Weg der Emmausjünger ist nicht mehr allgemein »Lebensweg«, sondern »Erkenntnisweg«, der zum Glauben und damit zum »Bekenntnis« führt (V. 34). Schüler/innen können, vermittelt durch das »Weg«-Symbol, lernen, daß diese wie alle biblischen Erzählungen nicht am »historischen Protokoll« interessiert ist, sondern an der Vermittlung existentieller Grunderfahrungen: Zum Glauben an den Auferweckten kommt, wer dem Auferweckten begegnet und Seite 46

27 Zu symbolischen Zahlen vgl.: Otto Betz: Das Geheimnis der Zahlen – Ingrid Riedel: Bilder in Therapie, Kunst und Religion, S. 176–208. Zu symbolischen Formen vgl.: Ingrid Riedel: Formen

ein Stück Weges mit ihm geht. Die Erzählung selbst bietet, etwa in den Bildern von den gehaltenen und geöffneten Augen oder vom brennenden Herzen, weitere symbolische Elemente, durch die Schüler/innen eigene Erfahrungen entdecken und als menschliche Grunderfahrungen erkennen können. Neben der angeregten Möglichkeit, den Text zeichnerisch (farblich!) zu gestalten, gibt es weitere gestalterische Wege der Erschließung und Deutung: Betrachtung und Vergleich künstlerischer Darstellungen der Emmauserzählung (Th. Zacharias u.v.a.m.), spielerische Methoden (Rollenspiel, Standbilder, Weiterspielen vom letzten Vers ab), Verklanglichung des Textes usw.

Auch die *Abbildung des Labyrinths* im Genter Rathaus kann der Texterschließung und -deutung dienen: Man muß den Weg durch das Labyrinth vollständig gehen, um zur Mitte (zum Kreuz!) zu gelangen (so auch im bekannteren Labyrinth in der Kathedrale von Chartres). So läßt sich die Erfahrung vermitteln, daß der »Weg des Glaubens« (... zum Glauben/ ... im Glauben) stets vermeintliche Um- und Irrwege einschließt.[28]

3.7 Wozu RU?

Die diesem Teilkapitel vorangestellte Anregung des »Wunsch-«Stundenplans und die daran anknüpfenden Fragen verdeutlichen wesentliche Intentionen der Beschäftigung mit dem Religionsunterricht als solchem. Wenngleich – oder gerade weil – das Fach für eine nach wie vor große Mehrheit der Schüler/innen bekannt ist und sie vielfältige und sehr unterschiedliche Erfahrungen mit ihm verbinden bzw. an es herantragen, sollte zu Beginn der Gymnasialen Oberstufe grundsätzlich über Aufgaben, Ziele, Begründungen, Inhalte, Methoden und Beurteilungskriterien des RU nachgedacht werden. Dabei sollten (schul)pädagogische, subjekt- (also schüler-) orientierte und »bildungs«bezogene Aspekte im Mittelpunkt der Erörterungen stehen, wie es dem gegenwärtigen Stand der Grundsatzdiskussion um den RU entspricht.[29] Der Beitrag des Faches zur Identitätsentwicklung, insbesondere zur bewußten und begründeten Wahrnehmung von Religionsfreiheit und -mündigkeit, sollte in diesem Zusammenhang besonders bedacht werden.

Das Leben ist mehr als Beruf und Leistung

Seite 47

Der Text, ein »Elternbrief«, zielt, innerhalb schul- und persönlichkeitsorientierter Argumentation bzw. Legitimation des RU, vor allem auf seinen spezifischen Beitrag innerhalb des Kanons der Unterrichtsfächer. Er argumentiert pädagogisch und entfaltet einen bestimmten Begriff von »Leben«, auf das Schule vorbereiten soll. Es geht ihm um den »existentiellen Mehrwert« gegenüber der notwendigen berufsvorbereitenden Funktion von Schule in einer »Leistungsgesellschaft«. Der Beitrag des RU zur Befähigung für ein sinnvolles und erfülltes Leben wird als spezifische und unverzichtbare Leistung gerade dieses Faches entfaltet, die von anderen Schulfächern nicht in gleicher Weise erbracht werden kann. Der Text regt zur kritischen Diskussion über dieses »Proprium« des RU an; dabei zeigen sich die besonderen Erfahrungen und Erwartungen, aber auch Bedenken und Befürchtungen, die Schüler/innen an den RU haben bzw. mit ihm verbinden.
Der Text könnte Impulse zu Rollenspielen über RU geben (Schüler/innen diskutieren über RU; Lehrerkonferenz zum RU; Gespräche am Elternsprechtag mit Religionslehrer/in ...). Schüler/innen könnten eigene »Werbe«-Briefe für den RU an verschiedene Adressaten verfassen, etwa um gegen Kürzung oder

28 Zum Symbol »Weg« vgl. S. 19, Anmerkungen 11 und 12. Zum Labyrinth vgl. Hermann Kern, Labyrinthe. – Hermann Kirchhoff: Urbilder des Glaubens

29 Vgl. hierzu insbesondere: Identität und Verständigung – Christian Grethlein / Helmut Hanisch: Religionsunterricht
Auszüge aus beiden Schriften eignen sich als Unterrichts- und Referatmaterialien; gegebenenfalls bietet sich auch eine Ganzschriftlektüre an, um RU als solchen unter den verschiedenen Aspekten zu behandeln.

Ausfall von RU zu protestieren. Aktuelle Polemiken und Infragestellungen des RU sollten einbezogen werden (etwa am Beispiel der Auseinandersetzung um das sog. »Brandenburger Modell« »Lebensgestaltung – Ethik – Religionskunde« die Frage nach dem Verhältnis von »Werterziehung« und »religiöser Bildung«). Einen interessanten Akzent könnte der Unterricht durch das Gespräch über ein Werbeblatt erhalten, das die Religionslehrerin bzw. der Religionslehrer selbst entworfen und gestaltet hat und mit dem sie/er für den RU wirbt. (Dies entspricht derzeit durchaus der Situation von Lehrkräften in den sog. »neuen« Ländern, die für den RU als ein neues, unbekanntes Fach werbend eintreten müssen.)

Reli oder Philo...?

Die Beschäftigung mit dem jeweils existierenden »Ersatzfach«, an dem Schüler/innen teilnehmen müssen, die nicht am Religionsunterricht teilnehmen, weil sie sich in Wahrnehmung ihrer Religionsmündigkeit davon abgemeldet haben oder weil sie einer Religion angehören, für die kein Unterricht erteilt wird, dient u.a. der Transparenz des Propriums beider Fächer. Vor allem Unterschiede in den Aufgaben, Zielen und Inhalten sollten herausgearbeitet und in Beziehung zum Bildungs- und Erziehungsauftrag von Schule gesetzt werden. Am Beispiel von ZM 15, einem Informationsblatt zum Fach Philosophie in der Gymnasialen Oberstufe, können Leitfragen und zentrale Themen eines solchen Ersatzunterrichts vorgestellt und in Vergleich und Beziehung zu jenen des Religionsunterrichts gesetzt werden. Das setzt voraus, daß den Schülerinnen und Schülern eine Übersicht über wesentliche Lernbereiche, Inhalte, mögliche Themen des Religionsunterrichts vorliegt bzw. daß diese mit ihnen abgesprochen wird. Seite 48

Religionslehre ist in der Gymnasialen Oberstufe in aller Regel mit einer (Mindest-)Belegverpflichtung versehen und kann Abiturfach sein. Die Beschäftigung mit dieser Vorgabe bzw. Möglichkeit bietet die Chance, Bildungsgehalt und -wert des Faches zu bedenken. Dabei sollten vielfältige, den Religionsunterricht kennzeichnende Faktoren bewußtgemacht werden, wie etwa die Vielfalt seiner Bezugswissenschaften, sein Beitrag zur hermeneutischen und methodischen Qualifizierung der Schüler/innen, die Einführung in die – durchaus ambivalente – kultur-, geistes-, weltgeschichtliche Prägekraft religiösen Glaubens (nicht nur des christlichen!).

Das Verhältnis von Staat und Kirche, das im Religionsunterricht eine spezifische Zuordnung und Aufgabenteilung erfährt, ist in jüngster Zeit insbesondere durch das sog. Kruzifix-Urteil des Bundesverfassungsgerichts vom August 1995 ins Gespräch geraten. Die Beschäftigung mit diesem Komplex dient nicht nur der Kenntnis und Klärung des (verfassungs)rechtlichen Rahmens, innerhalb dessen Religionsunterricht erteilt wird. Ebenso bedeutsam ist, insbesondere vor dem Hintergrund aktueller Polemiken und Infragestellungen von Religionsunterricht überhaupt, die Klärung und Transparenz des Auftrags, den Religionsunterricht aus kirchlicher Sicht hat.[30] Aus evangelischer Sicht gilt nach wie vor die EKD-Erklärung zum Verständnis der »Grundsätze der Religionsgemeinschaften« vom 7. Juli 1971 (ZM 16); deren genaue Lektüre und Erörterung sollte den Schüler/innen verdeutlichen, daß Religionsunterricht in öffentlichen Schulen weder staatlich verordneter Glaubensunterricht noch Mittel kirchlicher Indoktrination oder gar Mitgliederwerbung ist. Im Vergleich mit dem abgedruckten »Erlaß des Kultusministers von Württemberg vom 28. April 1937« kann deutlich werden, daß Begründung und Verständnis des Religionsunterrichts heute das Verfassungsgebot der Trennung von Kirche und Staat ernstnehmen und daß der Religionsunterricht weder im Dienst einer staatlich intendierten Weltanschauung steht noch auf ein bestimmtes »didaktisches« Konzept und damit eine bestimmte Theologie bzw. eine bestimmte Pädagogik festgelegt ist. Im Rückgriff auf die Beschäftigung mit religiösen Elementen und Motiven in der Werbung können die Schüler/innen ein aktuelles Beispiel einer interessengeleiteten Instrumentalisierung von Religion erörtern, hier im Sinne der religiösen Aufwertung, Legitimation und Überhöhung der Waren- und Konsumkultur.

30 Vgl. hierzu die EKD-Denkschrift »Identität und Verständigung«

In Religion eine ›Eins‹ – Zur Notengebung im Religionsunterricht

Seite 49

Religionslehre ist ordentliches Unterrichtsfach, in dem in der Gymnasialen Oberstufe Klausuren geschrieben werden (können) und das als mündliches oder schriftliches Abiturfach gewählt werden kann. Damit unterliegt es den gleichen rechtlichen und pädagogischen Bedingungen und Vorgaben wie alle anderen Schulfächer.

Die »Leistungen«, Kenntnisse, Fähigkeiten, Fertigkeiten und Arbeitshaltungen der Schüler/innen sind Grundlage der Leistungsbeurteilung und damit der Notengebung, nicht ihr (Un-)Glaube, ihre ethischen Einstellungen oder ihr kirchliches Engagement. Alle Beteiligten wissen dies, und dennoch ist die Notengebung in keinem anderen Schulfach so umstritten wie in Religionslehre. Dies hängt nicht nur mit dem jeweiligen Verständnis und der jeweiligen Praxis des einzelnen Religionslehrers bzw. der einzelnen Religionslehrerin zusammen, sondern weniger vordergründig mit einem theologisch geprägten christlichen Verständnis von »Leistung«. Vor allem ein rechtfertigungstheologisches Verständnis vom Menschen, der von Gott »allein aus Glauben« und »allein aus Gnaden« und ohne Anrechnung seiner Verdienste und Schwächen angenommen ist, wird immer wieder als Argument gegen Leistungsbewertung im Religionsunterricht oder doch zumindest für ein von anderen Unterrichtsfächern unterschiedenes Leistungsverständnis und damit eine andere Praxis der Notengebung ins Feld geführt. Der Zeitungsbericht über die Notengebung eines evangelischen Pfarrers dient als Impulstext für die kritische Auseinandersetzung mit dem Problem der Leistungsbewertung im Religionsunterricht. Die umfassendere Darstellung dieses wirklichen Falles in ZM 17 bietet zum einen weitere Argumente für und gegen die Praxis des Pfarrers Seeger, soll zum andern Schüler/innen zu einer Pro-und-Contra-Diskussion anregen, in der auch Kriterien einer sachgemäßen, pädagogisch wie theologisch vertretbaren Notengebung erwogen werden sollten.

Leistungsbewertung im Religionsunterricht

Seite 49 f.

Ein weiterer Zugang bzw. eine andere Perspektive der Notengebung und ihrer möglichen Folgen kann durch die kleine Erzählung »Nicht versetzt« von Peter Weiß (S. 115) gewonnen werden. Hier kommt die persönlichkeitsprägende Bedeutung von Erfolgs- und Versagenserfahrungen in den Blick, die über Zensuren und ihre Konsequenzen (Nichtversetzung/Versetzung) vermittelt werden.

Damit kann zur Beschäftigung mit dem Auszug aus einem Lehrplan übergeleitet werden, in dem der Problematik der Leistungsbewertung im Religionsunterricht in pädagogischer, anthropologischer und theologischer Perspektive nachgegangen und für die Notwendigkeit einer pädagogisch verantworteten Gestaltung der Leistungsbewertung plädiert wird. Der Text erschließt sich sprachlich wie gedanklich nicht leicht, so daß sein Argumentationsgang im Unterricht in intensiver, strukturierter Textarbeit analysiert und erarbeitet werden sollte. Das in ihm entfaltete differenzierte Leistungsverständnis sollte als Grundlage der Erörterung und Festlegung von Kriterien der Leistungsbewertung für den jeweiligen Religionskurs genutzt werden. In aller Regel nennen und entfalten Lehrpläne für den Religionsunterricht in der Gymnasialen Oberstufe verschiedene Kategorien der Mitarbeit und Mitgestaltung, die im Blick auf den konkreten Kurs (Inhalte, Ziele, Arbeitsformen usw.) differenziert und akzentuiert werden sollten (etwa: Verhältnis von schriftlicher und mündlicher (»sonstiger«) Mitarbeit, Gewichtung von Quantität und Qualität der Schülerbeiträge, Maß der Mitplanung und -gestaltung des Unterrichts durch die Schüler/innen usw.). Es hat sich bewährt, auf diesem Weg erzielte verbindliche Vereinbarungen schriftlich zu fixieren, Schülerinnen und Schülern auszuhändigen und so zur Grundlage einer möglichst transparenten und nachvollziehbaren Notengebung und -besprechung zu machen.

Karikatur »Noten-/Totempfahl« (Marie Marcks)

Seite 50

Im Text wird ein Leistungsverständnis entfaltet, das sich gegen eine Verabsolutierung von schulischer Leistung und gegen ein einseitiges, zweckrationales Verständnis von Unterricht und Schule wendet.

Zugleich wird eine Sonderrolle des Religionsunterrichts im Kanon der Schulfächer zurückgewiesen. Daran und durch die Deutung der Karikatur kann die kritische Diskussion gesellschaftlich bedeutsamer Leistungsbegriffe und ihrer Konsequenzen angeregt werden (etwa: Zusammenhang von »Leistung« und finanziell erfolgreicher Erwerbsarbeit sowie Arbeitslosigkeit; Parole »Leistung soll sich wieder lohnen«; Begriff der »Leistungsträger« und entsprechende Konnotationen; Verhältnis von »Leistung« und Lebensalter usw.). Chancen und Grenzen eines an pädagogischen Zielen orientierten Leistungsverständnisses sind in diesem Kontext zu diskutieren. Zum anderen kann auch in diesem Zusammenhang noch einmal Eigenart und Stellenwert des Religionsunterrichts im Ganzen von Schule problematisiert werden: Soll er sich – nicht nur im Bild und in der Erwartung vieler Schüler/innen – in gewisser Weise nicht doch von anderen Fächern abheben, und wenn ja, wie?

3.8 »Definitionen« von Religion

Seite 51 f.

»Definitionen« sind, etymologisch verstanden, Be- bzw. Eingrenzungen, Grenzsetzungen, die ihren Gegenstand unter einem bestimmten Blickwinkel von anderen abzugrenzen, zu beschreiben und erfassen versuchen. In diesem Sinn erfassen die sechs vorliegenden Definitionen Wesen und »Leistung« von Religion jeweils aus einer Perspektive bzw. mit Kategorien bestimmter Bezugswissenschaften. Als komplementäre Versuche der Annäherung vermögen sie wesentliche Merkmale des Anthropinums »Religion« bündig zu benennen; im Vergleich und in der Zusammenschau kann Schülern und Schülerinnen deutlich werden, daß keine von ihnen Religion hinreichend erfassen kann. Damit relativiert sich der Geltungsanspruch jeder einzelnen Definition, wie etwa der gängigen »funktionalen« Betrachtungsweise von Religion als Medium der Bewältigung von Erfahrungen der Kontingenz und Komplexität. Die einzelnen Definitionen können in vielfältige unterrichtliche Zusammenhänge eingebracht werden, sie müssen nicht zwingend alle und als Abschluß der Beschäftigung mit dem gesamten Kapitel behandelt werden. Sie können eine Bündelungsfunktion wahrnehmen, wie etwa die religionswissenschaftliche und die religionssoziologische entsprechende Betrachtungsweisen bestimmter Inhalte noch einmal verallgemeinern (Initiations-/Passageriten; Sonntag). Sie können Impulsfunktion haben und zur Auseinandersetzung mit bestimmten, auch neuen, Inhalten anregen, wie etwa Freuds Definition von Religion als Lösung von Konflikten, die aus dem »Vaterkomplex« resultieren, die zur Gottes(bild)thematik hinführen kann.
Anregend und auch im Interesse einer Lernerfolgskontrolle kann die Besprechung von Religionsdefinitionen der Schüler/innen sein, die miteinander und mit den vorliegenden Definitionen verglichen werden. Auf diese Weise könnte auf den Einstiegsimpuls des Kapitels, die »Gretchenfrage« »Wie hast du's mit der Religion?«, zurückgegriffen werden, ohne daß die Schüler/innen zu bekenntnishaften Äußerungen gezwungen wären.

4 Zusatzmaterialien

ZM 1: Tell Me Why

Mothers crying in the street
Children dying at their feet, tell me why
People starving everywhere
There's too much food but none to spare, tell me why

Can you see that shaft of sunlight
can you see it in my eyes
I can feel the fire
that's burning
anger and hope so deep
so deep within my heart
before my eyes
for some it's too late
it seems there's
no-one listening

People sleeping in the streets
no roof above, no food to eat, tell me why
see the questions
in their eyes
listen to their children's
cries, tell me why

If there's a God,
is he watching
can he give a ray of hope
so much pain and so much sorrow
tell me what does he see
when he looks at you
when he looks at me
what would he say
it seems there's no-one listening

Who would think it
still could happen
even in this time and place
politicians, they may save themself
but they won't save their face
just hope against hope
it's not too late

You say there's nothing you can do
is there one rule for them and one for you
tell me why

Listen can you see that shaft of sunlight
can you see it in my eyes
I can feel the fire that's burning
anger and hope so deep
so deep within my
heart before my eyes
for some it's too late
it seems there's no-one listening

Hurry for me, hurry for me, they cry

ZM 2: Krieg

Du sollst nicht lügen
Du sollst nicht töten
Sollst Deine Eltern ehren
Sollst nicht begehren
Die Frau vom Nächsten
Und Du sollst auch nicht stehlen

Du sollst nicht fluchen
Und Du sollst treu sein
Mich lieben wie Dich selbst
Nur einen Gott
Darfst Du Dir leisten
Wehe, Du machst es Dir selbst

Es ist Krieg
Keiner will verlieren
Krieg
Pulvergestank
Es ist Krieg
Hörst Du sie marschieren
Krieg
Ich habe Angst

Du warst die Frau aus dem Roman
Ich war der Mann, der alles kann

Kannst Du beweisen
Daß Du Du selbst bist

Wo ist Dein Mietvertrag
Die Welt geht unter
Die Welt geht unter
An einem Donnerstag

Es ist Krieg
Keiner will verlieren
Krieg
Pulvergestank
Es ist Krieg
Hörst Du die Mütter weinen
Krieg
Ich habe Angst

Du warst die Frau aus dem Roman
Ich war der Mann, der alles kann

Der ursprünglich hier vorgesehene Text »Paradies« der Toten Hosen (siehe CD »Opium fürs Volk« 1995) konnte nicht abgedruckt werden, da sich die Band nach Auskunft ihrer Plattenfirma auf Tournee befand und die Anfrage nicht rechtzeitig diskutieren konnte.

ZM 3: Liebe

Liebe
Will Dich nicht belehren
Liebe
Will Dich nicht bekehren
Liebe
Will nur einfach bei Dir sein

Liebe
Will Dir nicht befehlen
Liebe
Dich nicht mit Fragen quälen
Liebe
Will nur einfach bei Dir sein
Liebe
Ich habe Angst allein zu sein

Ich hab' geträumt von einem Paradies
In dem es keine Schlangen gibt
Der liebe Gott sah genauso aus wie wir
Und nichts, garnichts war kompliziert

Liebe
Ich will nicht mehr hassen
Liebe
Möchte Dich anfassen
Liebe
Sei mein Weg und mein Ziel
Liebe
Warm und weich und schön und
Liebe
Bin unendlich reich und
Liebe
Ich fang' an Dich zu versteh'n
Liebe
Jetzt tust Du auch nicht mehr weh

ZM 4: Für und Wider die Kindertaufe

Für: Von einem norwegischen Bischof wird berichtet, daß er eine Gemeinde visitierte, in der die Frage nach dem Recht der Taufe kleiner Kinder zu tiefen inneren Gegensätzen geführt hatte. Nichts schien die Verfechter der Glaubenstaufe überzeugen zu können. Schließlich gebrauchte der Bischof einen Vergleich: Kann eigentlich ein kleines Kind Besitzer eines Sparguthabens sein? Hängt die Möglichkeit des Besitzes dieses Sparguthabens davon ab, ob der Besitzer den Wert dieses Guthabens einzuschätzen weiß? Kann man nur etwas besitzen, was man selbst erarbeitet hat? So wie es möglich ist, daß ein Kind eine über alles Begreifen große Gabe schon zu Beginn seines Lebens geschenkt bekommen kann, so kann Gott auch seine große Gabe einem kleinen Kinde zuwenden, bevor es die Größe der Gabe ermessen kann. In der Kindertaufe wird besonders deutlich, daß der Mensch vor Gott ein Empfangender ist. Das meint Jesus, wenn er sagt: »Wahrlich, ich sage euch: Wer das Reich Gottes nicht empfängt wie ein Kind, der wird nicht hineinkommen« (Mk 10,15). EEK [5]1989, S. 1069

Gegen: Von den Eltern, die die Kindertaufe ablehnen, plädiert eine deutliche Mehrheit dafür, daß das Kind sich später einmal selbst entscheiden können soll, ob es getauft werden will. Eine große Gruppe von Eltern befürwortet die Erwachsenentaufe, nach wie vor nur eine Minderheit lehnt die Taufe grundsätzlich ab.
Die Gegner der Kleinkindertaufe können mit Recht gewichtige Argumente gegen die Verpflichtung von Eltern anführen, ihre Kinder baldmöglichst nach der Geburt taufen zu lassen.
Aus dem NT läßt sich eine Verpflichtung zur Säuglingstaufe nämlich nicht begründen. Sowohl das Taufverständnis des NT wie die Taufpraxis des Urchristentums kennen die Verkündigung des Evangeliums und den Glauben des Täuflings als Voraussetzung für den Empfang der Taufe. Der Brauch der Säuglingstaufe kam erst im 5. Jahrhundert nach Christus auf und wurde mit der Rechtfertigungslehre des Apostels Paulus begründet: In der Taufe wird dem Kind die »gratia praeveniens«, die »zuvorkommende Gnade« Gottes, geschenkt. Vom NT her ist die Säulingstaufe zwar möglich, aber nicht grundsätzlich verpflichtend; auch ein Aufschub der Taufe ist also »schriftgemäß«.

Die beiden vorangegangenen Texte geben stellvertretend die Positionen von Befürwortern und Gegnern der Kindertaufe wieder. Sammeln Sie weitere Stimmen/Argumente für und wider die Kindertaufe! Sie können damit z.B. eine »Pro/Contra«-Diskussion in Ihrem Kreis vorbereiten. Wie würden Sie sich entscheiden?

ZM 5

Der Religionssoziologe Peter L. Berger vertritt in seinem Buch »Der Zwang zur Häresie. Religion in der pluralistischen Gesellschaft« die Auffassung, die moderne Gesellschaft und der Mensch in ihr seien gekennzeichnet von der Bewegung, dem Übergang vom Schicksal zur Wahl. Dies gilt nach Berger auch für die Religion: Man wird nicht mehr als Christ, Buddhist oder Muslim geboren. Vielmehr steht der einzelne Mensch vor der Notwendigkeit zu wählen: Er muß sich für (s)einen Glauben entscheiden.

Der häretische Imperativ

Die Auswirkung der Modernität wird im allgemeinen im Sinne des Säkularisierungsprozesses gesehen, der sich ganz einfach beschreiben läßt als ein Prozeß, in dem die Religion sowohl auf der Ebene der Institutionen wie des menschlichen Bewußtseins ihren Einfluß einbüßt (...). Zwischen Säkularisierung und Pluralisierung der Plausibilitätsstrukturen (...) besteht zuallermindest eine sehr enge Beziehung. Die Gründe dafür sind auch leicht einsehbar. Eine religiöse Weltsicht ist wie jede andere Gesamtheit von

Interpretationen der Realität auf soziale Bestätigung angewiesen. Je einheitlicher und verläßlicher diese Bestätigung ist, um so stärker werden diese Realitätsdeutungen im Bewußtsein verankert. Die typische prämoderne Gesellschaft schafft Bedingungen, unter denen die Religion für den einzelnen die Qualität objektiver Sicherheit hat; die moderne Gesellschaft hingegen unterminiert diese Sicherheit, entobjektiviert sie, indem sie ihr den selbstverständlichen Status raubt, und *ipso facto* subjektiviert sie die Religion. Und dieser Wandel steht natürlich in unmittelbarer Beziehung zu dem Übergang vom Schicksal zur Wahl: Der prämoderne Mensch war an seine Götter in der gleichen unerbittlichen Schicksalsbestimmung gebunden, die auch den größten Teil seines übrigen Daseins beherrschte. Der moderne Mensch steht vor der Notwendigkeit, zwischen Göttern zu wählen, von denen ihm eine Vielzahl sozial zuhanden ist. Wenn die typische Conditio des prämodernen Menschen von religiöser Sicherheit geprägt ist, so folgt daraus, daß die des modernen Menschen unter dem Zeichen religiösen Zweifels steht. (...)
Das deutsche Wort »Häresie« geht zurück auf das griechische Verb *hairein*, das soviel wie »wählen« bedeutet. Eine *Hairesis* bedeutete ursprünglich ganz einfach, eine Wahl zu treffen. Eine davon abgeleitete Bedeutung ist die einer Meinung. (...)
Damit der Begriff der Häresie überhaupt irgendeine Bedeutung bekommen konnte, war die Autorität einer religiösen Tradition notwendige Voraussetzung. Nur im Hinblick auf eine solche Autorität konnte man überhaupt eine häretische Einstellung annehmen. Der Häretiker leugnete diese Autorität und lehnte es ab, die Tradition *in toto* zu akzeptieren. Statt dessen suchte und wählte er aus den Traditionsinhalten aus, und aus diesem Ausgesuchten und Ausgewählten bildete er sich seine eigene abweichende Meinung (...). *In prämodernen Situationen leben die Menschen in einer Welt religiöser Sicherheit, die gelegentlich durch häretische Abweichungen in Mitleidenschaft gezogen wird. Im Gegensatz dazu bildet die moderne Situation eine Welt der Unsicherheit, die gelegentlich durch mehr oder weniger brüchige Konstruktionen religiöser Affirmation abgewehrt wird.* Tatsächlich läßt sich dieser Wandel noch weit schärfer formulieren: *Für den prämodernen Menschen stellt die Häresie eine Möglichkeit dar, für gewöhnlich allerdings eine fernab gelegene; für den modernen Menschen wird Häresie typischerweise zur Notwendigkeit.* Oder noch einmal, *Modernität schafft eine neue Situation, in der Aussuchen und Auswählen zum Imperativ wird.*

Um die bisher geführte Erörterung zusammenzufassen: Modernität vervielfacht die Wahlmöglichkeit und reduziert gleichzeitig den Umfang dessen, was als Schicksal oder Bestimmung erfahren wird. Auf die Religion bezogen, wie natürlich auch auf andere Bereiche menschlichen Lebens und Denkens, bedeutet dies, daß der moderne Mensch nicht nur mit der Gelegenheit, sondern vielmehr mit der Notwendigkeit konfrontiert ist, hinsichtlich seiner Glaubensvorstellungen eine Wahl zu treffen. Dieses Faktum konstituiert den häretischen Imperativ in der gegenwärtigen Situation. So ist die Häresie, einstmals das Gewerbe randständiger und exzentrischer Menschentypen, eine weitaus allgemeinere Conditio geworden; Häresie ist in der Tat universell geworden.

Aus: Peter L. Berger: Der Zwang zur Häresie. Religion in der pluralistischen Gesellschaft, Herder Spektrum 4098. Freiburg i. Br. 1992, S. 39ff., 42f.

Erörtern Sie Bergers Position und ihre Prämissen!
Welche Konsequenzen ergeben sich aus Bergers Auffassung für die Frage der Kindertaufe?
Vergleichen Sie die Anschauungen Bergers und Bonhoeffers über die moderne Welt und den Menschen in ihr und über die »Religiosität« der Moderne!

ZM 6: Früher oder später konfirmieren ...? Streit um das richtige Konfirmationsalter

Was bedeutet Konfirmandenunterricht für 8- bis 12jährige? Kinder dieses Alters sind neugierig. Sie möchten wissen, was es alles gibt und wie die Dinge funktionieren (...) 8- bis 12jährige möchten »groß sein« und wie Erwachsene handeln und behandelt werden. Weil sie das aber noch nicht können oder es ihnen verwehrt wird, hören sie gerne Berichte von Erwachsenen (auch biblische Geschichten) (...) Es liegt auf der Hand: Die spezifischen Voraussetzungen von Kindern (Wissensdurst, Sachinteresse, Identifikationsbedürfnis mit Erwachsenen) sprechen für das Vorverlegen des Konfirmandenunterrichtes, weil die besonderen Fähigkeiten von Kindern mit einigen Zielvorstellungen kirchlichen Unterrichts bestens zusammenzubringen sind. Andere Ziele des Konfirmandenunterrichts aber sind auf Bedingungen angewiesen, die erst bei Jugendlichen vorzufinden sind. Dies ist zu diskutieren:

1. Der Konfirmandenunterricht für Kinder wird, deren Lernmotive und Lernbedingungen berücksichtigend, vorwiegend (biblische Überlieferung, Katechismusstoff) vermitteln und in vorgegebene Glaubensformen einüben. Das ist für dieses Alter pädagogisch vertretbar und theologisch akzeptabel.
2. Andere Ziele aber, mit denen man Konfirmanden unterrichten kann – etwas von der frohen Botschaft selbst entdecken, eine eigene Glaubenssprache und Glaubenshaltung finden – liegen viel weniger im Bereich der Möglichkeiten von Kindern.
3. Das Eintreten für einen kirchlichen Unterricht für Kinder scheint mir von der Hoffnung getragen, daß Kinder, die von der christlichen Überlieferung wissen und Glaubensformen kennen, auch später als Christen und in christlicher Gemeinde leben. Diese Erwartung trügt, weil Kinder mehr zur anpassenden Aufnahme als zur kritischen Aneignung befähigt sind. Sie werden zwar viel aus Bibel, Gesangbuch und Kirche wissen. Was sie aber später damit für sich und andere anfangen können, muß erst noch in Lern- und Verarbeitungsprozessen des Jugend- und Erwachsenenalters neu geformt werden (...)
4. Kinder sind mit erlebnisprallen, fröhlichen und Verheißungen in Aussicht stellenden Unterrichtsstunden ansprechbar – und auch verführbar. Zu was sie aber angeleitet und im schlimmen Fall erweckt werden, sind vorwiegend vorgefertigte Formeln und vorgegebene Formen, die sie selten hinterfragen und kaum jemals verweigern können. Die meisten Kinder – und das ist gut so – werden das in solchen Lern-, bisweilen Indoktrinationsprozessen Übernommene abschütteln, sobald sie des Gruppendruckes ledig und von der Autorität ihrer Vorbilder befreit sind. Dann auch werden sich die angelernten Äußerungen und Formen als nicht mehr brauchbar, weil nicht selbst gefunden und selbst erprobt, erweisen. Einige Kinder aber werden eine psychische Struktur entwickelt haben, die sie zur Gläubigkeit für viele Inhalte und zur Gefolgschaft für absolute Ansprüche jeglicher Herkunft anfällig macht.

Andererseits: Welche Bedeutung hat der Konfirmandenunterricht für die angehenden Jugendlichen? Ich meine, dem Konfirmandenunterricht für Jugendliche kommt eine besondere Bedeutung zu:

1. So wie bei 8- bis 12jährigen Kindern die Vermittlung von Kenntnissen und Wissen im Mittelpunkt didaktischer Überlegungen steht, wird für den Unterricht mit Jugendlichen die Suche nach Sinn und die Entdeckung handlungsleitender Lebenserklärungen die zentrale Kategorie für den Entwurf eines Unterrichtskonzeptes sein. In einem Alter, wo die Fragen nach Beruf, Partnerschaft, Familie in den Blick geraten, wo oft ratlos nach der Zukunft gefragt wird (was soll aus mir, was soll aus uns Jugendlichen werden?), trifft das Angebot Jesu Christi auf junge Menschen, die für Deutungsangebote ansprechbar und befähigt sind, die überlieferte Verheißung für sich und ihre Lebensbedingungen zu übersetzen.
2. Im Unterschied zu Kindern verfügen Jugendliche über ausreichende Widerstandskräfte gegen von außen und manchmal auch von oben aufgesetzte Erklärungen für ihre eigenen Erfahrungen und Phantasien. Der Widerstand der Jugendlichen mag manchem Unterrichtenden unbequem sein. Dennoch erscheint er mir unentbehrlich, wenn wir Jugendlichen zugestehen wollen, das Angebot Jesu Christi selbst in Gebrauch zu nehmen und einen eigenen altersgemäßen Ausdruck für die christliche Überlieferung zu suchen. Solche Such- und Deutungsprozesse sind aber nicht nur für die Jugendlichen selbst

unentbehrlich, sie liegen zugleich im Interesse derjenigen, die ihre Kirchen und Gemeinden in Bewegung halten möchten bzw. eine auf Kerngemeinden und Berufschristen geschrumpfte Kirche fürchten.

3. Unser »Bild vom Jugendlichen« gründet meist in einem klassischen Pubertätskonzept, bei dem es in einen Kernsatz gepreßt um den Konflikt zwischen Vätern und Söhnen und den Streit um die väterliche Erbschaft geht. Ich wage zu behaupten, unser Bild vom pubertierenden Jugendlichen, wie wir es von der herkömmlichen Entwicklungs- und Tiefenpsychologie übernommen haben, stimmt für die Mehrzahl der Jugendlichen nicht mehr (und war vielleicht immer nur für eine dünne Schicht Jugendlicher zutreffend). Es gibt heute zunehmend mehr Jugendliche, die für uns Erwachsene kaum noch aus unserer eigenen Erfahrung und Entwicklung heraus verstehbar sind und denen wir Erwachsenen immer weniger die eigene Erfahrung und den eigenen Werdegang verständlich machen können. Nicht nur die Kirche beklagt den Abbruch einer zwischen den Generationen vermittelnden Tradition und eine Verweigerung der Jugend. Auch der Staat, die Parteien und Gewerkschaften sehen sich von der Massenemigration einer Generation bedroht, die aus der institutionalisierten Kultur und Überlieferung auszieht und ihr Heil in Subkulturen und Sekten sucht. Ich meine, daß wir uns dem schweren Gespräch mit diesen Jugendlichen besonders im Konfirmandenunterricht nicht entziehen dürfen, daß wir in Zuwendung wie in Auseinandersetzung da sein müssen, wenn Jugendliche Sinn und Verheißung suchen; auch dann, wenn ihre Deutungen nicht die unseren sind und ihre Glaubensäußerungen und Kirchlichkeit sich von der unseren unterscheiden.

In welchem Alter also die Konfirmanden unterrichten?

Aus: Günter Müssig: Den Konfirmandenunterricht neu bedenken – den Unterrichtenden, Kindern und Jugendlichen zuliebe. Arbeitshilfen für den Konfirmandenunterricht, herausgegeben vom Religionspädagogischen Institut Loccum 1982. Nr. 10. S. 17f.

ZM 7: Zur Definition von Zivilreligion

Als Zivilreligion verstehen wir einen Bestand an Symbolen, Werten, Einstellungen und Handlungsweisen, die in der Gesellschaft wirksam und zugleich politisch bedeutsam sind. Zu diesem Bestand können entleerte Elemente gehören (17. Juni). Ehemalige Bestandteile von Zivilreligion können tabuisiert (z.B. Militärparaden) oder privatisiert (Muttertag) werden. Vor dem Hintergrund des religiösen Pluralismus ist dieser Bestand Ausdruck einer übergreifenden Gemeinsamkeit, die dem Gemeinwesen Kohärenz und Identität verleiht. Infolge der Aufklärung und der daran anschließenden gesellschaftlichen Differenzierung sind im Prinzip alle politischen Fragen strittig. Die als Zivilreligion gekennzeichnete Gemeinsamkeit hilft mit, diese Strittigkeit auszuhalten und konkreten Lösungen zuzuführen. Aus der Zivilreligion können auch kritische Impulse erwachsen, die zu neuen Problemlösungen herausfordern.
Ausdrucksformen von Zivilreligion können permanent auftreten (Hymnen, Fahnen, Volkstrauertag etc.); sie können aber auch historisch kontingent gleichsam als Aufbrüche sichtbar werden.
In der Bundesrepublik Deutschland stellen die christlichen Traditionen die Hauptquelle dieses Bestandes dar. Daneben lassen sich auch andere Quellen – teils durch das Christentum vermittelt, teils eigenständig (Islam, Volksbrauchtum, Mythologie, Esoterik etc.) – benennen. Für die Deutschen ist die Frage der nationalen Identität durch besondere historische Brüche gekennzeichnet (Reichsgründung 1870, Drittes Reich, Teilung).

Abzugrenzen ist Zivilreligion gegen die Bestände an Sitten, Riten und Werten von Volks-, Alltags-, Leutereligion, die primär in der privaten Lebensführung handlungsorientierend und sinnstiftend wirksam werden. Insoweit diese Bestände als gesellschaftliche Orientierung auf das politische System einwirken, können sie Bestandteil der Zivilreligion werden. Auch können ursprüngliche Bestandteile der Zivilreligion privatisiert werden (z.B. Muttertag nach dem Dritten Reich).

Zivilreligion vermittelt sich und wird dargestellt z.B. durch das Erziehungswesen, Massenmedien, Militär, Sport, Feier- und nationale Gedenktage.

Die Phänomene von Zivilreligion

Zivilreligion vermittelt sich und wird dargestellt in folgenden *Zusammenhängen*:

nationale regelmäßig:
- 1. Mai
- 17. Juni (Deutsche Einheit)
- 20. Juli (Widerstand gegen Hitler)
- 23. August (Mauerbau)
- Volkstrauertag
- öffentliche Vereidigung von Soldaten

nationale einmalig:
- öffentlicher Unglücksfall (z.B. Schleyer)
- Staatstrauer (z. B. Adenauer)
- 8. Mai 1945 (40. Jahrestag der Kapitulation)

(kirchen-)jahreszeitliche:
- Erntedankfest
- Weihnachten
- Sylvester, Neujahr

gesellschaftliche:
- Parteiprogramme
- Grundwertediskussion
- z.B. Sommerfest des Bundeskanzlers

kulturelle:
- Bildungswesen
- Sportereignisse
- Jubiläen (z.B. Bach-Jahr, Luther-Jahr)
- Festspiele

Die Darstellung von Zivilreligion unterliegt dem Prozeß von:

- Entleerung
  z.B. Muttertag (im Dritten Reich – heute)

- Neuschöpfung
  Ostermarsch (50er/60er Jahre)
  Friedensdekade (seit 1980)
  Verfassungstag (in der Diskussion)
  Haus der deutschen Geschichte (in Planung?)

- Zerbrechen
  Militärparaden

– Tabuisierung
Ambiente des Nationalsozialismus (z.B. Aufmärsche)

Zivilreligion drückt sich aus in

Dokumenten:
- Grundgesetz
- Gesetze (z.B. § 218 StGB)
- kirchliche Denkschriften
- Grundwertekataloge der Parteien

Verlautbarungen:
- Reden des Bundespräsidenten (z.B. Weihnachten)
- Reden des Bundeskanzlers (z.B. Neujahr)

Riten:
- Beschwörung der »FDGO« (Freiheitlich Demokratische Grundordnung), »Gemeinsamkeit der Demokraten«
- Beamteneid
- Großer Zapfenstreich
- öffentliche Vereidigung von Soldaten

Symbolen:
- Hymne, Fahne
- Nationaldenkmäler, nationale Gedenkstätten
- Paulskirche in Frankfurt

Aus: Schlußbericht der Konsultation »Civil Religion in Deutschland«
Tutzing, 23.–28. November 1986

ZM 8: Kleinstadtsonntag

Gehn wir mal hin?
Ja, wir gehn mal hin.
Ist hier was los?
Nein, es ist nichts los.
Herr Ober, ein Bier!
Leer ist es hier.
Der Sommer ist kalt.
Man wird auch alt.
Bei Rose gabs Kalb.
Jetzt isses schon halb.
Jetzt gehn wir mal hin.

Ja, wir gehn mal hin.
Ist er schon drin?
Er ist schon drin.
Gehn wir mal rein?
Na gehn wir mal rein.
Siehst du heut fern?
Ja, ich sehe heut fern.
Spielen sie was?
Ja, sie spielen was.
Hast du noch Geld?
Ja, ich habe noch Geld.

Trinken wir ein'?
Ja, einen klein'.
Gehn wir mal hin?
Ja, gehn wir mal hin.
Siehst du heut fern?

Ja ich sehe heut fern.

Aus: Wolf Biermann: Alle Lieder.

ZM 9: Werden und Vergehen

Entstand die Materie wirklich in einem einmaligen Urknall? Geheimnisvolle Strahlungsquellen aus den Tiefen des Alls, die Quasare, passen nicht recht mit dieser Annahme zusammen. Manche Kosmologen denken sich das Universum daher lieber als permanente Schöpfung ohne Anfang.

Der Schöpfungsmythos unserer Epoche paßt zu der männerbestimmten neuzeitlichen Wissenschaft. Die meisten Kosmologen sehen den Weltenanfang als explosiven Urspritzer. Zu Beginn war der große Bums, der Urknall. Doch es gibt auch Zweifler an dieser vorherrschenden Theorie, die den Kosmos lieber als Ort von Beständigkeit und Dauer sehen. Sie bevorzugen eine (fast) unveränderlich dahinfließende Welt ohne spektakulären Anfang, nicht aus einem explodierenden Feuerball geboren – ein »Steady-State«-Universum. Statt der gigantischen Urzeugung beherrscht die Welt der Statiker ein stetes Werden und Vergehen; während alte Materie in Schwarzen Löchern verschwindet, sprudelt junge aus »weißen Löchern«, sogenannten Quasaren, oder wird in den Weiten des Universums einfach »erschaffen«. (…)

Tatsächlich ist die »Steady-State«-Theorie, die in den fünfziger Jahren als ernsthafte Konkurrentin der Urknall-Hypothese gehandelt wurde, in den vergangenen 30 Jahren fast in Vergessenheit geraten. Denn 1965 gelang es den beiden amerikanischen Forschern Arno Penzias und Robert Wilson per Zufall, die sogenannte kosmische Hintergrundstrahlung zu entdecken. Der Theoretiker George Gamow hatte ein solches Echo des »Big Bang« schon in den vierziger Jahren prophezeit, als er sich überlegte, was die Geburt des Universums aus einem Urknall für Folgen haben muß. Das Eintreffen dieser Vorhersage aus theoretischen Spekulationen erhob die Idee vom großen Knall aus dem Dasein einer angezweifelten Hypothese in den Rang einer respektierten Theorie. Und nur ein kleines Häuflein Unentwegter glaubte weiterhin an »Steady State«.

Doch in der letzten Zeit finden die Astronomen neben Belegen für die Urknall-Theorie auch immer mehr Details am Firmament, die nicht in das Big-Bang-Konzept passen. So scheint etwa ein bewährtes Werkzeug von Astronomen zur Entfernungsbestimmung von Galaxien und Quasaren, die Messung der sogenannten Rotverschiebung, zumindest im Fall vieler Quasare nicht zu funktionieren.
Die Forscher fanden nämlich im Licht ferner Sterne und Galaxien eine Farbverfälschung, ihre Spektrallinien sind allesamt ins Rote verschoben. Diese Rotverschiebung des Lichts deuten Wissenschaftler seit Ende der zwanziger Jahre als Ergebnis einer schnellen Bewegung weg von den irdischen Beobachtern – gerade so wie der Ton einer sich entfernenden Schallquelle tiefer erscheint. Man kennt den Effekt vom verzerrten Jaulen einer sich entfernenden Polizeisirene. Entdeckt hat diese Rotverschiebung zuerst der amerikanische Astronom Edwin Hubble. Seine Regel: Je weiter die Galaxie entfernt, desto größer ihre Rotverschiebung.

Einsteins Allgemeine Relativitätstheorie griff dem amerikanischen Sternengucker unter die Arme. Denn die üblichen Lösungen der Einsteinschen Gravitationsgleichungen besagen, daß sich alle Materie wie Rosinen in einem aufgehenden Hefeteig auseinanderbewegt. Rückwärts gedacht heißt das: Der Hefekuchen ist irgendwann ein Punkt gewesen und die Welt in einem Urknall entstanden. Dieser Weltanfang, der als logische Folge aus den mathematischen Gleichungen erscheint, ist ein physikalisches Unding: eine unendlich dichte und unendlich heiße »Singularität«.

Zwar bemühen sich die Urknall-Theoretiker eifrig, diese Unannehmlichkeit wegzuerklären, etwa indem sie annehmen, die Welt sei nicht aus einem Punkt, sondern aus einem Ei entstanden, einem Kügelchen von zwar winziger, aber nicht unendlich geringer Ausdehnung. Aber inzwischen gibt es auch ganz grundsätzliche Zweifel an Hubbles Deutung der Rotverschiebung. Sie finden Nahrung in neueren Auswertungen der Rotverschiebung jener geheimnisvollen Strahlungsquellen, die in den sechziger Jahren entdeckt und auf den Namen »Quasare« (Quasistellare Objekte) getauft wurden. Die meisten Quasare haben weitaus höhere Rotverschiebungen als die bis dato bekannten Galaxien. Sie müßten also, falls Hubbles Regel gilt, auch viel weiter entfernt sein und zudem einer viel früheren kosmischen Epoche entstammen, denn je größer die Entfernung, desto länger braucht das Licht, um uns Kunde von ihnen zu bringen. (...)

Merkwürdigerweise befinden sich aber viele Quasare auf dem Firmament ganz in der Nähe von Galaxien, die nach ihrer Rotverschiebung wesentlich jünger und auch viel näher gelegen sind. Auch interpretieren Astrophysiker Quasare als die aktiven Zentren von Galaxien, kommen aber in Schwierigkeiten, wenn sie erklären müssen, weshalb näher gelegene, also ältere Galaxien keine solchen gleißenden Zentren haben. Zudem existiert bei Quasaren – anders als bei Galaxien – keinerlei Zusammenhang zwischen ihrer scheinbaren Helligkeit – die im groben auch ein Maß für die Entfernung sein sollte – und der Rotverschiebung. Da liegt die Vermutung nahe, die Quasare würden sich den Teufel um Hubbles Gesetz scheren. (...)

Die Expansion des Universums ist in der Vorstellung der Statiker kein Resultat einer Explosion, sondern sie basiert auf der andauernden »Schöpfung« frischer Materie aus dem Nichts in den Weiten des Kosmos – eine geradezu religiöse Vorstellung. Dagegen hat nach den Vorstellungen der Big-Bang-Theoretiker der große Knall das gesamte Inventar des Universums auf einmal in die Welt gesetzt. Die dauernd neu geschöpfte Materie sorgt dafür, daß das Universum sich zwar ausdehnt, aber doch für einen Beobachter in seinem Inneren immer gleich erscheint. Zwar fusioniert der Wasserstoff in den Sternen unwiderruflich zu schwereren Elementen, doch gleichzeitig wird in den Tiefen des Alls neuer, junger Wasserstoff »geboren«.

Je jünger die Materie, desto jünger ist ihr Licht

Mit dieser Idee bewaffnet, deutet die »Steady-State«-Theorie die Rotverschiebung eines Quasars nicht als Gradmesser seiner Entfernung, sondern als ein Maß für das Alter seiner Materie. Je jünger die Materie ist, desto jünger das Licht, das sie aussendet, so will es die Theorie der Statiker. Diese kuriose Vorstellung hängt mit den Eigenschaften der Gravitationstheorie zusammen, die dem »Steady-State«-Universum zugrunde liegt. (...)

Allerdings können die Statiker neuerdings mit einer weiteren Unstimmigkeit im Urknall-Bild der Weltentwicklung auftrumpfen. Die von Penzias und Wilson gefundene Hintergrundstrahlung im Mikrowellenbereich, bisher ein Hauptbeweis für die Big-Bang-Hypothese, gerät ins Zwielicht. Ausgedünnt und abgekühlt umgibt uns – in dieser Deutung – das Licht des ursprünglichen Feuerballs als kalter Strahlungsnebel. Eine Besonderheit dieses angeblichen Nachhalls vom Urknall ist seine Gleichförmigkeit: Wohin man auch sieht, überall ist der Nebel gleich dicht.

Soviel Gleichförmigkeit ist den Urknall-Enthusiasten aber gar nicht recht. Denn die Homogenität der Strahlung ist ein Maßstab für die Gleichmäßigkeit der Materieverteilung zum Zeitpunkt ihres Entstehens – nach der Urknalltheorie etwa 100 000 Jahre nach der Geburt des Kosmos. Wie sollen daraus die enormen Unregelmäßigkeiten in der großräumigen Materieverteilung im Kosmos entstanden sein? Nach der gängigen Version der Hypothese vom großen Knall ist der Kosmos allerhöchstens 20 Milliarden Jahre alt. Und das reicht beim besten Willen nicht aus, um die Entstehung jener Welt zu erklären, die Astronomen am Firmament wahrnehmen.

So stehen wir also im Nebel und wissen nicht, was wir glauben sollen. Nach Ansicht von Hoyle und Kollegen sollten wir uns von der Vorstellung, die Welt umfassend erklären zu können, endlich verabschieden. (...)

Bernd Schuh in: Deutsches Allgemeines Sonntagsblatt vom 14. Juni 1991

ZM 10: Die Fragen nach dem Ursprung der Welt verlieren sich in der Ewigkeit

Bonner Wissenschaftler entwickeln neues kosmologisches Modell / »Urschwung statt Urknall« / Der immerwährende leere Raum

Das Universum, so glauben die meisten Kosmologen, entstand im »Urknall«. Diese mächtige Explosion soll gleichzeitig Raum, Zeit und Materie hervorgebracht haben, dazu die Kräfte und Naturgesetze, die den Kosmos bestimmen. Sie schleuderte die neu gebildeten Elementarteilchen nach allen Seiten davon und setzte so die bis heute anhaltende Ausdehnung des Universums in Gang. Eine Reihe astronomischer Beobachtungen stützt dieses sogenannte Standardmodell der Entstehung und Entwicklung des Universums.

Es beruht auf zwei großen Theorien, die beschreiben, was die Welt seit dem Urknall bewegt und »im Innersten zusammenhält«; Einsteins Allgemeine Relativitätstheorie behandelt die Gravitation und erklärt den großräumigen Aufbau des Kosmos, der heute viele Milliarden Lichtjahre durchmißt. Dagegen nimmt sich die von Max Planck begründete Quantentheorie der kleinsten Strukturen im All an: der Elementarteilchen und der zwischen ihnen wirksamen Kräfte.

Mit Hilfe beider Theorien haben sich die Forscher bis auf einen unvorstellbar winzigen Sekundenbruchteil – die »Planck-Zeit« – an den Zeitpunkt Null der Schöpfung herangetastet. Dieser elementare Zeitabschnitt währt 10^{-43} Sekunden; es ist der kürzeste Augenblick, den die Physik kennt. Erst ab dieser Zeit, eine Zehntel Trilliardstel Trilliardstel Sekunde nach dem Schöpfungsmoment, läßt sich die Entwicklung des Kosmos bis heute einigermaßen zufriedenstellend erklären.

Was aber geschah während des ersten Ticks der kosmischen Uhr, der diese verschwindende Planck-Zeit lang dauerte? Und: Was war vor dem Urknall? »Was tat Gott, ehe er die materielle Welt erschuf?« fragte sich bereits der Kirchenvater Augustinus (354 bis 430), um in seinen »Bekenntnissen« scherzhaft zu antworten: »Er schuf die Hölle für Leute, die solche Probleme ergründen wollen«. Das Standardmodell vom Weltenbeginn erlöst die Kosmologen jedoch nicht aus ihrer augustinischen Hölle. Ihr Problem: Der Urknall selbst sperrt sich jeder Beschreibung durch die physikalischen Theorien. Sie erklären auch nicht, was während der ersten 10^{-43} Sekunden geschah.

Verfolgt man die Geschichte des Universums zurück, so kehrt sich seine Expansion scheinbar um. Galaxien und Sterne rücken mit jedem Schritt in die Vergangenheit enger zusammen. Zum Zeitpunkt Null schließlich, der nach neuesten Berechnungen der Bonner Forschergruppe 26 bis 34 Milliarden Jahre zurückliegt, ist alle Materie in einem einzigen Punkt vereint. Dabei werden Temperatur und Dichte unendlich hoch, die Abstände der Elementarteilchen untereinander jedoch gleich null. Diesen Zustand nennen die Physiker »Singularität«.

Nur: In der Realität kann es einen unendlich dichten und heißen Punkt nicht geben. Alle Gesetze von Raum und Zeit brechen in einer solchen kosmischen Eizelle zusammen. Folglich kann jedes Modell, das auf einer Singularität aufbaut, die physikalische Wirklichkeit des Urknalls nicht beschreiben; am Beginn der Welt stünde eine kosmische Absurdität.

Einen Ausweg aus diesem Dilemma ersannen die Astrophysiker Professor Wolfgang Priester und Dr. Hans-Joachim Blome vom Institut für Astrophysik der Universität Bonn. Sie stellen dem Standardmodell ein eigenes Szenarium vom Beginn der Welt entgegen. Er ersetzt den Urknall durch einen sanfteren Schöpfungsakt, den sogenannten »Urschwung«, und umgeht so die alle Naturgesetze sprengende Singularität.

Das Universum, so ihre grundlegende Idee, sei nicht erst mit der Urexplosion entstanden. Es habe vielmehr seit ewigen Zeiten existiert – in Form eines unendlich großen, jedoch materiefreien Raums. Allerdings müßte er erfüllt gewesen sein mit dem, was die Quantenfeld-Theorie als »Quantenvakuum« bezeichnet: Felder reiner Energie, die eine außerordentlich hohe Energiedichte erreichen. Im Laufe der Äonen vor dem Zeitpunkt Null schrumpfte der Raum bis auf eine minimale Ausdehnung zusammen. Danach, in einer Art »Rückprall«, dehnte er sich jäh wieder aus. Diesen Moment bezeichnen die rheini-

schen Forscher als Urschwung: Es leitet in das expandierende Universum über, in dem wir heute leben. Auch der Urschwung ging mit einer mächtigen Explosion einher. Sie wurde ausgelöst, weil sich der Raum in der Zeit kurz vor seiner kleinsten Ausdehnung rapide krümmte. Das leere Universum schnurrte auf eine Blase von nur 10^{-25} Zentimetern Durchmesser zusammen. Die Folge war ein Phasenübergang, durch den die Energie des Quantenvakuums in reale Materie umgewandelt wurde. Ein ähnlicher Phasenübergang findet statt, wenn unterkühltes Wasser schlagartig zu Eis erstarrt. (...)
Damit brachte auch der Urschwung außergewöhnliche Zustände von Raum und Materie hervor. Doch sie sind um viele Größenordnungen von den extremsten Werten entfernt, die die Naturgesetze in unserem Universum noch erlauben, und schon gar nicht werden die »unendlichen« Werte der Singularität erreicht. (...)
Das Urschwung-Modell entkoppelt – im Gegensatz zum Standardmodell – die Entstehung der Materie von der Erschaffung von Raum und Zeit. Die kosmische Zeit steuert die Entwicklung des Raums; er wurde, mathematisch gesehen, zur Funktion der Zeit. Was aber läßt einen endlosen, ewigen Raum in sich zusammenfallen wie ein Ballon, aus dem die Luft entweicht? »Dies ergibt sich aus den Gleichungen der Einsteinschen Relativitätstheorie«, erklärt Professor Priester, »sie lassen Lösungen für einen leeren Kosmos zu, der seit undenklichen Zeiten existierte«. (...)
Die bestimmende Größe ist die Energiedichte des Quantenvakuums. Der russische Physiker Jakow Zeldowitsch fand heraus, daß ein nur von Feldern erfülltes Universum einen »negativen Druck« aufweist, der exakt der Energiedichte des Vakuums entspricht. Negativer Druck im materiefreien frühen Kosmos aber bedeutet: der Raum zieht sich zusammen. Erst im Urschwung, der das heiße, extrem dichte Teilchengas der Urmaterie erzeugte, wurde der Druck positiv. Das neugeschaffene Universum expandierte fortan ganz ähnlich wie im Urknall-Modell.
Aus diesen Anfangsbedingungen entsteht gemäß dem Einsteinschen Formelwerk ein in sich geschlossener Raum mit »sphärischer Metrik«. Das heißt: Das Universum gleicht einem sich aufblähenden Ballon, der zwar ein endliches Volumen besitzt, aber unbegrenzt ist – ähnlich wie die Oberfläche einer Kugel keinen Anfang und kein Ende hat. Alle in ihm ausgesandten Lichtstrahlen folgen der Krümmung dieses Raums und kehren letztlich an ihren Ursprungsort zurück. »Die Frage, was außerhalb liegt, ist nicht erlaubt, denn ein ›Außerhalb‹ gibt es nicht«, erläutert Professor Priester. Der britische Kosmologe Stephen Hawking entwickelte ebenfalls die Vorstellung eines endlichen, jedoch unbegrenzten Universums, das aus sich selbst heraus entstand. »Zu fragen, was außerhalb liegt«, schreibt er in seinem Buch *»Eine kleine Geschichte der Zeit«*, »ist ebenso sinnlos wie die Frage: Was liegt nördlich vom Nordpol?«
Im Modell der Bonner Forscher war das Universum vor unendlicher Zeit endlos ausgedehnt, und weil es auch in Zukunft expandiert, geht es erneut unendlicher Größe entgegen. (...)
Wo aber bleibt Gott in seiner seit Ewigkeiten bestehenden Welt? »Er muß den Raum erfüllt haben mit dem Grundzustand des Quantenvakuums. Dabei wurden auch die Gleichungen und Konstanten festgelegt, die später die Dynamik der Welt bestimmten – einschließlich der Entstehung von Leben«, antwortete Professor Priester, »doch diese Schöpfung wird nach ›minus Unendlich zurückverlegt«. Die Antworten auf die Fragen nach dem Ursprung der Welt verlieren sich damit in der Ewigkeit. Die augustinische Hölle bleibt den Kosmologen offenbar nicht erspart.

Michael Odenwald, in: Frankfurter Rundschau vom 18. Januar 1992

ZM 11: Auch in der scheinbaren Unordnung werden Ordnungsprinzipien erkennbar

Wie aus einfachen Naturgesetzen die Komplexität unserer Welt entsteht / Eine Tagung der Chaos-Forscher

Viele Phänomene unserer natürlichen Welt, die früher auf das Walten des Zufalls zurückgeführt wurden, sind tatsächlich durch dynamische; chaotische Prozesse verursacht, denen selbst wiederum charakteristische Regelmäßigkeiten zugrunde liegen. Mit diesem Widerspruch – der Ordnung in der Unordnung – beschäftigt sich die interdisziplinäre Gemeinde der Chaosforscher. (...)

Am Beginn der Naturwissenschaften stand die Untersuchung regelmäßiger Prozesse, wie etwa zu Zeiten Keplers und Galileis die Beobachtung der Planetenbahnen: streng geordnete und vorhersagbare Abläufe, deren Analyse es ermöglichte, den Naturgesetzen auf die Spur zu kommen. Aber diese Naturgesetze führen nicht nur zur Regelmäßigkeit und Ordnung, sondern auch zu »Ausreißern« aus der Reihe und zum kompletten Chaos im System.

»Aus dem täglichen Leben wissen wir alle, daß die Welt überaus unregelmäßig ist«, erläuterte der Physik-Professor Gert Eilenberger vom Forschungszentrum Jülich. »Ob man das Geäst eines Baumes, den Wellenschlag am Ufer des Meeres oder das Muster auf einer Rauhfasertapete betrachtet: die Welt um uns herum ist irregulär.« Dies gilt in besonderem Maße auch für soziale Prozesse; weder das Verhalten von Menschen noch die Bewegung von Aktienkursen läßt sich exakt vorausberechnen.

Diesen »Übergang von der Einfachheit der Naturgesetze zur Komplexität der Erscheinungen zu verstehen«, so Professor Eilenberger, dies sei der Gegenstand der »Theorie dynamischer Systeme«, eine Bezeichnung, die der Jülicher Wissenschaftler lieber verwendet als den Modebegriff »Chaos-Forschung«. Unter dynamischen Systemen werden solche Systeme verstanden, die sich in der Zeit entsprechend den relativ simplen Naturgesetzen herausbilden, wobei diese Entwicklung die »Komplexität und Irregularität der Welterscheinungen« dann eigentlich erst hervorruft. Ohne Zeit keine Vielfalt und kein Chaos.

Es ist faszinierend zu beobachten, wie gegenwärtig chaotische, nichtlineare Prozesse in zahlreichen Wissenschaften auf Interesse stoßen (...) Auch in medizinischen und sozialwissenschaftlichen Fächern gewinnt die Chaos-Theorie an Bedeutung.

So befaßt sich etwa der Physiker Hans-Peter Herzel von der Berliner Humboldt-Universität gemeinsam mit Ärzten des Charité-Klinikum mit der Analyse von Stimmstörungen von Patienten. Diese Heiserkeitsphänomene werden hervorgerufen durch Veränderungen der Stimmlippen. Während nach einer langen Rede sich die Stimmlippen verengen und dadurch eine Turbulenz entsteht, die zu einer leisen Flüsterstimme führt, handelt es sich im Falle der knarrenden Stimme um ein anderes Phänomen.

»Die beiden Stimmlippen schwingen dann nicht mehr synchron, sondern kommen aus dem Takt«, erklärt Physiker Herzel. »Wir haben zeigen können, sowohl durch Auswertung der Signale wie auch durch Modellierung dieser Stimmlippen, daß das etwas mit Chaos zu tun hat.« Letztlich verbindet sich mit der Rückführung der Stimmstörungen auf Schwingungsprozesse auch die Hoffnung, »daß sich damit auch etwas für die Diagnose oder die Therapie entnehmen« läßt. Aber insgesamt sind die Chaos-Erkenntnisse von praktischen Anwendungen noch weit entfernt.

Dies gilt auch für ein anderes medizinisches Beispiel, über das Professor Eilenberger berichtete. Danach untersuchen amerikanische Chaos-Forscher die Ursachen des Herzinfarkts, der Haupttodesursache in den westlichen Industriestaaten. Während die physiologische Ursache, die Verstopfung der Herzkranzgefäße bekannt und therapierbar ist, steht die Aufklärung der Vorgänge auf der Ebene der Herzzellen erst am Anfang.

»Bekanntlich wird das Herz in gewisser Weise elektrisch, nämlich durch elektrische Pulse gesteuert, und es ist wesentlich, daß diese Pulse ganz regelmäßig kommen«, erklärt Eilenberger. Die Verstopfung der Blutgefäße führt aber nun zu »chaotischen elektrischen Signalen«, denen das Herz nicht mehr folgen kann. Eilenberger: »Die Selbststeuerung der Herzzellen, die ein ineinander verzahntes elektrisches

Steuerungssystem darstellen, funktioniert nicht mehr und geht aus seinem periodischen, regelmäßigen Rhythmus in ein völlig chaotisches Muster über, welches dann die unmittelbare Ursache des Herzstillstands ist.«

Beide Medizin-Exempel verdeutlichen zugleich, daß sich moderne Chaos-Forschung keineswegs nur in den von Hochleistungscomputern geschaffenen künstlichen Fraktal-Welten abspielt, sondern immer stärker von Experimenten in den unterschiedlichsten Wissenschaftsdisziplinen befruchtet wird. So etwa auch bei der Halbleiterforschung, wie sie an der Universität Tübingen betrieben wird. Dort stößt man im Innersten eines winzigen Halbleiterkristalls auf die gleichen irregulären Prozesse wie in Stimmturbulenzen oder Herzzellen.

Im Labor der Tübinger Experimentalphysiker wird, wie Reinhard Richter berichtete, der Halbleiter mit einer Abmessung von zwei mal fünf Millimeter bis nahe an den absoluten Nullpunkt abgekühlt. »Durch dieses Kühlen wird der Halbleiter nicht mehr halbleitend, sondern isolierend, und die Elektronen frieren sozusagen aus«, erläutert Richter. Eine elektrische Spannung wird angelegt und hochgefahren, bis ab einem Schwellenwert die Elektronen eine kritische Beschleunigung erhalten und genug Energie haben, andere »eingefrorene« Elektronen loszuschlagen. »Es kommt dann praktisch zu einer Kaskade, zu einer Lawinenentladung, die diesen Halbleiter in einer Art Phasenübergang leitfähig macht.« Dies ist der Moment, wo Chaos geboren wird.

Mit Hilfe von Raster-Elektronen-Mikroskopen können die Tübinger Forscher nämlich zeigen, daß es nicht nur zu zeitlichen Oszillationen, sondern auch zu räumlicher Strukturbildung kommt. »Wir sehen praktisch in diesem kleinen Halbleiter mehr oder weniger stabil brennende Blitze, sogenannte Filamente, die sowohl in ihrer Breite wie ihrer Position schwanken«, erzählt Richter. »Und in diesem Bereich, wo diese Filamente brennen, beobachten wir dann alle charakteristischen Szenarien, die von der Chaos-Theorie auch vorhergesagt werden.«

Die vielfältigen Erscheinungsformen von chaotischen Prozessen führen freilich auch zu der Gefahr, sie in ihrer Bedeutung überzubewerten und als eine Art neuer Weltformel für das, was die »Welt im Innersten zusammenhält«, anzusehen. Dieses Problem stellt sich besonders, wenn Erkenntnisse aus dynamischen Prozessen in der Natur auf solche Abläufe im gesellschaftlichen Bereich übertragen werden. Dennoch sollte, wie auch Professor Eilenberger meint, eine gewisse Übertragbarkeit statthaft sein, und verdeutlicht dies am Begriff der »Krise«.

»Krisen«, so Eilenberger, »sind bei dynamischen Systemen die Punkte in ihrer Entwicklung, wo das System in seinem Verhalten jederzeit in alle möglichen Richtungen umschlagen kann.« Alle Untersuchungen dynamischer Systeme zeigten, daß an Krisenpunkten – von den Chaos-Forschern auch als »Bifurkationen«, Wege-Gabelungen, bezeichnet – die weitere Entwicklung unvorhersagbar ist. Künftige Möglichkeiten können daher nicht vorausberechnet, sondern nur im klassischen experimentellen Verfahren nach dem Prinzip von »Versuch und Irrtum« ausprobiert werden. (...)

Naturwissenschaftler, die sich mit dynamischen Systemen befassen, wissen nach Eilenbergers Worten, »daß man in einer Krise nichts vorhersagen kann«. Es bleibt lediglich die Strategie der kleinen Schritte in eine als richtig angenommene Richtung, die aber jederzeit ihre Rückholbarkeit, die Möglichkeit zur Umkehr, enthalten muß.

Manfred Ronzheimer, in: Frankfurter Rundschau vom 20. Juli 1991

ZM 12: 13 Glaubensweisheiten des Moses Maimonides (1135–1204)

1. Ich glaube mit voller Überzeugung, daß der Schöpfer – gelobt sei sein Name – alle Geschöpfe erschaffen hat und lenkt.
2. Ich glaube ..., daß der Schöpfer einzig ist.
3. Ich glaube ..., daß der Schöpfer kein Körper ist und seinesgleichen nicht hat.
4. Ich glaube ..., daß der Schöpfer der Erste und Letzte sein wird.

5. Ich glaube …, daß der Schöpfer allein Anbetung verdient und daß es sich nicht gehört, ein Wesen außer ihm anzubeten.
6. Ich glaube …, daß alle Worte der Propheten wahr sind.
7. Ich glaube …, daß das Prophetentum unseres Propheten Mose wahr ist und er der Meister aller Propheten war, die vor ihm waren und nach ihm kamen.
8. Ich glaube …, daß die ganze Tora … unserem Lehrer Mose gegeben wurde.
9. Ich glaube …, daß die Tora nie vertauscht werden und keine andere vom Schöpfer … ausgehen wird.
10. Ich glaube …, daß der Schöpfer … alle Handlungen der Menschen und alle ihre Gedanken kennt.
11. Ich glaube …, daß der Schöpfer … Gutes erweist denen, die seine Gebote beachten, und bestraft, die seine Gebote übertreten.
12. Ich glaube … an das Erscheinen des Messias, und wenn er auch säumt, so harre ich trotzdem täglich seiner Ankunft.
13. Ich glaube …, daß eine Auferstehung der Toten zu der Zeit stattfinden wird, die dem Schöpfer wohlgefallen wird.«

Aus: Arnulf H. Baumann (Hg.): Was jeder vom Judentum wissen muß. GTB 788. Gütersloher Verlagshaus, Gütersloh ^{5}1990, S. 104f.

ZM 13: Die religiösen Symbole

Wir haben zunächst den Begriff des Symbols im allgemeinen erörtert, da der Inhalt dessen, was uns unbedingt angeht, symbolischen Ausdruck verlangt. Hier entsteht die Frage, warum dieser Inhalt nicht unmittelbar und direkt ausgedrückt werden kann. Wenn das Geld, der Erfolg oder die Nation das letzte Anliegen eines Menschen sind, warum kann das nicht in direkter Weise und ohne Symbolsprache ausgedrückt werden? Sind wir nicht nur dann im Bereich des Symbols, wenn der Gegenstand des letzten Anliegens »Gott« heißt? Die Antwort auf diese Frage lautet: Der Mensch macht alles, was ihn unbedingt angeht, zum Gott. Wenn die Nation das unbedingte Anliegen eines Menschen ist, so wird der Name dieser Nation zu einem geheiligten Namen, und die Nation erhält göttliche Qualitäten, die kaum noch etwas mit ihrer Wirklichkeit und ihren Funktionen zu tun haben. Die Nation symbolisiert und tritt dann an die Stelle des wahren Unbedingten. Dadurch wird sie zu einem Götzen. »Erfolg« als letztes Anliegen ist nicht der natürliche Wunsch nach größeren Möglichkeiten des Wirkens und Handelns, sondern es ist die Bereitschaft, alle anderen Werte des Lebens für eine Position der Macht und des sozialen Prestiges zu opfern. Die Angst, man könne erfolglos sein, ist eine Verzerrung der Angst vor der Verwerfung durch Gott. Erfolg ist Gnade, Mangel an Erfolg letztes Gericht. Auf diese Weise werden Begriffe der Alltagswirklichkeit wie Erfolg und Geld zu götzenhaften Symbolen dessen, was wahrhaft letztgültig ist.
Der Grund dafür, daß diese Verwandlung alltäglicher Realitäten in Symbole möglich ist, liegt im Charakter des Unbedingten und in der Natur des Glaubens selbst. Das, was wahrhaft unbedingt ist, transzendiert unendlich den Bereich der endlichen Realität. Deshalb kann keine endliche Realität das wahrhaft Unbedingte direkt und zutreffend ausdrücken. Religiös gesprochen heißt das: Gott transzendiert seinen eigenen Namen. Das ist der Grund, warum sein Name »unnützlich« oder sogar blasphemisch gebraucht werden kann. Ganz gleich, ob wir es Gott nennen oder nicht, was immer wir auch aussagen von dem, was uns unbedingt angeht, es hat symbolische Bedeutung, es weist über sich selbst hinaus. Der Glaube kann sich auf keine andere Weise adäquat ausdrücken. Die Sprache des Glaubens ist die Sprache des Symbols. Das können wir nur sagen, weil der Glaube etwas anderes ist als »Für-wahr-Halten«, »Wille«, »Gefühl«. Glaube als Ergriffensein von dem, was uns unbedingt angeht, hat keine andere Sprache als die des Symbols. (…)
Das fundamentale Symbol für das, was uns unbedingt angeht, ist »Gott«.

Aus: Paul Tillich: Wesen und Wandel des Glaubens, Ullstein Buch 318, S. 55–57

ZM 14: Grundarten religiöser Symbole nach Paul Tillich

Auf einer *ersten Ebene* geht es um Gott als das »Höchste Wesen« aller Religionen. Die Symbole versuchen das Wesen Gottes zu erfassen, indem sie menschliche Erfahrungen und kosmische Erscheinungen auf Gott beziehen, diese aber unendlich transzendieren. So wird von der Macht und der Liebe Gottes gesprochen oder davon, daß er Licht ist. Im Laufe der Zeit wurden auf diesem Wege eine unendliche Fülle von Attributen auf Gott übertragen, um den Reichtum seines Wesens auszusagen. So ist Gott in der Bibel Fels, Bergfeste, Burg, Quelle, Himmel, Gesicht, Arm, Hand, Auge, Ohr, Mund, Herr, König, Hirte, Vater, Güte, Gnade, Barmherzigkeit, Treue, Gerechtigkeit usw. Wenn christliche Symbole ganz menschlich von Gott reden, dann hat das seinen Grund darin, daß er in Jesus im wahrsten Sinne des Wortes menschlich geworden ist.
Auf einer *zweiten Ebene* geht es darum, daß die Symbole Gott als den Handelnden und gegenwärtig Wirksamen erfassen. Es wird davon gesprochen, was Gott an uns und an seiner Welt tut. Die Symbole sprechen von Gott als Schöpfer, Erlöser und Richter, von Rechtfertigung und Erfüllung. Es handelt sich um die *fundamentale Schicht der christlichen Glaubenssymbole*, die in ihrem theologischen und anthropologischen Sinn immer wieder neu zu erschließen sind. So interpretieren P. Tillich und W. Lohff die fundamentalen Symbole: Schöpfung und Gottebenbildlichkeit als Bestimmung des Menschen; Fall und Sünde als Deutung der menschlichen Entfremdung; Versöhnung und Gnade als Verheißung der Überwindung der Entfremdung; Auferstehung als Erfüllung der menschlichen Bestimmung angesichts der Erfahrung des Scheiterns in Grenzsituationen.

Auf der *dritten Ebene* versuchen die Symbole das Göttliche in seiner Inkarnation in der endlichen Welt zu begreifen. Es ist die älteste Schicht religiöser Symbole; denn hier geht es um die Erfassung des Heiligen in konkreten Dingen (z.B. Baum, Wasser, Brot, Wein), Personen (z.B. Christus, Buddha), Handlungen (kultischen Festen, Gebeten und Träumen). Es lassen sich hier viele elementare Phänomene der Religionsgeschichte nennen. Für den christlichen Glauben ist Jesus von Nazareth das Symbol bzw. Gleichnis Gottes; dadurch werden alle anderen Symbole, die diese Funktion hatten, das Unbedingt-Transzendente anschaubar zu machen, zu *sekundären* Symbolen, die christologischen Hinweischarakter haben. Das einigende Symbol, in dem die Bedeutung des Ereignisses, daß Gott sich mit dem Menschen Jesus identifiziert hat, zum Ausdruck kommt, ist das *Kreuz*. Darüber hinaus gehören die schon genannten christologischen Symbole in diesen Zusammenhang.

Aus: Peter Biehl, Symbole geben zu lernen: Einführung in die Symboldidaktik anhand der Symbole Hand, Haus und Weg. Unter Mitarb. von Ute Hinze und Rudolf Tammeus. Neukirchen-Vluyn 1989, S. 60f.

ZM 15: Philosophie-Info

Philosophie im Unterricht wird bestimmt von vier zentralen Fragen: 1. Was kann ich wissen? 2. Was soll ich tun? 3. Was darf ich hoffen? 4. Was ist der Mensch?
So ergeben sich folgende *Rahmenthemen* und sachliche Schwerpunkte:

11.1 Einführung in die Philosophie
- Intentionen und Dimensionen philosophischen Fragens
- Grundformen philosophischen Denkens
- Methoden

11.2 Probleme der Bestimmung des Menschen
- Der Mensch als Naturwesen
- Der Mensch als kulturbestimmtes und kulturbestimmendes Wesen
- Der Mensch als nach Sinn fragendes, zur Utopie fähiges und zur Transzendenz offenes Wesen

12.1 Probleme menschlichen Handelns
- Oberste Zwecke, Normen und Werte des Handelns
- Begründungsversuche sittlich-praktischen Handelns
- Freiheit und Determination

12.2 Probleme der Politik, des Rechts, des Staates, der Gesellschaft
- Begründungs- und Kritikinstanzen dessen, was Recht ist
- Rechtfertigung und Kritik politischer Ordnungen
- Verhältnis von Staat und Gesellschaft

Oder

Probleme der Geschichte
- Bedeutung der Geschichte für Leben und Identität des einzelnen
- Geschichtskonzeptionen und ihre Methoden
- Ideologien

13 Probleme des Erkennens und Denkens
- Problem der Wahrheit
- Verhältnis von Subjekt und Objekt

Oder

Probleme der Wissenschaft
- Objektivität der Wissenschaften
- Wissenschaft und Weltbild
- Ethische Probleme in Wissenschaft und Technik

Oder

Probleme der Sprache
- Sprache und Erkennen
- Sprache und Gesellschaft

Oder

Probleme der Kunst
- Wahrheit, Schönheit, Schein
- Kunst und Gesellschaft

Oder

Probleme der Religion
- Religion als Wirklichkeitserklärung
- Leistungen der Religion für Sicherung der personalen und sozialen Identität

Oder

Probleme von Metaphysik und Ontologie
- Ihr Gegenstand
- Metaphysik und Metaphysikkritik

Oder

Probleme der Naturdeutung
- Umgang des Menschen mit der Natur
- Wandlungen und Mehrdeutigkeit des Naturbegriffs

ZM 16: »Grundsätze der Religionsgemeinschaften« GG 7 Art. 3 nach evangelischem Verständnis

Artikel 7 Abs. 3 GG fordert, daß der Religionsunterricht in Übereinstimmung mit »den Grundsätzen der Religionsgemeinschaften« erteilt werde. Dieser aus der Weimarer Reichsverfassung (Artikel 149) übernommene Begriff muß näher interpretiert werden:

1. Unter den »Grundsätzen der Religionsgemeinschaften« wurden im Sinne der Weimarer Reichsverfassung ursprünglich »positive Lehrsätze und Dogmen« verstanden. Diese Auffassung entsprach schon zum damaligen Zeitpunkt nicht dem Stande der evangelisch-theologischen Wissenschaft. Sie bleibt durch den Verfassungstext gedeckt. Der Begriff »Grundsätze der Religionsgemeinschaften« bedarf jedoch angesichts der gegenwärtigen theologischen und pädagogischen Erkenntnis und Praxis der Interpretation.
2. In der heutigen theologischen und kirchlichen Sicht ist das Verständnis des christlichen Glaubens durch folgende Grundsätze gekennzeichnet:
   a) Die Vermittlung des christlichen Glaubens ist grundlegend bestimmt durch das biblische Zeugnis von Jesus Christus unter Beachtung der Wirkungsgeschichte dieses Zeugnisses.
   b) Glaubensaussagen und Bekenntnisse sind in ihrem geschichtlichen Zusammenhang zu verstehen und in jeder Gegenwart einer erneuten Auslegung bedürftig.
   c) Die Vermittlung des christlichen Glaubens muß den Zusammenhang mit dem Zeugnis und Dienst der Kirche wahren.
3. Die Bindung an das biblische Zeugnis von Jesus Christus schließt nach evangelischem Verständnis ein, daß der Lehrer die Auslegung und Vermittlung der Glaubensinhalte auf wissenschaftlicher Grundlage und in Freiheit des Gewissens vornimmt.
4. Die »Grundsätze der Religionsgemeinschaften« schließen in der gegenwärtigen Situation die Forderung ein, sich mit den verschiedenen geschichtlichen Formen des christlichen Glaubens (Kirchen, Denominationen [Konfessionen], Bekenntnisse) zu befassen, um den eigenen Standpunkt und die eigene Auffassung zu überprüfen, um Andersdenkende zu verstehen und um zu größerer Gemeinsamkeit zu gelangen. Entsprechendes gilt für die Auseinandersetzung mit nichtchristlichen Religionen und nichtreligiösen Überzeugungen.
5. Das theologische Verständnis der »Grundsätze der Religionsgemeinschaften« korrespondiert mit einer pädagogischen Gestaltung des Unterrichts, der zugleich die Fähigkeit zur Interpretation vermittelt und den Dialog und die Zusammenarbeit einübt.

Aus: Stellungnahme des Rates der Evangelischen Kirche in Deutschland zu verfassungsrechtlichen Fragen des Religionsunterrichts vom 7. Juli 1971

ZM 17: Nur Einser – Gnade vor Recht? Pfarrer Seeger verteidigt seine Notengebung im Religionsunterricht

Diskussion in Rodach

Rodach. Der seltene Fall, daß alle Schüler in einem Fach die gleiche Note erhielten, hat sich in diesen Tagen in der Hauptschule Rodach (Landkreis Coburg) ereignet. Die betroffenen Schüler der sechsten und siebten Klasse waren davon keineswegs überrascht: Horst Seeger (35), Gemeindepfarrer und Religionslehrer, hatte schon vorher deutlich gemacht, daß es für den Religionsunterricht nur »Einser« geben würde. Wer wie Seeger unkonventionelle Wege geht, muß damit rechnen, daß er »aneckt«. Bei einer Podiumsdiskussion in Rodach, die von Bernd Mayer, Redakteur des Sonntagsblatts und Stadtrat in Bayreuth, geleitet wurde, muß Seeger seine Einserstrategie gegen kritische Einwände von Kollegen wie auch von Eltern verteidigen. Gesprächspartner am Podium waren Peter Gottschalk, Assistent an der Universität Bayreuth, und Heinrich Eschrich von der Gemeinschaft evangelischer Erzieher.
Seeger erläuterte seine Entscheidung vor dem Hintergrund eines Leistungssystems, das seiner Meinung nach manche Schüler zu seelischen Krüppeln mache. Christen müßten die »Botschaft von der Entlastung« auch in die Schule hineinbringen. »Ich kann es beim besten Willen nicht mehr verantworten, für Religion eine normale Note zu geben. Ich habe früher auch von eins bis sechs benotet, mittlerweile kann ich das nicht mehr«, meinte Seeger. Seine theologische Begründung: Gott liebe den Menschen ohne Vorbedingungen und Vorleistungen. Auch schwache Schüler müßten etwas davon erleben, daß sie »angenommen« seien. Seeger machte kein Hehl daraus, daß er die »Einser« nur für die zweitbeste Lösung hält: »Eigentlich wollte ich eine Benotung generell verweigern, aber da sind mir einfach gewisse Grenzen gesetzt.« Immerhin könne ein Pfarrer etwas tun, was Lehrer sich nicht leisten könnten.
Verständnis für seine Motivation fand Seeger am Podium bei Peter Gottschalk, der den eigenwilligen Schritt des Pfarrers als »symbolische Handlung« begrüßte. Der wissenschaftliche Assistent plädierte sogar dafür, daß der Religionsunterricht – »wenn sich die Schule nicht ändert« – außerhalb der Schule stattfinden sollte. Genau das Gegenteil forderte der Vertreter der Gemeinschaft der evangelischen Erzieher: Der Religionsunterricht müsse noch stärker in den Schulunterricht integriert und aufgewertet werden. Heinrich Eschrich gab freilich auch zu bedenken, ob sich Pfarrer mit der nötigen Gründlichkeit auf den Unterricht vorbereiten könnten. An der Notengebung (»eine Krux, mit der wir leben müssen«) wollte der evangelische Pädagoge nicht rütteln. Die Bewertungskriterien sollten jedoch nach seiner Auffassung durchsichtiger sein.
Diskussionsleiter Bernd Mayer gab zu bedenken, ob nicht eine gewisse Abstufung – etwa zwischen den Noten eins und zwei – gerechter wäre, ohne daß dadurch Schüler in seelische Bedrängnis gerieten. Auch die Frage, ob nicht Seegers Schulklassen einseitig bevorzugt seien, wurde gestellt. Nach Überzeugung des Pfarrers sollte in der Schule nicht nur das Prinzip der Gerechtigkeit, sondern »auch etwas von der Gnade« spürbar werden. Hierzu meinte eine Diskussionsteilnehmerin, ein Lehrer könne durchaus auch ein Kind mit schlechten Zeugnissen liebevoll annehmen.
Seeger stellte in seinem Schlußwort klar, daß er durchaus positiv zur Leistung stehe. Er wehre sich jedoch gegen eine »Leistungsideologie«. Die gegenwärtige Bewertung in der Schule fördere nicht die Leistung, sondern deprimiere schlechte Schüler. Bernd Mayer sagte am Ende einer lebhaften Diskussion, Pfarrer Seeger habe in der Diskussion um unser Schulsystem ein Signal gesetzt, das – so unterschiedlich es beurteilt werde – zum Nachdenken anrege.

Aus: Sonntagsblatt, Nr. 31/1980

Die Antwort, die ich lebe – Auseinandersetzung mit der Sinnfrage

1 Zielsetzung, Aufbau und Probleme des Kapitels

Das ganze Kapitel will dazu herausfordern, die eigene Antwort auf die Frage nach dem Sinn des Lebens näher zu betrachten und mit anderen zu vergleichen. Es will Hilfestellung geben, sich selber besser kennenzulernen und die eigenen Sichtweisen auch kritisch zu überprüfen.
Hinter der Einheit stehen neben den genannten Einsichten eine entwicklungspsychologische und eine theologische Annahme:

– *Die entwicklungspsychologische Annahme*
Schüler/innen mit 16 oder 17 Jahren sind auf dem Weg von einem »synthetisch-konventionellen« zu einem »individuierend-reflektierenden Glauben«, wobei »Glaube« als Sinndeutung zu verstehen ist (James Fowler).
Während die bisherigen Überzeugungen sich noch stark an »bedeutsamen anderen« orientierten (konventionell), aus verschiedenen unverbundenen Teilen bestehen (synthetisch) und eher vorbewußt sind, fangen die Schüler/innen der 11. Klasse allmählich an, ihre eigenen Überzeugungen selbständig zu bedenken (reflektierend) und sich eine eigene unabhängige Position (individuierend) aufzubauen. Dieser Prozeß verläuft individuell unterschiedlich. Mit einem voll entwickelten »individuierend-reflektierenden Glauben« rechnet Fowler erst mit dem Beginn des dritten Lebensjahrzehnts.
Entscheidende Hilfe für die Ausbildung einer solchen Selbst- und Weltdeutung ist die Position einer »dritten Person«, die sowohl die Ansprüche anderer als auch die eigenen Erwartungen beurteilt und Perspektiven für eine eigenständige Entwicklung liefert.
Hilfreich und wichtig für diese Weiterentwicklung ist die Auseinandersetzung mit den eher »stummen« Voraussetzungen der eigenen Überzeugung, Meinungen und Urteile, der Vergleich mit anderen Positionen sowie die Beschäftigung mit einer »überlegenen« dritten Person oder Position, die das eigene Denken, Meinen und Urteilen schulen und orientieren kann.

– *Die theologische Annahme*
Die Botschaft von der nahe herbeigekommenen Gottesherrschaft ist die Mitte der Verkündigung und des Lebens Jesu. Sie bildet den Kern der christlichen Antwort auf die Frage nach dem Sinn des Lebens. Die innere Struktur der Reich-Gottes-Botschaft Jesu hat den Aufbau des ganzen Kapitels bestimmt. Unter dem Thema »Versprechen« geht es um die Verheißung des Reiches Gottes, unter »Erfahrungen« um die Gegenwart des Reiches Gottes, unter »Grundhaltungen« um den Glauben an das Reich Gottes, unter »Handeln« um die Nachfolge Jesu, der die nahe herbei gekommene Gottesherrschaft zum Maßstab seiner Ethik gemacht hat. Es gehört zur Eigenart der Reich-Gottes-Botschaft Jesu, daß sie nicht zwingen, sondern Menschen gewinnen will. Zu ihrer Eigenart gehört auch, daß es vielerorts »Gleichnisse vom Himmelreich« gibt, die auf ihre Weise vom Reich Gottes erzählen.
Infolgedessen wird die Reich-Gottes-Botschaft Jesu neben anderen Sinnantworten, auch einer nihilistischen, »angeboten«. Der Wahrheitsanspruch der Botschaft Jesu will und soll sich in der Auseinandersetzung herausstellen und bewähren. Durch die Suche nach Entsprechungen in anderen Erfahrungen und Deutungen soll deutlich werden, daß das Reich Gottes zwar umstritten ist, uns aber näher liegt, als wir manchmal denken. Die zu entdeckenden Analogien sollen dann helfen, den Glauben an das Reich Gottes zu konkretisieren und anschaulich zu machen.

Der Aufbau: Vier verschiedenartige Zugänge zu der Antwort, die ich lebe

Das Kapitel enthält vier verschiedene Zugänge zu einer eigenen Antwort auf die Sinnfrage. Ihre Reihenfolge ist nicht beliebig, aber auch nicht zwingend. Der Einstieg kann überall erfolgen. Die vier Zugänge hängen zwar zusammen, sind aber je für sich bedeutsam.
Zugang 1: Versprechen (S. 55–60) Die Antwort auf die Frage nach dem Sinn des Lebens ist bestimmt von dem, was wir uns von der Zukunft versprechen.
Solchen Versprechen begegnen wir in der Werbung, in der Politik, in der Bibel. Zu bedenken ist, welche dieser Versprechen Vertrauen verdienen.

Zugang 2: Erfahrungen (S. 61–76) Die Antwort auf die Frage nach dem Sinn des Lebens ist geprägt von konkreten Erfahrungen in der eigenen Lebensgeschichte.
Zu diesen Erfahrungen gehören Erlebnisse von Egoismus und Verantwortung, von Enttäuschungen und Verrat, von Streß und Hektik, von der Überfülle von Informationen, von Trennungen und Abschieden, aber auch von den Erfahrungen wie Liebe, Frieden, Vertrauen, Vergebung und Erfolg.

Zugang 3: Grundhaltungen (S. 77–88) Die Antwort auf die Frage nach dem Sinn des Lebens bildet die Grundeinstellung zu dem eigenen Leben, zu anderen und zu der Welt insgesamt.
Solche Grundhaltungen finden ihren Ausdruck in Personen und Lebensmodellen. Zur Auseinandersetzung angeboten werden Rambo, Reinhold Messner, Homo Faber, Jesus, Albert Schweitzer, Rieux, Henning Luther, Nietzsche und Dorothee Sölle. Neben Nächstenliebe und der Hoffnung auf das Reich Gottes sollen auch Streben nach Überlegenheit, Nihilismus und Hedonismus bedacht werden.

Zugang 4: Handeln (S. 89–96) Die Antwort auf die Frage nach dem Sinn des Lebens führt zu einem bestimmten Handeln.
Angeboten werden hier verschiedene Handlungsmodelle, die sich nicht gegenseitig ausschließen, sondern sich auch ergänzen können: amnesty international, Greenpeace, der konziliare Prozeß für Frieden, Gerechtigkeit und eine bewahrte Schöpfung, Taizé, lebendige Partnerschaft.

In allen vier Zugängen wird Bezug genommen auf den Glauben Jesu an das nahe herbeigekommene Reich Gottes. Das Reich Gottes ist seine Hoffnung, aber auch seine alltägliche Erfahrung. Der Glaube an das Reich Gottes bestimmt seine Beziehung zu anderen, zu sich selbst und der Welt insgesamt. Er bestimmt sein Handeln, für das er andere gewinnen will. Der Glaube an das Reich Gottes ist die Mitte seines Lebens.

2 Literatur- und Medienangaben

Zur Lebenssituation von Jugendlichen
Fowler, James W.: Stufen des Glaubens. Die Psychologie der menschlichen Entwicklung und die Suche nach Sinn, Gütersloh 1991

Zur Reich-Gottes-Botschaft Jesu und seiner Auslegung
Arnoldshainer Konferenz (Hg.): Das Buch Gottes. Elf Zugänge zur Bibel, Neukirchen-Vluyn 1992
Burchard, Christoph: Jesus von Nazareth, in: Becker, Jürgen: Die Anfänge des Christentums. Alte Welt und neue Hoffnung, Stuttgart 1987, S. 12–58
Harnisch, Wolfgang: Die Gleichniserzählungen Jesu. Eine hermeneutische Einführung, Göttingen ²1990
Theißen, Gerd: Der Schatten des Galiläers. Historische Jesusforschung in erzählender Form, Gütersloh ¹³1993
Theologischer Ausschuß der Evangelischen Kirche der Union (Hg.): Die Bedeutung der Reich-Gottes-Erwartung für das Zeugnis der christlichen Gemeinde, Gütersloh 1986
Zink, Jörg: Wie die Farben im Regenbogen. Sieben Bilder vom Reich Gottes, Stuttgart 1986

Zu weiteren Themen
forum religion 1/93: Mythen in Alltag, Werbung, Kunst
Frankl, Viktor E.: Der Mensch vor der Frage nach dem Sinn, München [7]1995
Gollwitzer, Helmut: Krummes Holz – Aufrechter Gang. Zur Frage nach dem Sinn des Lebens, München 1970 (u.a. Nihilismus, Judas, Jesus)
Jürgens, Hartmut / Peitgen, Heinz-Otto / Saupe, Dietmar: ›Fraktale – eine neue Sprache für komplexe Strukturen‹ in: Spektrum der Wissenschaft, Heft 9/1989
Kast, Verena: Träume. Phasen und Chancen des psychischen Prozesses, Stuttgart 1994
Katechetische Blätter 4/1995: Themenheft »Verführung durch Werbung«
Kursbuch 95: Das Glück, Reinbek 1989 (u.a. Eudämonismus, Hedonismus, Utilitarismus)
Postman, Neil: Wir amüsieren uns zu Tode, Frankfurt a/M. [7]1995
Riess, Richard / Fiedler, Kirsten: Die verletzlichen Jahre. Handbuch zur Beratung und Seelsorge an Kindern und Jugendlichen, Gütersloh 1993 (u.a. Liebe, Sexualität, Medien, Suizid)
Schultz, H. J. (Hrsg.), Psychologie für Nichtpsychologen, Stuttgart 1974

Ausgewählte Filme zur Sinnfrage
Leben in einer Schachtel
Stufen
Abenteurer unserer Zeit
Albert Schweitzer
Auf der Suche
Aus dem Schweigen kommt die Kraft
Lebensziele
Der Tod eines alten Klosterbruders
Wofür Menschen leben

3 Didaktisch-methodische Hinweise zu den einzelnen Unterrichtselementen

3.1 Versprechen

Versprechen in der Werbung

– Zusammenhang und Intention

Seite 55 und 56

Werbung spricht den Menschen in seinen tiefsten Ängsten und damit zugleich in seinen tiefsten Sehnsüchten an.
Das Gespräch mit den Schülern und Schülerinnen über Werbeanzeigen erschließt deren Visionen von einem gelingenden Leben und hilft damit, für die Unterrichtsplanung inhaltliche Schwerpunkte auszumachen.

– Hinweise zu den Medien

Werbung arbeitet mit Bildern, die u.a. Freiheit (Cabrio/Lufthansa), Paradieserleben (Club Med/Neckermann-Reisen) Völkerverständigung (Stuyvesant), ferner eine sichere Zukunft (Bausparkasse) Vertrauen (Lebensversicherung/Banken), Abenteuer (Marlboro), Liebe, Lust und Leidenschaft (Cinzano), Geborgenheit (Mitsubishi), Integration in die Völkergemeinschaft (Telekom), Erfolg (Veltins Pilsener) versprechen, greift also religiöse Motive der jüdisch-christlichen Tradition, nämlich des verheißenen messianischen Friedensreiches und der Reich-Gottes-Verkündigung Jesu auf.

– Möglicher Verlauf

1. Die Schüler/innen betrachten die Werbeanzeigen im Buch und äußern sich dazu, welche Anzeigen sie ansprechen und welche nicht.
2. (ergänzend können von den Schülern und Schülerinnen (Hausaufgabe) oder von der Lehrkraft mitgebrachte Werbeanzeigen hinzugezogen werden.
3. Die Einfälle der Schülerinnen und Schüler zu den in den Anzeigen zum Ausdruck kommenden Ängsten, Hoffnungen und Lebensträumen sollten – soweit wie möglich – auf dem persönlichen Erfahrungshintergrund der Schülerinnen und Schüler besprochen werden. (z.B.: Vorliebe für eine Anzeige, auf der eine glückliche Familie abgebildet ist – persönlicher Hintergrund: Eltern leben getrennt – Sehnsucht nach einer »heilen« Familie)
4. Die Schüler/innen überlegen, ob sie ähnliche Bilder der Hoffnung von der Bibel her kennen.

Versprechen in der Politik (Reuter)

– Zusammenhang und Intention

Politische Programme und politische Erklärungen sprechen – zumal bei Wahlen – wie die Werbung elementare Wünsche, Bedürfnisse und Hoffnungen, aber auch tiefe Ängste und Sorgen an. Sie machen sich diese zunutze, um Zustimmung zu gewinnen und Handeln zu legitimieren. Sie sind geradezu ein Spiegelbild menschlicher Hoffnungen und Ängste. Seite 57

Die Beschäftigung mit der Rede von George Bush und mit dem Wahlkampfplakat der CDU im Landtagswahlkampf in Rheinland-Pfalz soll die Auseinandersetzung mit den eigenen Hoffnungen für die Welt insgesamt (vgl. Bush-Rede) und für die persönliche Zukunft (Wahlplakat) eröffnen. Die Frage für die Schüler/innen wird sein, ob sie diese Perspektiven teilen und ob die angebotenen Wege wirklich aussichtsreich sind, Darüber hinaus wird zu bedenken sein, wie sich diese Versprechen zu anderen wie z.B. den biblischen verhalten.

– Hinweise zu den Medien

Das *CDU-Wahlkampfplakat* aus dem Jahre 1991 verspricht »Arbeitsplätze« und »Zukunft«. Es spricht damit den Wunsch nach Sicherheit und einem sorglosen Leben an. »Zukunft« erscheint hier als Symbol erfüllten Lebens, das in die Nähe von Himmelreich oder Paradies rückt. Indirekt wird die Angst vor Arbeitslosigkeit angesprochen, die mit tiefster Verunsicherung, Verlust von Selbststeuerung und sozialer Anerkennung einhergehen kann. Arbeit und Arbeitslosigkeit erscheinen hier als polare Symbole, die einerseits auf gelingendes, andererseits auf mißlingendes Leben verweisen. Welche Assoziationen verbinden Schüler und Schülerinnen damit?

Den Weg in die gesicherte Zukunft sollen »Wissenschaft« und »Technik« bahnen. Es wird also auf Unternehmen und wissenschaftlich-technischen Fortschritt gesetzt. Doch stimmt diese Gleichung?

Die *Rede des früheren US-Präsidenten George Bush* vom 18. Januar 1991 rührt an die großen Hoffnungen der Menschheit für die Welt, wie sie einst von alttestamentlichen Propheten, von Jesus, aber auch außerhalb der biblisch-christlichen Tradition formuliert worden sind (vgl. z.B. Ovid, Das goldene Zeitalter; Platons Staat; Cicero, De re publica; Campanella, Der Sonnenstaat; Francis Bacon, Neu-Atlantis, Thomas Morus, Utopia; Marx, Klassenlose Gesellschaft) und in diesem Jahrhundert zur Gründung der UN am 26. Juni 1945 geführt haben (vgl. Gründungscharta der UN).

Bush spricht den Traum von einer »neuen Weltordnung« an, die auf den »Regeln des Gesetzes« ruht und durch Gerechtigkeit sowie ein friedliches Zusammenleben der Völker auf der Basis der Gleichberechtigung und der Selbstbestimmung gekennzeichnet ist.

Die Frage wird sein, wie realistisch eine solche Zukunftsperspektive ist. Kann und darf sie Grundlage politischen Handelns sein? Kann und darf eine solche Welt durch Krieg herbeigeführt werden? Menschen wie Jesus, Martin Luther King oder Gandhi würden dies bestreiten!

Bush will in seiner Rede den Einsatz amerikanischer Soldaten rechtfertigen. Er benutzt dazu die Kriterien des »gerechten Krieges«:

- causa iusta: Maßnahme gegen einen brutalen Angriff des Irak, gegen Verbrechen und Folter
- recta intenti: es geht nicht um Eroberung, sondern um Befreiung und Frieden
- debitus modus: Opfer werden auf ein Minimum beschränkt
- legitima potestas: Bush handelt im Auftrag der UN und damit der Völkergemeinschaft
- ultima ratio: mehrere Warnungen und Angebote wurden ausgeschlagen.

– Der mögliche Verlauf

1. Tafelanschrieb »Zukunft«. Assoziationen dazu, Unterscheiden zwischen Zukunft der Welt und persönlicher Zukunft. Über Begründungen nachdenken und die Mittel, diese Zukunft zu gewinnen.
2. Text George Bush
   - lesen, dann emotionale Reaktionen: Was empfinde ich bei dieser Rede?
   - Zukunftsbild herausarbeiten und beurteilen
   - Verhältnis Ziel-Weg beurteilen
3. Wahlplakat CDU
   - emotionale Reaktionen: Was empfinde ich?
   - Nachdenken, welche Ängste angesprochen werden. Kenne ich diese?
   - Verhältnis Ziel – Weg beurteilen
4. Abschließendes Rundgespräch
   - Brauchen Menschen Utopien? Braucht Politik Utopien? Welche?
   - Welche Utopien zeigen sich bei Bush und in dem Plakat? Kann ich mich darauf verlassen?
   - Vergleich mit anderen Utopien

Versprechen in der Bibel: Das Reich Gottes kommt
Das Reich Gottes ist wie eine Hochzeit

– Zusammenhang und Intention

Seite 58f.

Auch die Bibel ist voller Versprechen, voller Verheißungen. Darin zeigt sich gerade ein Wesensmerkmal der Bibel, denn sie will Menschen ermutigen, trösten und für eine andere, neue Welt in Anspruch nehmen. Die Bibel spricht damit elementare Hoffnungen und Wünsche an und zeigt Wege auf, dementsprechend zu leben. Diese elementaren Hoffnungen begegnen in anderer Form auch in Werbung und Politik. Die Auseinandersetzung mit biblischen Hoffnungsbildern will erneut eigene Wünsche und Hoffnungen in Abgrenzung und Zuordnung entdecken lassen. Gleichzeitig soll zur Einsicht kommen, daß säkulare Versprechen in religiösen gründen können und die Bibel grundlegend Verheißungscharakter trägt. Schließlich soll in die Reich-Gottes-Botschaft Jesu eingeführt werden, die das ganze Thema hintergründig strukturiert. Erhofft wird, mit Schüler/innen auch einmal zu phantasieren und zu träumen.

– Hinweise zu den Medien

Das *Reich-Gottes-Bild* verweist auf die Fülle biblischer Verheißungen und die bunte Vielfalt des Reiches Gottes. Wo Gott »herrscht«, ist die Fülle des Lebens. Menschen finden hier »Schalom«, d.h. Friede, Heil, Gerechtigkeit, Freude, Freiheit, Ruhe. Deutlich wird, daß die Reich-Gottes-Botschaft Jesu auf Bilder der Hebräischen Bibel, aber auch auf archetypische Symbole zurückgreift .

1. Mose 2,2f. Sabbat (vgl. Zeitthematik S. 65); 1. Mose 2,8–14 Paradiesgarten (vgl. Club-Med-Werbung); 4. Mose 19,23–28 Land, in dem Milch und Honig fließt; Ps 85,11 Heilige Hochzeit: Friede und Gerechtigkeit küssen sich (vgl. Reich Gottes ist wie eine Hochzeit, Bush-Rede) Ps 146,5–9 Recht, Gerechtigkeit, Befreiung und Schutz in der Gottesherrschaft (vgl. Bush-Rede; UN-Charta, amnesty international, Jesus); Jes 11,6–8 Ökologischer Friede: Wölfe bei den Lämmern (vgl. Greenpeace); Jes 25,6–8 Mahl der Völker auf Zion (vgl. Stuyvesant); Jes 35,5f. Heilung für die Behinderten (vgl. Wunder Jesu, z.B. Heilung der Tochter des Jaïrus); Jes 65,17–25 Neuer Himmel und neue Erde (vgl. Bush-Rede, Wahlplakat der CDU); Jes 61,1–4 Gnadenjahr Gottes (vgl. Bush-Rede); Hes 47,1–12 Der wunderbare Tempelstrom; Mk 2,19 Hochzeitsfest (vgl. Zink); Lk 14,15–23 Gastmahl; Lk 15,23 Freudenfest.

Die Bilder vom gemeinsamen Essen der Völker auf Zion (Jes 25) sowie vom Gast- und Hochzeitsmahl (Mk 2, Lk 14; Lk 15) wollen *gemeinsame Essen*, vor allem aber die Mahlgemeinschaften Jesu und die Feier des Abendmahles als Antizipationen gelingenden Lebens aufzeigen. »Feten« können Gleichnisse vom Himmelreich sein. Sie stärken dann den Traum von einem erfüllten Leben, suchen dieses »schon jetzt« zu erleben und einen »Vorgeschmack« auf die Vollendung zu geben.

Die *Hochzeit* als Symbol erfüllten Lebens kommt in vielen Kulturen und Religionen vor. Die Hochzeit erweist sich auch heute als Fest der Vereinigung von zwei ganz verschiedenen Personen (aber auch Familien). Das Symbol beschreibt erfülltes Leben als die Vereinigung von Himmlischem und Irdischem, was Jubel und Freude auslöst (vgl. Ps 85,11).
Die in der Hochzeit gestiftete Partnerschaft bestimmt erfülltes Leben als ein Miteinander von Menschen in Liebe, Treue, Verständnis, wechselseitiger Verantwortung, Beistand und schöpferischer Gemeinschaft, die neues Leben erzeugt.
Wenn in der Bibel das Verhältnis von Gott und Volk bzw. Christus und Kirche als Ehebund beschrieben wird, dann wird damit auf die innige Beziehung in wechselseitiger Aufmerksamkeit und Verantwortung hingewiesen.

– Möglicher Verlauf

1. Reich-Gottes-Bild
   - Collage oder Tafelbild arbeitsteilig anfertigen (keine Texte, sondern Bilder)
   - Im Gespräch die schönsten Bilder herausfinden. Was gefällt uns daran?
   - Beurteilendes Gespräch: Brauchen Menschen solche Bilder?
2. Miteinander ein Abendessen vorbereiten und feiern. Bedenken, warum Jesus als »Fresser und Weinsäufer« galt.
3. Zink-Text
   - Gespräch: Möchte ich einmal heiraten? Wie soll dann die Hochzeit sein? Was bedeutet Hochzeit? Ehe? Ist das alles Illusion?
   - Text lesen, 1. Teil. Anschl. Gespräch: Was ist bei uns ähnlich? Was anders?
   - Text lesen, 2. Teil. Anschl. Gespräch: In welchen Erfahrungen spiegelt sich das Reich Gottes?
   - Gespräch: Kann ich glauben, daß Gottes Reich unsere Zukunft ist?

Apokalypse now (Heinz R. Unger)

– Zusammenhang und Intention

Neben Menschen mit überschießenden Träumen, Visionen und Utopien gibt es auch Menschen, deren Zukunftsbild negativ geprägt ist. Neben den großen Hoffnungsutopien gibt es ebenso große pessimistische Utopien (vgl. »Schöne neue Welt«; »1984«), die das Leben von Menschen grundlegend bestimmen und Erleben und Handeln prägen können. Dazu gehören Katastrophenszenarios, die häufig mit dem letzten Buch der Bibel in Zusammenhang gebracht werden. Seite 60
Durch die Auseinandersetzung mit den »Vier apokalytischen Reitern« sollen Negativbilder von der Zukunft bei den Heranwachsenden angesprochen und bedacht werden. Sie sollen auf ihre Begründung und ihre Folgen befragt und mit der biblischen Botschaft verglichen werden.

– Hinweise zu den Medien

Das *Gedicht von H. R. Unger* benennt Hunger, Profitinteresse, Krieg und die Atombombe als die vier apokalyptischen Reiter, die das Ende der Welt herbeiführen. Sie sind jene Mächte, mit denen die Menschen selbst, zumal die Satten, die Welt zum Zerplatzen bringen. Die Frage ist, was der Text will: Will er aufrütteln und warnen? Oder will er das Unabänderliche besiegeln und nur bewußt machen? (So Horstmann S. 80, »Dem Unausweichlichen ins Angesicht sehen«.) Auf jeden Fall hilft der Text, in Zustimmung und Abgrenzung eigene Sichtweisen zur Sprache zu bringen.
Der *Holzschnitt von Albrecht Dürer* (1471–1528) setzt Offb 6,1–8 in Szene. Er entstammt einem Zyklus

von 15 Holzschnitten zur Apokalypse des Johannes aus dem Jahre 1498. Diese Bilder zeigen die Unruhe, Furcht und Not dieser Zeit. Viele Menschen glaubten an den Weltuntergang. Hier zeichnen sich der Sturz aller Ordnungen und tiefgreifende Umschichtungen ab. Die Holzschnitte zur Apokalypse markieren den Beginn der Neuzeit. Sie machten Dürer weltberühmt.

Offb 6,1–8 beschreibt die Öffnung des Buches mit den sieben Siegeln durch Christus, dem Lamm Gottes (vgl. Offb 6,1–8,1). Dem folgen das Blasen der sieben Posaunen (8,2–11,9) und das Ausgießen der sieben Zornesschalen (15,1–16,21).
Mit dem Öffnen der Siegel setzt Christus die endzeitlichen Ereignisse frei. Die vier apokalyptischen Reiter (die vier ersten Siegel) bilden den Auftakt jener Katastrophen, durch die sich das kommende Gottesgericht und die darauf folgende Neuschöpfung der Welt ankündigt. Die Vier Reiter beschreiben also nicht wie bei Unger das Ende der Welt, sondern den Beginn der Endzeit – an deren Ende das himmlische Jerusalem, die neue Welt Gottes steht. Der Blick in die endzeitlichen Ereignisse soll in einer Phase beginnender Verfolgung und einer inneren Krise des Christentums zur Zeit Domitians (81–96 n. Chr.) die Augen für die Zeichen der Zeit öffnen, sodann aber den Glauben jener stärken, die zu Gott/Christus halten und auf eine neue Weltordnung setzen.
Die Vier Reiter meinen den Krieg (2. Reiter rot), den Hunger (3. Reiter schwarz), den Tod (4. Reiter fahl). Umstritten ist der erste Reiter (weißes Roß). Ist es Christus, der auszieht, den Sieg zu erringen (vgl. Offb 19,11) oder eine weitere Katastrophe?

– Möglicher Verlauf

1. Gedicht von Unger
   - Gedicht dramatisierend vorlesen
   - Stille Beschäftigung mit dem Text
   - Gespräch (mit den Fragen im Buch)
2. Dürer-Holzschnitt
   - Vergleich mit dem Gedicht
   - Evtl. Bild vergrößern (DIN A 3) und zu einer Zeit-Collage ausbauen, anschl. Gespräch: Soll man dieses Bild bei Fünftkläßlern aufhängen?
3. Offb 6,1–11
   - Hinweise zu Offb
   - Text mit verteilten Rollen dramatisch lesen
   - Überlegen, was Johannes seinen Mitchristen zur Zeit Domitians sagen wollte. Ist das heute noch eine Hilfe?
   - Evtl. Vergleich mit Schriften der Zeugen Jehovas

3.2 Erfahrungen

Chinesische Parabel und **Jüdische Legende**

– Zusammenhang und Intention

Seite 61

›Was bringt mir das?‹ ist eine häufige Redewendung Jugendlicher. Das Bedürfnis nach persönlichem Glück, das primär in der Anhäufung materieller Güter gesehen wird, dominiert gegenüber Lebenshaltungen wie Nächstenliebe, Verantwortung oder der ›Ehrfurcht vor dem Leben‹ und blockiert soziales Engagement, sofern damit die Einschränkung eigener Lebensqualität verbunden ist.
Es gilt hier, Erfahrungen mit Egoismus bei sich selbst und anderen zu bedenken, nach deren Ursachen zu fragen und nach möglichen Alternativen zu suchen.

– Hinweise zu den Medien

Die *chinesische Parabel* enthält eine allgemeine Wahrheit im Gewande eines individuellen Ereignisses. Das »Irgendwo« deutet jedoch an, daß diese Geschichte überall spielen kann und auch spielt. Das »Hochzeitsfest« kann als Symbol erfüllten Lebens verstanden werden, das nur dann gelingen kann, wenn alle etwas abgeben und teilen. Dasselbe Symbol findet sich auch in der Reich-Gottes-Botschaft Jesu (vgl. S. 59).

In der *jüdischen Legende* findet Albert Schweitzers »Ehrfurcht vor dem Leben« (vgl. S. 84) eine bestimmte weitere Konkretion: Die Ehrfurcht gilt auch dem zukünftigen Leben.

– Möglicher Verlauf

1. Die Schüler/innen lesen die ›Chinesische Parabel‹ und sammeln ihre Einfälle und Erfahrungen dazu, und zwar auf zwei Ebenen:
   - Habe ich Ähnliches durch andere erlebt?
   - Habe ich mich selbst schon ähnlich verhalten wie die Gäste in der Geschichte?
2. Die Schüler/innen sollen nach Ursachen für egoistisches Verhalten suchen, z.B.:
   - Einfluß der Gesellschaft, z.B. Werbung (vgl. Reklame für das Herrenparfum Egoïste/Suche nach weiteren Beispielen) oder: Schule und Elternhaus: Erziehung zum ›wettbewerbsfähigen Einzelkämpfer‹
   - Angst, zu kurz zu kommen
   - Verzicht auf Geld heißt: Verzicht auf Spaß
   - Materielle Werte kompensieren mangelnde Liebe
3. Auseinandersetzung mit der ›Jüdischen Legende‹ als Anstoß für die Suche nach Alternativen zum Egoismus:
   - Überlegen Sie, ob Leben über die eigenen Grenzen hinaus für Sie selbst sinnvoll sein könnte! Nennen Sie Beispiele!

Suizid eines 17jährigen (Manfred Otzelberger)

– Zusammenhang und Intention

In jeder Klasse gibt es mindestens eine Schülerin oder einen Schüler, der schon einen Suizidversuch unternommen hat. Das Thema Suizid findet deshalb in diesem Alter besondere Aufmerksamkeit. An der Einstellung zum Suizid zeigen sich grundlegende Einschätzungen des Lebens, der persönlichen und gesellschaftlichen Zukunft zu Enttäuschungen und belastenden Erfahrungen. Seite 62 f.

Die Schüler/innen sollen am Beispiel des Suizid des 17jährigen Joachim über ihre eigenen ›Sinndeutungen‹ des Lebens sprechen und über den angemessenen Umgang mit Suizid und Suizidgefährdeten nachdenken.

– Hinweise zu den Medien

Jährlich sterben in Deutschland mehr Menschen an Suizid als an Verkehrsunfällen (1993: 12668 Tote durch Selbstmord, 9949 Verkehrstote).

Mangelndes Selbstbewußtsein, Unfähigkeit zur Konfliktbewältigung, Depressionen, der oft unbewußte Impuls, mittels der Selbsttötung indirekt diejenigen bestrafen zu wollen, die einen nachhaltig verletzt haben oder eine überhöhte Erwartung an die Wirklichkeit dieser Welt sind einige der Hauptgründe für Suizid oder Suizidversuch. Die letzte Ursache hinter den angeführten Problemen ist primär mangelnde Erfahrung von Liebe und Angenommensein.

– Möglicher Verlauf

Gespräch über den Text ›Suizid eines 17jährigen‹

Im Verlauf des Gesprächs sollte nach den erkennbaren Ursachen für Joachims Freitod und über die ›Notsignale‹, die er vereinzelt gesetzt hat, gesprochen werden.

Das Thema kann von zwei Perspektiven her angegangen werden:

a) Wie verhalte ich mich als ›Außenstehende(r)‹, wenn ich ›Hilfeschreie‹ wahrnehme? Kann ich helfen, z.B. durch aktives Zuhören, durch freundschaftlich-seelsogerliches Begleiten, bei der Bewältigung konkreter Probleme etc.?
b) Kenne ich Suizidphantasien oder Selbstmordversuche auch aus meinem eigenen Leben? Wie war mir damals zumute? (Hier kann die Einbeziehung des Bildes hilfreich sein.) Wer hat mir zu dem Zeitpunkt geholfen, was hat mir gutgetan, habe ich heute dem Leben gegenüber eine andere Einstellung gewonnen?

Das Thema ist insgesamt mit äußerster Sensibilität zu behandeln, da nie sicher ist, ob nicht jemand in der Klasse zum Zeitpunkt des Gesprächs selbstmordgefährdet ist oder ob unverarbeitete Suizidkonflikte aufbrechen können.
Lohnend ist auch ein Gespräch über die Begriffe: Suizid, Freitod, Selbstmord, Selbsttötung.

Judas in uns (Vera Wollenberger)

– Zusammenhang und Intention

Seite 64

Verrat ist die dunkle Seite von Treue, Vertrauen und Verläßlichkeit und somit eine Erfahrung, die wir auch in Freundschaften und Liebesbeziehungen machen. Die Tiefenpsychologie nennt diese dunkle Seite, sofern wir sie in uns nicht wahrhaben wollen und demnach verdrängen, unseren ›Schatten‹.
Die Schüler/innen sollen zum Nachdenken darüber angeregt werden, ob die ›Verräter‹ wirklich nur die anderen sind, über die man oft so schnell ein Urteil fällt, oder ob sie solche Erfahrungen auch von sich selbst kennen. Sie sollen ermutigt werden, den ›Schatten des Verräters‹ auch in sich selbst zu entdecken. Dadurch soll die oft rigide Verurteilung anderer relativiert, die Frage nach Vergebung gestellt und über die eigenen Widersprüchlichkeiten nachgedacht werden.

– Hinweise zu den Medien

Knud Wollenberger, gebürtiger Däne, war in der damaligen DDR schon privilegiert aufgewachsen; seine Eltern hatten sich dort aus freien Stücken niedergelassen, weil sein Vater – jüdischer Abstammung und überzeugter Kommunist – in Amerika und Dänemark kein Bleiberecht erhalten hatte. Dadurch, daß Knud Wollenberger auch einen dänischen Reisepaß besaß, hatte er mehr Freiheiten als andere Bürgerinnen und Bürger der damaligen DDR. Seit seinem ersten Studienjahr arbeitete er für die Stasi. Vera Wollenberger schließt nicht aus, daß er schon auf sie angesetzt war, als sie sich im Februar 1980 kennengelernt hatten.
Vera Wollenberger engagierte sich in den achtziger Jahren – häufig mit ihrem Mann Knud zusammen – in der unabhängigen Friedens- und Ökologiebewegung der damaligen DDR, sie war u.a. Mitbegründerin der »Kirche von unten«. Die Folgen ihres politischen Engagements: Ausschluß aus der SED und Berufsverbot, Anfang 1988 Verhaftung durch die Stasi wegen »versuchter Zusammenrottung« und Abschiebung nach England. Im November 1989 Rückkehr aus der DDR und Eintritt in die Grüne Partei, Abgeordnete der letzten Volkskammer der DDR, seit Oktober 1990 Mitglied des Bundestags.

– Möglicher Verlauf

Argumente der Anklage und Argumente zur Verteidigung für Knud Wollenberger werden zusammengetragen. Daraufhin wird überlegt, wie ein Urteilsspruch ihm gegenüber aussehen sollte.

– Zusatzmaterial ZM 1 (Zur Frage des persönlichen Verrats)

Ich habe keine Zeit

– Zusammenhang und Intention

In Jahrgangsstufe 11 ist die Stundentafel umfangreicher als je zuvor. Die Schüler/innen stehen z.T erstmalig vor der Aufgabe, im Blick auf Freizeitbeschäftigungen Prioritäten setzen und damit reflektieren zu müssen, was ihnen wirklich wichtig ist, was sie lebendig macht und Freiheit erfahren läßt – und was demgegenüber unwesentlich oder auch nur Flucht vor Langeweile, vor innerer Leere ist. Seite 65

Das Thema ›Ich habe keine Zeit‹ will bei der Auseinandersetzung mit diesen Fragestellungen Hilfe leisten.

– Hinweise zu den Medien

Das Gleichnis vom reichen Kornbauern und die »Erzählung vom kleinen Prinzen und dem Händler« ZM 2 können die Beschäftigung mit der Zeichnung und dem Stundenplan ergänzen und neue Impulse geben. Vgl. dazu auch: Spielräume entdecken, S. 96.

Die Stille- und Atemübung kann helfen, die erholsame Wirkung von Ruhe und Stille zu entdecken und mitten im Alltag Sabbat zu feiern.

– Möglicher Verlauf

1. Gespräch über Phantasien, Gefühle, Einfälle zur Zeichnung
2. Gestaltung eines Stundenplans mit 24 Stunden
   - Austausch darüber in Kleingruppen:
   - Was ist mir unbedingt wichtig und worauf könnte ich verzichten? (Gründe!)
   - Wann habe ich Langeweile und wie wirkt sie sich aus?
   - In welchen Situationen fühle ich bzw. setze ich mich unter Zeitdruck?
   - Atemübung oder Meditation
3. Lk 12,16–21: Das Beispiel vom reichen Mann
   - Übertragen Sie die Geschichte auf heute:
   - Kann Ihnen die Geschichte für den Umgang mit Ihrer Zeit neue Aspekte vermitteln?
   - Haben Sie Erfahrungen mit dem ›Zeitmangel‹ anderer Menschen (z.B. Eltern, Freunde …) gemacht? Erzählen Sie Beispiele und überlegen Sie, was Sie daraus für den Umgang mit Ihrer Zeit lernen können!

Die Informationsschwemme (Neil Postman)

– Zusammenhang und Intention

Sinndeutungen sind immer auch bestimmt durch alltägliche Erfahrungen. Zu diesen gehört auch die Fülle von Nachrichtensendungen, Zeitungsmeldungen, Reklameanzeigen, Kommentaren, Interviews, Talkshows u.v.a.m., die uns täglich mit Informationen überschwemmen. Heranwachsende sind heute deshalb durchaus informiert, häufig aber durch eine unstrukturierte Informationsflut verunsichert und desorientiert. Ein Rückzug ins Private und eine egozentrische Lebenshaltung könnten eine ihrer Wurzeln in der »Informationsschwemme« haben. Seite 66

Am Beispiel der täglichen Informationsschwemme soll deutlich werden, daß Menschen auf grundlegende Vorstellungen von sich selbst und der Welt angewiesen sind. Menschen brauchen Deutungsmuster, um Informationen aufnehmen, angemessen verarbeiten und bewußt handeln zu können.

– Hinweise zu den Medien

Die *Standbilder der Nachrichtensendungen* stehen für die Informationsflut als ganze. Sie sind durch Magazine (Spiegel, Focus, Stern), Tages- und Wochenzeitungen, Sportsendungen, Talkshows u.a.m. zu ergänzen. Die Leitfrage ist: Wie informiere ich mich? Wie reagiere ich auf die Nachrichten?

Der Text von Neil Postman zeigt eine eigenartige Logik auf. Informationsschwemme führt zur Ohn-

macht, diese zu einem verstärkten Interesse an der eigenen Person, dies wiederum zu Egoismus und dem Bedürfnis nach mehr Information. Stimmt diese Logik? Auch für die Bundesrepublik?
Der amerikanische Wissenschaftler entwirft dagegen ein Therapiekonzept: Menschen brauchen (1) ein Bewußtsein, was sinnvoll und bedeutsam ist, (2) eine kohärente Vorstellung von sich selbst, vom Universum und von der Beziehung zu einander und zu unserer Welt, und (3) eine glaubwürdige Erzählung transzendenten Ursprungs über die Geschichte der Menschheit, die der Vergangenheit Bedeutung zuschreibt, die Gegenwart erklärt und für die Zukunft Orientierung liefert. Postman denkt dabei z.B. an die Erzählungen der Genesis, der Bhagagwadgita, an den Koran, aber auch an andere Geschichten aus der Mythologie, Politik, Philosophie und Wissenschaft. Hat er mit dieser Behauptung recht?
Die Frage wird sein, ob Menschen heute tatsächlich keine solche »Erzählung« haben. Viele glauben an eine baldige Katastrophe oder an die Macht von Wissenschaft und Technik. Heranwachsende können an das Gute im Menschen glauben oder daran daß alle Menschen im Grunde egoistisch sind. Gibt es »gute« und »schlechte« Erzählungen? Worin unterscheiden sie sich?
Die Frage ist aber auch, ob angesichts der Pluralität des Lebens eine einzelne Erzählung genügt oder sogar notwendig ist. Die Frage ist auch, ob religiöse »stories« noch Orientierung bieten können.
Postman verlangt nach einer »wertvollen«, »das Leben bereichernden Erzählung, die der Mehrdeutigkeit und der Komplexität des Lebens gerecht wird und ein möglichst großes Feld für die menschliche Kreativität eröffnet, durch die Eleganz ihrer Form eine Art Transzendenz gewinnt und an die besseren Seiten unseres Wesens appelliert«. Kann die Reich-Gottes-Botschaft Jesu dies leisten?

– Möglicher Verlauf

1. Bildbetrachtung
   - Gespräch: Welche Nachrichtensendungen schaue ich an? Wie oft? Wie reagiere ich?
   - Evtl. Reaktion pantomimisch sichtbar machen
2. Text Postman
   - Textanalyse: Thesen herausarbeiten, Diagnose und Therapie bestimmen
   - Diskussion vgl. Buch

3.3 Das Reich Gottes ist nah

Gleichnisse Jesu (Mk 4,26–32) und »Wo das mal passiert« (Horst Nitschke)

– Zusammenhang und Intention

Seite 67
Die Reich-Gottes-Botschaft Jesu ist in dem ganzen Kapitel ein Gegenüber, an dem sich die Auseinandersetzung entzünden und das als mögliche Lebensperspektive angeboten werden soll.
Während unter dem Thema »Versprechen« das Zukunftsbild des Reiches Gottes ins Spiel gebracht wird, soll unter dem Stichwort »Erfahrung« die Gegenwart des Reiches Gottes bedacht werden, die klein aber im Wachsen begriffen ist. Reich Gottes Gleichnisse wollen helfen, die Wirklichkeit differenziert wahrzunehmen, Negatives und Positives zu unterscheiden und positive Erfahrungen als Grund für Hoffnung zu beurteilen.
Aufgrund einer Aktualisierung und Konkretisierung der Reich-Gottes-Botschaft Jesu soll über die Gegenwart der Gottesherrschaft und mögliche Konsequenzen für die eigene Sicht des Lebens und der Welt insgesamt nachgedacht werden.

– Hinweise zu den Medien

Das *Gleichnis vom Senfkorn und von der selbstwachsenden Saat* gehört zu den »Naturgleichnissen« Jesu (vgl. auch Sauerteig Mt 13,33; Vögel unter dem Himmel Mt 6,26; Vierfacher Acker Mk 4,3–9).
Beide Gleichnisse haben metaphorischen Charakter. Das eher unanschauliche Reich Gottes wird in Bezug gesetzt zu alltäglichen Erfahrungsgeschichten, die einerseits das Reich Gottes anschaulich, andererseits die alltägliche Erfahrung zum verborgenen Hinweis auf das nahe herbeigekommene Reich

Gottes machen. Die metaphorische Erzählung will nun nicht einfach die Natur als Reich-Gottes-Erfahrung in Anspruch nehmen. Sie will vielmehr bisherige Sichtweisen der Wirklichkeit verändern und die Augen für verborgene, gleichwohl entdeckbare Erfahrungen öffnen. Die durch Ingo Baldermann inspirierte Aktualisierung und Konkretisierung der Reich-Gottes-Botschaft durch die Begriffe »Frieden, Liebe, Vertrauen, Vergebung« will diesem Ansatz folgen und anleiten, die alltägliche Wirklichkeit noch einmal anders wahrzunehmen. Dabei wird mit den angebotenen Begriffen das Reich Gottes interpretiert und zusammengenommen als »Schalom« bestimmt.
Das Senfkorngleichnis will auf die kleinen, aber dennoch hoffnungsvollen Ansätze des Reiches Gottes, das Gleichnis von der selbstwachsenden Saat auf die unwiderstehliche Macht der kommenden Gottesherrschaft aufmerksam machen, die letztlich von den eigenen Kräften nicht abhängig ist. Beide Gleichnisse wollen angesichts resignativer Tendenzen zu einem »aktiven Warten« ermutigen.

Der *Text von Horst Nitschke* bietet eine Interpretation der Gottesherrschaft und Hinweise auf ihre erfahrbare Gegenwart. Es sind stets Überraschungen, in denen etwas gegen die herrschenden Erwartungen geschieht und Zweifelnde, Schwache, Kleine und Unterlegene Bestätigung erfahren.
Die Frage ist, ob diese Senfkorn-Erfahrungen eine realistische, Negatives nicht ausblendende, aber gleichzeitig zuversichtliche Wahrnehmung der Wirklichkeit tragen können.
Solche Reich-Gottes-Erfahrungen finden sich auch im gemeinsamen Essen (S. 58), im Wunder der Auferstehung (S. 68), in der Liebe (S. 74) und Partnerschaft (S. 93ff), in der Kraft, dem »Teufel« zu widerstehen (S. 81), im »ehrfürchtigen« Umgang mit dem Leben (S. 84), in der Nächstenliebe (S. 82f.), in der Versöhnung mit dem Fragmentarischen (S. 86f), im Einsatz für die Bewahrung der Schöpfung (S. 89) und für die Menschenrechte (S. 90), in geschwisterlicher Gemeinschaft und freiwilliger Armut (S. 92).

– *Möglicher Verlauf*

1. Reich-Gottes-Gleichnisse
   – Text nach Vorgabe mehrmals lesen
   – Gespräch
   – Vergleich mit H. Nitschke: Welche Geschichten kenne ich? Haben sie etwas mit Jesus und dem Reich Gottes zu tun?
2. Pro-und-Contra-Diskussion (vgl. Schülerbuch)

»Das Wunder der Auferstehung im Leben« (Mk 5,22–43)
»Das Wunderbare Erwachen der Freiheit« (Eugen Drewermann)

– *Zusammenhang und Intention*

Ein natürliches Konfliktfeld liegt für Heranwachsende in der Auseinandersetzung mit den Eltern und den von ihnen vertretenen Normen. Das Bedürfnis nach Freiheit und Eigenverantwortung steht häufig den von den Eltern gesetzten Grenzen, bisweilen auch deren ›Überbehütung‹ entgegen.

Seite 68
Seite 69f.

Die Wundererzählung von der ›Heilung der Tochter des Jaïrus‹ und deren Auslegung von E. Drewermann wollen die Schülerinnen und Schüler bewegen, ihre häusliche Situation diesbezüglich zu reflektieren, um zu lernen, daß es notwendig sein kann, gegenüber zu stark eingrenzenden Strukturen den Aufstand ins eigene Leben zu wagen.

– *Hinweise zu den Medien*

Der *Text von Eugen Drewermann* ist ein Beispiel für tiefenpsychologische Bibelauslegung (vgl. S. 158). Der biblische Text wird mit Hilfe von Erfahrungen und Einsichten der Psychoanalyse interpretiert, so daß lebensgeschichtliche Erfahrungen aufgenommen werden können und eine persönliche Identifikation möglich wird. Leitend für die Auslegung ist der Gegensatz von Angst und Vertrauen bzw. Abhängigkeit und Freiheit. Tod erweist sich als die Angst, sein Leben selbst in die Hand zu nehmen. Leben erweist sich als Mut, sich auf die eigenen Füße zu stellen und den Aufstand gegen unterdrückende und einengende Strukturen zu wagen. Glaube entschlüsselt sich als »Vertrauen in die Unsterblichkeit, in die

Ewigkeit des Lebens«. Das Wundergeschehen ereignet sich in der vertrauenden Zuwendung und der ermutigenden Aufforderung durch den »Therapeuten« Jesus.

– Möglicher Verlauf

1. ›Stummes Gespräch‹ (Schülerinnen und Schüler notieren ihre Gedanken an der Tafel) zu den Begriffen ›tot sein‹, ›leben‹, ›auferstehen‹ und Gespräch darüber.
2. Vergleich der Einfälle mit den Gedanken von Wilhelm Willms.
3. Text: Die Auferstehung der Tochter des Jaïrus
   Versuch einer Deutung der Geschichte mit Hilfe der unter (1) und (2) erarbeiteten Einfälle.
   Hilfreich dabei können an die Tafel oder besser auf große Bögen Papier gemalte Umrisse der in der biblischen Geschichte handelnden Personen sein (ZM 3; die Papierfiguren lassen sich zur nächsten Stunde wieder gut mitbringen). Die Schüler/innen tragen darin stichwortartig die Gedanken und Gefühle ein, die ihrer Meinung nach das Verhalten dieser Personen bestimmen.
4. Das wunderbare Erwachen der Freiheit‹
   Die Schüler/innen lesen den Text von E. Drewermann und ergänzen im Anschluß daran die unter (3) begonnene ›Inschrift‹ der einzelnen Personen.

3.4 Hunger nach Leben

Wenn Essen zur Qual wird (Stern 37/92)
Das Rätsel der Magersucht (Hilde Bruch)

– Zusammenhang und Intention

Seite 71 f.
Seite 73

Von der Pubertät an neigen junge Menschen im Zuge des Erwachsenwerdens in besonderem Maße dazu, mit körperlichen Symptomen auf psychische Konflikte zu reagieren. Beispiele dafür sind vor allem bei Mädchen die Freßsucht und die Magersucht.
Das Gespräch über die existentiellen Hintergründe von Mager- und Eßsucht öffnet die Türen zu den grundlegenden Erfahrungen von Freiheit und Liebe, die in besonderer Weise persönlichkeitsprägend sind und auf Erfahrungen mit dem Reich Gottes verweisen. Gerade die »wunderbare Auferstehung« der Tochter des Jaïrus, deren Geschichte ausdrücklich vorangestellt ist, zeigt dies deutlich.
Die Schüler/innen sollen in Auseinandersetzung mit Eß- und Magersucht ihre eigene Lebenssituation reflektieren und bedenken, was sie selbst sowohl an Liebe als auch an Freiheit für ihren Entwicklungs- und Reifungsprozeß brauchen.

– Hinweise zu den Medien

a) Eßsucht gilt als Kompensation für den Hunger nach Liebe, die aber nicht ›auffrißt‹, sondern Raum für Abgrenzung und eigene Lebensgestaltung gibt,
b) Magersucht gilt als Verweigerung gegenüber dem überhöhten Leistungsanspruch der Eltern und damit zugleich als Regression in die Kindheit, um sich der Erwartung, erwachsen zu werden und Verantwortung für sein eigenes Leben zu übernehmen, entziehen zu können.
   Von Magersucht sind nach derzeitigen Schätzungen 3–5 pro 100000 der Bevölkerung betroffen, vorwiegend junge Mädchen zwischen 12 und 15 Jahren. Das Leiden breitet sich allerdings aus und betrifft zunehmend auch Jungen.

– Möglicher Verlauf

1. Bildbetrachtung: Die Schüler/innen betrachten zunächst die Schlankheitsreklame und kommen über ihre Reaktionen darauf miteinander ins Gespräch:
   Wie gehen wir selbst mit unserem Körper um? Welche Diäten haben wir schon ausprobiert und weshalb? Wodurch werden unsere Schönheitsideale beeinflußt? Sind Jungen stärker auf gutes Aussehen

bedacht als Mädchen? Spielen Sport und Fitnesstraining für Jungen eine ähnliche Rolle wie Schlankheitskuren für Mädchen?

2. Wenn Essen zur Qual wird: Im Anschluß an diese erste Gesprächsrunde kann der Text: ›Wenn Essen zur Qual wird‹ gelesen und besprochen werden.
3. Das Rätsel der Magersucht: Die Textarbeit kann in folgendem Tafelanschrieb zusammengefaßt und ergänzt werden.
4. Gespräch über die eigene Sehnsucht nach Liebe und Anerkennung, dem Umgang mit den Leistungsansprüchen der Eltern, dem Wunsch, sich von der Masse der Menschen abzuheben, dem eigenen Bedürfnis nach Freiheit und Autonomie, oder auch der Angst davor.

Symptome	*Ursachen und Ausbruch der Krankheit*	*Therapie*
äußerst geringe Nahrungsaufnahme Gefühl von Stolz und Macht ständige körperliche Überanstrengung (z.B. durch Joggen) sich trotz mageren Aussehens immer noch zu dick finden eigensinnig, reizbar, arrogant leichter Haarflaum auf Armen und Beinen (verursacht durch Störungen im Hormonhaushalt) gelbliche Gesichtshaut (durch Störungen der Leberfunktion) Ausbleiben der Menstruation ständige Beschäftigung mit dem Thema ›essen‹; oft ausgiebige Zubereitung von Speisen, die die anderen Familienmitglieder aufessen müssen ekelerregende Zubereitung von Speisen für sich selbst, z.B. Überdosierung von Gewürzen, Senf und Essig häufig: hoher Konsum von Abführmitteln	Spannungen im Elternhaus durch überhöhte Leistungsansprüche der Eltern Angst, diesen Ansprüchen nicht genügen zu können bei gleichzeitigem Wunsch, etwas ganz Besonderes zu sein Ausbruch: häufig eine gemeinsame Abmagerungskur mit der Mutter, bei der die Tochter (90 % der Magersüchtigen sind Mädchen) mit der Diät nicht mehr aufhören kann.	Veränderung des Gefühls, nichts wert und nicht geliebt zu sein Anerkennung und Bestätigung, die ehrlich gemeint sein muß Ermutigung zum Aufbau von Freundschaften (in der akuten Phase der Krankheit isoliert sich der magersüchtige Patient von der Umwelt, weil er dort auf Dauer die Rolle, ›etwas Besonderes zu sein‹, nicht spielen könnte).

Liebe

– Zusammenhang und Intention

Seite 74 Das Thema Liebe greift den Faden auf, der mit der »Tochter des Jaïrus« sowie der Mager-und Eßsucht begonnen hat. Dieser Lernschritt will Liebe als menschliches Grundbedürfnis sowie als entscheidende Grundlage eines erfüllten Lebens verständlich machen. Er will dazu anregen, Erfahrungen, Enttäuschungen, Ängste und Hoffnungen auszusprechen und über das eigentümliche Wesen der Liebe nachzudenken.

– Hinweise zu den Medien

Sich geliebt, sich ganz angenommen zu fühlen mit seinen hellen, aber auch seinen dunklen Seiten, ist die Grunderfahrung, die jeder Mensch in seinen ersten Lebensjahren gemacht haben sollte, um selbst lebens- und liebesfähig zu werden. Dazu gehört u.a.: Enttäuschungen auszuhalten, mit Konflikten umgehen zu können, fähig zu sein, sich abzugrenzen, Liebe in Freiheit nehmen und geben zu können, ohne dabei in einen Teufelskreis von Abhängigkeit und ›Liebesleistung‹ hineinzugeraten und – bei aller Ambivalenz der Gefühle – letztlich auch treu und verläßlich sein zu können. Christen können dies als Erfahrung des Reiches Gottes bezeichnen. Angesichts der Tatsache, daß derzeit jede dritte (Landgemeinden) bis jede zweite Ehe (Großstädte) geschieden wird, werden junge Menschen zunehmend verunsichert: die Verlusterfahrung eines Elternteils führt zu Trennungs- und Verlustängsten in eigenen Beziehungen bei gleichzeitig oft überstarker Liebessehnsucht, die häufig in sehr frühen, symbiotischen Beziehungen kompensiert wird, so daß auch diese neuen Bindungen von Anfang an ein hohes Maß an Konfliktpotential in sich bergen.

– Möglicher Verlauf

1. Metaphermeditation: ›Liebe ist für mich wie ...‹
2. Vergleich der eigenen Einfälle mit dem Gedicht von E. Fried: Welche Gedanken Frieds entsprechen meinen Vorstellungen von Liebe, welche überraschen mich? Oder:
   Die Schüler/innen erhalten nach der Metaphermeditation das Gedicht von Erich Fried als Lückentext (ZM 4) mit der Aufgabe, die unten angeführten Begriffe in die Lücken einzufügen. Der Vergleich der eigenen Fassung mit dem Gedicht von Fried führt unmittelbar ins Gespräch, in das die eingangs formulierten eigenen Vorstellungen und Bilder von Liebe natürlich mit einbezogen werden.
3. Brief an Miriam oder Marylin, oder:
   Gespräch über Erfahrungen mit der Scheidung der Eltern
   - Können Sie sich erinnern, wie Ihnen seinerzeit zumute war?
   - In welcher Weise hat sich die Situation zuhause verändert?
   - Gibt es Zeichnungen oder Träume von Ihnen aus dieser Zeit, die Ihnen noch gegenwärtig sind?
   - Hat diese Erfahrung Einfluß auf Ihre eigenen Freundschaften?

(Die Schüler/innen sollten nur das erzählen, was sie preisgeben wollen und nicht zu einem ›outing‹ gedrängt werden, denn dadurch kann mehr Schaden entstehen als Hilfe erwachsen.)

– Zusatzmaterial (ZM 5)

Die Bedeutung frühkindlicher Liebeserfahrung

Abschiednehmen (Hermann Hesse und Waldemar Pisarski)

– Zusammenhang und Intention

Seite 75 Abschiednehmen, hergeben, loslassen können ist das Ziel eines jeden Trauerprozesses. Solche Trauerprozesse wollen in all ihren emotionalen Schattierungen ausgehalten und durchgestanden sein. Wesentlicher Teil dieser Trauerarbeit ist es, die erlittenen Verlusterlebnisse aufzuarbeiten und so viel wie möglich von z.B. dem Menschen, den wir verloren haben, in die eigene Persönlichkeit zu integrieren, um dadurch mit einem neuen Selbst- und Weltverständnis weiterleben zu können.

Die Bearbeitung dieses Themas will Schülerinnen und Schüler in einer Zeit und Gesellschaft, in der Tod und Trauer über Verlusterlebnisse weitgehend verdrängt und damit tabuisiert sind, Mut machen, über Abschied und Neubeginn und damit über die Krise als Chance zur Persönlichkeitsentfaltung und -reifung nachzudenken.

– Hinweise zu den Medien

Das Gedicht STUFEN des romantischen Dichters Hermann Hesse (1877–1962) ist in der Spätphase seines Schaffens 1941 in einer Nacht nach langen Wochen schwerer Krankheit entstanden und spiegelt somit die heitere Gelassenheit wider, die in der Seele des Dichters auch dem Tod gegenüber gereift ist, nachdem er diese schwere Lebenskrise mit all ihren Ängsten und Fragen durchgestanden hat.

Es zeigt die innere Spannung auf zwischen dem sinnlichen Streben innerhalb von Zeit und Raum einerseits und dem geistigen Aufstieg in die zeitlose Hierarchie andererseits. Dem entspricht, daß das Gedicht ursprünglich TRANSZENDIEREN geheißen hat.

Hesse will die Menschen damit ermutigen, den eigenen inneren Gesetzen zu folgen, aus freier Verantwortung heraus zu handeln und sich auf neue Erfahrungen und Wagnisse einzulassen.

Die Gedanken von Waldemar Pisarski lassen sich im Unterricht mit Hilfe einer Atemübung erfahrbar machen (vgl. Schülerbuch Seite 65).

– Möglicher Verlauf

1. Bildnerisches Gestalten des eigenen Lebensweges

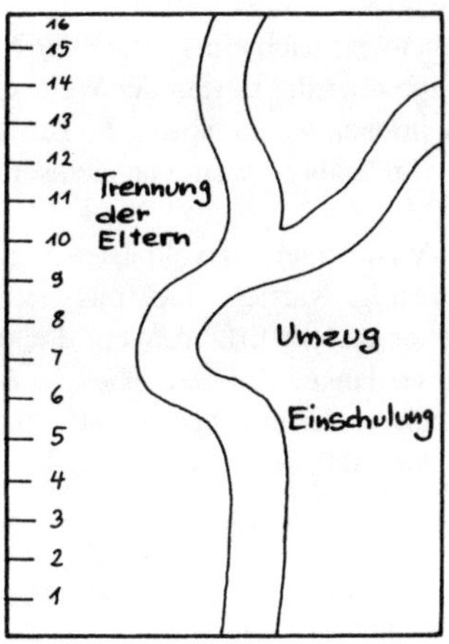

Erläuterung zum tiefenpsychologischen Zugang mit Bildern: Man teilt in Gedanken das Zeichenblatt in so viele Teile ein, wie die Schülerin bzw. der Schüler an Jahren alt ist. In den Altersstufen, in denen ein eindeutiger Knick oder ›Abzweig‹ gezeichnet ist, ist ein für die Biografie des bzw. der Betroffenen gravierender Einschnitt zu vermuten.

(Solche Einsichten in die Persönlichkeit des Schülers sollten ihm nicht mitgeteilt werden.)

2. Gespräch über Abschiedserfahrungen im bisherigen Leben und über den Umgang damit:
   - Was hat mir geholfen?
   - Was hat mir gefehlt?
   - Was brauche ich vielleicht jetzt noch, um mit den Resten unverarbeiteter Situationen umgehen zu können?
   - Können Menschen, die an ›das Wunder der Auferstehung im Leben‹ glauben, besser mit Trennungserfahrungen umgehen?
3. Hermann Hesse: STUFEN
   - Versuchen Sie, die Stimmung zu beschreiben, die das Gedicht in Ihnen auslöst!
   - Welche Sicht von Leben, Abschied und Tod kommt in dem Gedicht zum Ausdruck?
   - Überlegen Sie, ob Sie einige der Erfahrungen, die in dem Gedicht zum Ausdruck kommen, aus Ihrem Leben kennen!
4. Versuchen Sie auf dem Hintergrund des Textes eine Atemübung![31]

31 Empfohlene Literatur: Verena Kast, Phasen und Chancen des psychischen Trauerprozesses

Erfolg

– Zusammenhang und Intention

Seite 76

Erfolg zu haben, sich durchzusetzen, überlegen und bewundert zu sein, gehört für viele – ausdrücklich oder heimlich – zu den entscheidenden Voraussetzungen für ein gelingendes, sinnerfülltes Leben. Erfolg in der Schule, im Sport oder im Beruf ist deshalb für viele Heranwachsende ein wichtiges Lebensziel.
Erfolg ist für die Entwicklung des Menschen generell wichtig. Er bewirkt Anerkennung und vermittelt dadurch Stolz, Selbstbewußtsein, sicheres Auftreten, das Gefühl, etwas zu können, und die Gewißheit, bei entsprechender Anstrengung selbstgesetzte Ziele erreichen zu können.
Die Erfahrung von »Erfolg« gehört deshalb zu einem »ich-starken« Selbstkonzept, das sich selbst etwas zutraut.
Allerdings gehört zum Streben nach Erfolg auch die Bereitschaft, auf etwas zu verzichten, die Fähigkeit, Unsicherheit, Zweifel zu ertragen sowie die Erfahrung von Rückschlägen, Versagen, Scheitern, Niederlagen.
Problematisch ist deshalb ein Lebensentwurf, der gelingendes Leben total an Erfolg kettet, das eigene Selbstwertgefühl davon abhängig macht und es nicht vermag, Ängste und Niederlagen aufzunehmen.
In der Auseinandersetzung mit den Erfolgen von Boris Becker und der Lebensgeschichte von Uwe Seeler soll über die Bewertung des Erfolgs für das eigene Leben nachgedacht werden.

– Hinweise zu den Medien

Beim Masters-Turnier am Ende einer harten Saison werden die jeweils acht Bestplazierten der Weltrangliste eingeladen. Sie spielen den sog. »ATP-Weltmeister« heraus.
Der Gewinn dieser Weltmeisterschaft im Jahre 1992 für *Boris Becker* folgte nach einer Phase der Niederlagen und des Selbstzweifels. Der Sieg bedeutete nicht nur Triumph über die Besten der Welt, sondern gleichzeitig Genugtuung gegenüber jenen, die ihn schon abgeschrieben hatten; sowie die Bestätigung des noch vorhandenen eigenen Könnens und das – vorläufige – Ende aller Zweifel an sich selbst. (Becker wurde auch 1995 wieder ATP-Weltmeister).
Das *Interview mit Uwe Seeler*, einst Fußballspieler beim Hamburger SV und einer der weltbesten Mittelstürmer der Nachkriegszeit, will die Orientierung an sportlichem Erfolg, Karriere und finanziellem Gewinn relativieren. Zu einem gelingenden Leben gehören noch ganz andere Erfahrungen, die sich nicht bloß des eigenen Könnens und einer persönlichen Anstrengung verdanken, sondern »Geschenke« von anderen sind. Dazu gehört auch die Erhebung zum Leitbild für andere. Die Frage bricht auf, ob der Glaube an Gott Sportler in ihrer Karriere stärkt oder schwächt. (Vgl. dazu, daß Seeler 1995 als »Retter« zum Präsidenten des HSV gewählt wurde.)

– Möglicher Verlauf

1. Erläutern lassen, wie es zu dem Sieg von Becker in Frankfurt gekommen ist und was für ihn dieser Sieg bedeutet haben könnte.
2. Gedanken und Gefühle von Becker an die Tafel oder auf ein Plakat notieren.
3. Bedenken, was Erfolg »bringt« und ob Menschen unbedingt Erfolg brauchen. Was brauchen Menschen noch?
4. Interview mit Uwe Seeler mit verteilten Rollen lesen.
5. Diskussion, ob Seeler besser nach Mailand hätte gehen sollen und ob der Glaube an Gott für das Streben nach Erfolg förderlich oder schädlich ist. Will Gott Erfolg?

3.5 Grundhaltungen

Rambo

– Zusammenhang und Intention

Grundhaltungen repräsentieren Sinndeutungen und finden oft ihren Ausdruck in personalen Symbolen. Die Figur von Rambo ist zu einem solchen Symbol geworden, das vor allem von männlichen Jugendlichen heimlich bewundert oder explizit nachgeahmt wird. Da das Symbol Rambo meist nur zur Unterhaltung konsumiert wird, kommt es nur selten zu einer expliziten Auseinandersetzung, die die Lebenstheorie von Rambo bedenkt. Seite 77

Die Symbolfigur Rambo soll auf Voraussetzungen, implizite Überzeugungen und Konsequenzen befragt, als Leitmodell menschlichen Lebens überprüft und mit anderen Symbolfiguren verglichen werden.

– Hinweise zum Medium

Rambo, dargestellt von Sylvester Stallone, ist wie Siegfried ein einsamer, guter Held, der sich mit aller seiner Kraft und z.T. mit Technik gegen eine Übermacht wendet, um bedrängte Menschen zu befreien, Recht und Ordnung wiederherzustellen oder dem Guten in einem verzweifelten Kampf zum Sieg zu verhelfen. Rambo zeigt damit messianische Züge. Bei all dem bleibt Rambo auf sich allein gestellt. Am Ende zieht er sich meist zurück oder macht sich zu einem neuen blutigen Kampf auf. Rambo geht letztlich keine Bindungen ein. Darin erinnert er an klassische Westernhelden. Rambo zeigt bei all dem keine Schwächen. Er bittet auch niemanden um Hilfe. Niederschläge werden aus eigener Kraft überwunden und in Siege verwandelt.

Rambo kämpft wie Tarzan, Batman, Superman oder Terminator für das gute Prinzip gegen böse Mächte. Trotz seiner oft brutalen Gewalt ist Rambo ein Symbol der heilen Welt. Rambo wurzelt in einem dualistischen Weltbild, in dem Glauben an das Gute sowie in der Überzeugung, daß Konflikte und Probleme alleine und aus eigener Kraft gelöst werden müssen. Rambo legt nahe, Konflikte ausschließlich mit Gewalt zu lösen. Aber kommt so Frieden? Die Reich-Gottes-Botschaft widerspricht dieser Anschauung. Rambo steht in der Nähe zu Homo Faber (S. 79), Prometheus aber auch zu George Bush (S. 57). Historisch steckt in der Rambofigur (zumindest in dem Vietnam-Film Rambo III) der Versuch der amerikanischen Gesellschaft, die Niederlage in Vietnam in einen nachträglichen Sieg umzuwandeln.

– Möglicher Verlauf

1. Bild von Rambo betrachten: Welche Geschichten kann ich erzählen? Gibt es ähnliche Geschichten? Was gefällt? Was nicht? Wer möchte wie Rambo sein? Sollte man Rambofilme verbieten?
2. »Glaubensbekenntnis« von Rambo formulieren und beurteilen. Soll man wirklich keine Schwäche zeigen? Soll man auf keinen Fall um Hilfe bitten? Ermöglicht Rambo Frieden?

Mein Ausweg ist die Aktion

– Zusammenhang und Intention

Sinndeutungen und Sinnantworten verdichten sich zu Grundhaltungen oder Lebensstilen, die an Personen symbolhaft zum Ausdruck kommen. Reinhold Messner ist ebenso ein solches Symbol wie Rambo oder Homo Faber. Seite 77 f.

Diese Grundhaltungen konkretisieren sich in bestimmten Verhaltensweisen, Aktionen, Zielen oder Einschätzungen. Sie gründen in bestimmten Sichtweisen des Menschen, der Beziehung zu anderen Menschen, der Welt, der Geschichte und einem gelingenden Leben.

Am Beispiel des bekannten Bergsteigers und Abenteurers Reinhold Messner soll der Lebensstil eines atheistischen Egozentrikers bedacht und auf seine Voraussetzungen befragt werden.

– Hinweise zu den Medien

Das *Bergsteigerbild* stammt aus den Alpen, könnte jedoch auch im Himalaya oder in den Anden aufgenommen sein. Entscheidend ist der einzelne Bergsteiger, der wie Reinhold Messner allein und ohne Sauerstoffmaske den Berg ersteigt.

Reinhold Messner (geb. 1944) aus Südtirol gehört zu den verwegensten Abenteurern der Gegenwart. Nach dem Besteigen aller 14 Achttausender ohne Sauerstoffmaske sowie ohne weitere Hilfsmittel ging er zu Fuß mit seinem Gefährten Arved Fuchs zum Südpol.

Das Interview erweist Messner als atheistischen Egozentriker, der von der Absurdität des Lebens und der kollektiven Selbstzerstörung der Menschheit überzeugt ist (vgl. S. 60: Die vier apokalyptischen Reiter; S. 80: Dem Unausweichlichen ins Angesicht sehen). Gegen die Absurdität des Lebens setzt er wie Camus bzw. Rieux (vgl. S. 85f.) die Tat, die Aktion. Er lebt nur für sich selbst und hat deshalb weder missionarische Ambitionen (anders Rambo) noch sonderliche Beziehungswünsche. Die Liebe ist für ihn kein Vorgeschmack des Himmelreiches, sondern eine kleine Unterbrechung auf dem Weg in den Tod.

– Möglicher Verlauf

1. Bildbetrachtung: Warum besteigen Menschen Berge?
2. Interview mit verteilten Rollen lesen.
3. Diskussion: Was imponiert an Reinhold Messner? Woran »glaubt« Messner? Wie sieht er Liebe?
4. Zusammenfassender Tafelanschrieb: Der Lebensstil von Reinhold Messner und seine Voraussetzungen.

Homo Faber (Max Frisch)

– Zusammenhang und Intention

Seite 79

Kann man das ganze Leben in technologisch-mathematische Formeln bringen, nach denen alle Naturereignisse meßbar, berechenbar und somit auch vorhersehbar sind? Ist menschliches Leben denkbar ohne schicksalhafte Zufälligkeiten, ohne Stimmungen, Glauben, Liebe und Hoffnung darauf, daß der eigenen Existenz ein tieferer Sinn innewohnt, der gerade in besonderen Erlebnissen und in der Begegnung mit anderen Menschen, in Erfahrungen von Liebe und Angenommensein erfahrbar wird? Ist Leben denkbar ohne Schuld, weil ohnehin geschieht, was geschehen muß – und kann man sich dadurch zugleich jeglicher Verantwortung entziehen?

Diese Fragen gilt es auf dem Hintergrund der ›Mandelbrotmenge‹ (s.u.) und des ›Homo Faber‹, des rationalitätsbezogenen, diesseitsorientierten Menschen, zu diskutieren.

– Hinweise zu den Medien

a) Homo Faber lebt eine Sicht des Lebens, die man in folgendem Glaubensbekenntnis zum Ausdruck bringen kann:
   Ich glaube
   an die Technik
   und an den Fortschritt,
   denn ich sehe die Dinge
   so, wie sie wirklich sind.
   Von Gefühlen lasse ich mich dabei
   nicht irreleiten,
   denn jede romantische Betrachtungsweise
   der Welt und ihrer Erscheinungen
   verzerrt die Wirklichkeit
   und sieht Geheimnisse,
   wo keine sind.
   Religiöse Phantastereien
   von Göttern, Engeln und Dämonen

und Träumereien von Ewigkeit
faszinieren mich nicht.
Mit Hilfe mathematischer Formeln
kann ich Erscheinungsweisen der Natur
messen, berechnen und vorhersehen.
Auf diese Weise habe ich
das Leben im Griff.

b) Der Hinweis auf die Mandelbrotmenge soll gegen Homo Faber belegen, daß die Mathematik die Unberechenbarkeit der Wirklichkeit trotz regelmäßiger Züge beweist (ZM 6).

– *Zusatzmaterial*: ZM 6

– *Möglicher Verlauf*

1. In Gruppenarbeit formulieren die Schülerinnen und Schüler das Glaubensbekenntnis von Homo Faber.
2. Interpretation der ›Mandelbrotmenge‹ (evtl. Hausaufgabe oder SchülerInnenreferat)

Hauptsache, es macht Spaß (Andreas Henatsch)

– *Zusammenhang und Intention*

Seite 80

»Hauptsache, es macht Spaß« will eine Grundhaltung ansprechen, die heute von vielen Jugendlichen als plausibel angesehen wird. Diese Haltung zielt auf ein unbeschwertes Leben mit ständig neuen, lustvollen Höhepunkten. Es ist verknüpft mit einem Egoismus, der davon überzeugt ist, daß man nur so glücklich wird und menschliche Beziehungen untereinander so am besten gelingen. Hier zeigt sich ein deutlicher Unterschied zur Grundhaltung der Nächstenliebe.
Hinter einer solchen Position stehen häufig Enttäuschungserfahrungen oder der lebensgeschichtlich wichtige Anspruch, der Autor seines eigenen Lebens zu sein.
Ziel ist, eine oft oberflächliche Grundhaltung (just for fun) auf Stärken und Schwächen sowie auf ihre Voraussetzungen und Konsequenzen zu überprüfen und mit anderen Grundhaltungen zu vergleichen.

– *Hinweise zum Text*

Andreas Henatsch vertritt die Position eines eudämonistischen Hedonismus (vgl. auch S. 124). Zur Grundansicht gehört, daß die menschliche Natur ausschließlich von dem Streben nach Lust und dem Vermeiden von Unlust bestimmt ist. Da das »Sein« das »Sollen« bestimmt, ergibt sich nicht bloß das »Recht auf Lust« sondern auch eine komplette teleologische Ethik. Alleiniger Lebenszweck ist es, Lust zu gewinnen und Unlust zu vermeiden. Gut ist, was dem Lustgewinn dient, schlecht ist, was die Unlust befördert. Die Erfahrung von »Lust« macht glücklich. Aber was ist Lust und Unlust?
Eine Nähe zur utilitaristischen Ethik zeigt sich in der Behauptung, daß das Streben nach dem eigenen Nutzen letztlich allen dient. Im Unterschied zum klassischen Utilitarismus wird jedoch nicht der allgemeine, sondern der individuelle Nutzen zum Maßstab des Handelns erhoben. Ganz in der Tradition von Hedonismus und Utilitarismus steht die Forderung nach einer Kosten-Nutzen-Bilanz »Überlege …« (Hedonistisches Kalkül).
»Spaß« kommt von ital. spasso = Zeitvertreib, Vergnügen (lat. spassare = sich vergnügen).

– *Möglicher Verlauf*

1. Nachdenken über die Überschrift »Hauptsache, es macht Spaß«: Was meint diese Aussage? Wie kommt es dazu? Was ist Spaß? Macht Spaß glücklich? Was ist Glück?
2. Text mehrfach lesen. Auf Betonungen achten oder Textplakat entwerfen.
3. Gespräch:
   – Sollte man diesen Text als Plakat in der Schule aufhängen?

- Welchen Aussagen kann ich zustimmen? Welchen nicht? Von welchen Voraussetzungen geht diese Haltung aus? Wohin führt diese Haltung?
- Wie würde der Verfasser Nächstenliebe (S. 82f.) und Ehrfurcht vor dem Leben (S. 84) oder Greenpeace (S. 89) und ai (S. 90) beurteilen?
- Was bedeutet eine solche Sicht für Tiere, Pflanzen, Luft, Wasser – andere Völker?

Dem Unausweichlichen ins Angesicht sehen (Ulrich Horstmann)

– Zusammenhang und Intention

Seite 80 Gegen eine Hoffnung auf die Reich-Gottes-Einsichten formuliert Horstmann eine Grundhaltung, die männlich tapfer der unausweichlichen Zerstörung der Menschheit ins Angesicht sieht, daran nicht verzweifelt und zu dem selbstmörderischen Handeln der Menschen als Ausdruck ihres eigentlichen Willens steht.
Heranwachsende werden mit einer Haltung konfrontiert, die mit den Katastrophenszenarios ernstmacht und letzte Hoffnungen radikal in Frage stellt.
Der Text fordert heraus, über den Gang der Menschheitsgeschichte und die wahre Natur der Menschen nachzudenken.
In Auseinandersetzung mit der Grundhaltung Horstmanns sollen dessen menschheitsgeschichtliche sowie anthropologische Voraussetzungen und ihre Konsequenzen bedacht werden.

– Hinweise zum Medium

Horstmann lehnt sich an die Apokalypse des Johannes an, ohne jedoch die dort aufgezeigte Zukunftsperspektive aufzugreifen (vgl. S. 60).
Angesichts der bevorstehenden und letztlich willentlich hervorgebrachten Endzeitkatastrophe empfiehlt Horstmann ein heroisches Ja, das an Nietzsches Übermenschen erinnert und in Reinhold Messner (S. 77f.) eine gewisse Entsprechung findet.
Das »Untier« erinnert an Offb 13,1–8 und meint dort den römischen Staat. Es steht im Dienst des »Drachens« (Offb 12,1–8) und damit des Bösen.
Harmageddon (wörtlich »Berg von Megiddo«) ist der Ort der letzten endzeitlichen Schlacht (Offb 16,16–21). Hier versammel der Drachen und das Untier die Könige der ganzen Welt, um gegen Gottes Herrschaft zu kämpfen. Es kommt zu einem gewaltigen Erdbeben, bei dem Städte zerstört werden, Inseln und Berge verschwinden und Menschen geplagt werden.
Allerdings folgt in der Apokalypse des Johannes die Niederlage des Untieres, die Bändigung des Drachens und die Erschaffung eines neuen Himmels und einer neuen Erde.
Woher weiß Horstmann eigentlich, daß die Menschheitsgeschichte zum Negativen ausgeht?

– Möglicher Verlauf

1. Text rezitieren.
2. Überlegen, wie ein Mensch zu einer solchen Sicht kommt und welche Folge diese heute hat. Festhalten: Sicht der Menschheitsgeschichte und der anthropologischen Voraussetzungen.
3. Die letzten Kapitel der Offb nacherzählen (evtl. mit den Holzschnitten von Dürer). Was würde Horstmann dazu sagen? Gibt es Belege für die Prophezeiung des Johannes?

Das Gleichnis von der bittenden Witwe (Lk 18,1–8a)

– Zusammenhang und Intention

Seite 80f. Das Gleichnis von der bittenden Witwe bildet den Einspruch gegen Haltungen wie denen von Messner, Rieux, Henatsch und Horstmann (vgl. aber auch Unger S. 60 sowie Joachim S. 62f.). Die Witwe setzt auf die Ankunft von Recht und Gerechtigkeit, eben das kommende Reich Gottes. Insofern ist die Erzählung Gleichnis für den Glauben an die kommende Gottesherrschaft (vgl. S. 67). Die Haltung der Witwe kennzeichnet dabei ein »aktives Warten« und ein »unverschämtes Drängen«. Sie fordert ein, was ihr zugesagt ist, und tritt kämpfend dafür ein, ohne jedoch die Zukunft »machen« zu können. Ziel ist in der Auslegung von Lk 18,1–8, Merkmale des Glaubens an die kommende Gottesherrschaft zu entdecken, auf Voraussetzungen zu befragen und mit anderen Haltungen zu vergleichen.

– Hinweise zum Medium

Offenkundig steht die Witwe alleine und muß die Darlehen ihres verstorbenen Mannes zurückfordern, die sie notwendig braucht, um überleben zu können. Das Verhalten des Richters zeigt, daß die Witwe sozial nicht ernstgenommen wird, man also das Darlehen einbehalten und die Anklage verschleppen kann. Die Witwe wird von niemandem unterstützt. Indem Jesus dieses Gleichnis erzählt, stellt er sich auf die Seite von Witwen und anderen bedrängten Menschen.

Die Schlußverse (V.7.8) setzten das Handeln des Richters mit dem Gottes in Beziehung, ohne jedoch Gott mit dem hartherzigen Richter identifizieren zu wollen. Das zu verschaffende Recht meint die versprochene Gottesherrschaft.

– Möglicher Verlauf

1. Interaktionale Bibelauslegung (S. 81 oben).
2. Bedenken der Voraussetzungen: Woran glaubt die Frau?
3. Vergleich mit Messner, Rieux, Henatsch, Horstmann: Was ist anders? Was ist gleich?

Der Mensch lebt nicht vom Brot allein (Mt 4,1–11)
Zur Geschichte von der Versuchung Jesu (Erich Fromm)

– Zusammenhang und Intention

In dem Streitgespräch zwischen Jesus und dem »Versucher« tritt die Grundhaltung Jesu in Abgrenzung Seite 81
zu einem »Teufelsglauben« heraus, der nach absoluter Sicherheit und vollkommener Unabhängigkeit Seite 82
strebt. Offenkundig teilen viele Menschen solche Wünsche, auch die Jugendlichen dürften diese Wünsche haben.

Die Haltung Jesu zeigt sich in seinen Antworten auf die drei Versuchungen des Teufels und wird von Erich Fromm als Haltung des »Seins« gedeutet.

Jugendliche haben in der Regel ein besonderes Interesse am Teufel und dem »Teufelsglauben«, verstehen jedoch darunter nicht sofort dasselbe wie Matthäus.

In der interaktionalen Auslegung der Versuchung Jesu soll »Teufelsglaube« und »Gottesglaube« unterschieden, die Lebenshaltung Jesu beurteilt und mit anderen Haltungen verglichen werden.

– Hinweise zu den Medien

Die *Versuchung Jesu* (Mt 4,1–11) folgt unmittelbar auf die Taufe am Jordan und die Mitteilung des Heiligen Geistes. In der Versuchung bewährt sich Jesus als »Sohn Gottes«, der von Gottes Geist erfüllt ist, auf eine Zukunft mit Gott setzt und für andere zum Modell gelingenden Lebens wird.

Der Versucher weiß um die verborgenen Wünsche der Menschen und kennt sich überdies hervorragend in der Heiligen Schrift aus. Er bietet angesichts der Risiken des Lebens totale Versorgung, vollkommene Unabhängigkeit von anderen (Steine zu Brot), totale Sicherheit und absolute Unverletzlichkeit (unversehrt von der Zinne springen) sowie Reichtum und Überlegenheit (Angebot der Weltherrschaft).

Jesus erweist sich in dem theologischen Streitgespräch als ebenso schriftgelehrt wie der Teufel und vermag ihn argumentativ zu schlagen. Er entwirft eine Lebenshaltung, die Anfechtung und Angst aufgrund des Vertrauens zu Gott zu integrieren weiß. Gelingendes Leben ist nach Jesus nicht Folge einer totalen Befriedigung materieller Bedürfnisse und einer materialistischen Lebenshaltung, sondern über die berechtigte Befriedigung primärer Bedürfnisse hinaus Folge von Teilen, Gerechtigkeit und dem Vertrauen auf Zusagen: »Der Mensch lebt von einem jeden Wort, das aus dem Mund Gottes geht.«

Gelingendes Leben ist auch nicht Folge vollständiger Macht über die Natur und absoluter Sicherheit, sondern verdankt sich eher einer Integration von Risiken, Grenzen und Schwächen (vgl. S. 86f.: Das Leben bleibt Fragment, S. 64: Judas). Dies zeigt sich in der Weigerung zu springen.

Gelingendes Leben ist schließlich nicht Ergebnis uneingeschränkter Herrschaft über Menschen, die Wechselfälle des Lebens und die Geschichte, sondern ist Folge einer freundlich vertrauenden, respektvollen Zuwendung zu Gott und Menschen (vgl. S. 82f. Nächstenliebe, S. 84: Ehrfurcht vor dem Leben) und der Hoffnung auf Gottes Reich (vgl. S. 80f.: Kampf für das Recht). Dies zeigt sich in der Ablehnung der Weltherrschaft und der Bereitschaft, allein Gott zu dienen.
»Teufelsglaube« wird von Schüler/innen nicht unbedingt als Streben nach Sicherheit und Überlegenheit verstanden. Teufelsglaube meint für sie eher Glaube an die überlegene Macht des Bösen, der Gewalt, der Aggression, der Zerstörung (vgl. auch Unger S. 60 und Horstmann S. 80), des Egoismus sowie die Überzeugung, daß Gutes und Vernünftiges, Liebe und Ehrfurcht keine Chance in einer Welt haben, in der letztlich Satan, Luzifer, Mephisto, Monster, Werwölfe, Zombies und Vampire das Sagen haben.

Darauf verweist die *Spielkarte aus dem »Rider-Tarot«*, die eine animalisch-dämonische Teufelsfigur zeichnet, an die Mann und Frau gekettet sind (S. 82 oben).
Psychischer Hintergrund für solche Vorstellungen sind oft Ohnmachtsgefühle und Wutanfälle aufgrund undurchsichtiger, ambivalenter und überwiegend negativer Erfahrungen. Hier zeigt sich jedoch die Konvergenz mit dem Teufelsglauben der Bibel, denn Ohnmachtserfahrungen erzeugen Überlegenheitswünsche und Sicherheitsbedürfnisse.
Erich Fromm integriert die Versuchungsgeschichte in sein Konzept von »Haben« und »Sein« (S. 82 oben).

– Möglicher Verlauf

1. Betrachten der Tarotkarte: Was empfinde ich? Gibt es einen Teufel?
2. Interaktionale Bibelauslegung zu Mt 4,1–11.
3. Vergleich der Einsichten mit Fromm.
4. Zusammenfassender Tafelanschrieb »Teufelsglaube« – »Gottesglaube«. Wer hat recht?
5. Vergleich Jesus – Henatsch (S. 80): Worin unterscheiden sie sich?

Wer ist der Nächste?

– Zusammenhang und Intention

Seite 82 f.

Nächstenliebe ist die christliche Grundhaltung schlechthin. Als solche wird sie von den Schülerinnen und Schülern auch gesehen. Nächstenliebe steht dabei in deutlichem Gegensatz zu nihilistischen oder hedonistischen Positionen, wie sie von Messner, Horstmann und Henatsch vertreten werden. Zu der Position von Rieux gibt es überraschende Verbindungen. Die Versuchung Jesu (S. 81) zeigt Hintergründe auf, der Text von Albert Schweitzer (S. 84) Konsequenzen.
Die Schüler/innen bedenken, ob diese Lebenseinstellung für sie selbst sinnstiftend sein könnte – und ob sie manchmal selbst auf die solidarische Hilfe anderer Menschen angewiesen sind.

– Hinweise zum Medium

Das *Streitgespräch von Vater und Sohn* stellt zwei Formen von Nächstenliebe gegenüber: eine abstrakte ohne Beteiligung der eigenen Person und eine persönlich-engagierte, die auch Einschränkungen machen kann. Der Text reflektiert nicht die Voraussetzung von Nächstenliebe, wie sie im Doppelgebot der Liebe angesprochen ist. Auch für heutige Zeitgenossen kann verständlich werden, daß die Zuwendung zum Nächsten kein bloßer Akt des Willens ist, sondern in fundamentalen Überzeugungen wurzelt.
Hilfreich für das Verständnis der Nächstenliebe ist die Übersetzung von Martin Buber: »Liebe deinen Nächsten. Er ist wie du.« Nach Buber gilt es, im Nächsten seine eigene Bedürftigkeit zu entdecken.

– Möglicher Verlauf

Die Schüler/innen spinnen oder spielen die Leseszene weiter oder sie sammeln weitere Argumente, die der Sohn und die der Vater vorbringen könnten.

Impulse zum Gespräch:

- Mit welchen Argumenten können Sie sich eher identifizieren, mit welchen weniger?
- Überlegen Sie die Konsequenzen von Nächstenliebe für sich im Umgang mit ausländischen Mitschülerinnen und Mitschülern, Nachbarn und Nachbarinnen sowie mit Mitbürgerinnen und Mitbürgern überhaupt.
- Informieren Sie sich über das Thema ›Kirchenasyl‹ und bedenken Sie die Konsequenzen, die christliche Gemeinden zum Schutz von Asylanten auf sich nehmen. Darf oder muß Nächstenliebe im Zweifelsfall im Widerspruch zu staatlichen Gesetzen stehen?
- Kennen Sie andere Lebensbereiche, in denen Nächstenliebe relevant wird?
- Können Sie sich vorstellen, Nächstenliebe zum Grundprinzip Ihres Lebens zu machen?
- Muß man an Gott glauben, um den Nächsten lieben zu können? Jesus sagt JA!
- Haben Sie Erfahrungen damit gemacht, daß andere Menschen sich bedingungslos für Sie und Ihre Probleme eingesetzt haben?
  Schildern Sie Beispiele und erzählen Sie, wie sie sich dabei gefühlt haben. Haben solche Erfahrungen Einfluß gehabt auf Ihre Grundhaltung anderen Menschen gegenüber?

Ehrfurcht vor dem Leben (Albert Schweitzer)

– Zusammenhang und Intention

»Ehrfurcht vor dem Leben« ist eine Grundhaltung, die bei vielen Schüler/Innen Zustimmung findet. Seite 84
Dies liegt gewiß an dem Einbezug allen Lebens, nicht nur des menschlichen, sowie dem Aufruf zum Tierschutz und dem Einspruch gegen Atombewaffnung und Krieg.

Die Formel wird gerne in die Nähe einer indianischen Naturfrömmigkeit gerückt (vgl. Häuptling Seattle), was jedoch unzutreffend ist.

»Ehrfurcht vor dem Leben« weitet christliche Nächstenliebe aus und wendet sich gegen pessimistische und allzu egoistische Lebenskonzepte; sie findet gewisse Analogien bei Camus (S. 85f.) und ist eng mit der Reich-Gottes-Botschaft Jesu verbunden.

In der Auseinandersetzung mit einem zentralen Text von Albert Schweitzer sollen die Zusammenhänge, die Voraussetzungen und Begründungen des Konzepts von »Ehrfurcht vor dem Leben« bedacht und mit anderen Haltungen verglichen werden.

– Hinweise zu den Medien

Der dargebotene *Text* stammt aus einem Manuskript, das Albert Schweitzer 1963 als 88jähriger verfaßt hat. Schweitzer (1875–1965) blickt darin auf die Entstehung und die Entwicklung seiner Ethik zurück.

Das ethische Prinzip der »Ehrfurcht vor dem Leben« stammt aus dem Jahre 1915 und wurde bei einer Fahrt auf dem Ogowefluß in Gabun formuliert. Hinter dieser Einsicht verbirgt sich letztlich jedoch eine intensive Auseinandersetzung mit Kant und Nietzsche sowie der Ethik Jesu, insbesondere der Bergpredigt.

Die Formel »Ich bin Leben, das leben will, inmitten von Leben, das leben will« grenzt sich ab von Descartes' »cogito ergo sum«. Grundlage aller Ethik ist nicht das sich selbst bewußte Denken, sondern der sich selbst bewußte Lebenswille und die damit verbundene Lebensbejahung. Gerade diese Selbsterkenntnis bedingt aber auch die Anerkennung des Lebenswillens anderer Lebewesen und die Kritik an einer anthropozentrischen Ethik (die Schweitzer auch bei Kant feststellt).

Diese Einsicht trägt jedoch noch nicht den kategorischen Imperativ, Leben zu erhalten und zu fördern, noch viel weniger die als »Liebe, Hingebung, Mitleiden, Mitfreude, Mitstreben« bestimmte »Ehrfurcht vor dem Leben«. Die Einsicht in den Lebenswillen aller Lebewesen könnte vollkommen egoistisch interpretiert werden.

Der Blick in die Natur vermag ebenso wenig eine solche Maxime zu tragen, denn diese ist rätselhaft, widersprüchlich, ohne erkennbaren Zweck und ohne sichtbares Ziel. Der (metaphysische) »Wille zum Leben« führt in der Natur zu Grausamkeit und zu Leiden. Der Blick in die Natur ergibt kein teleologisches Weltbild. Die Natur selbst ist absurd.

In dem Menschen ist sich das Leben, das leben will, inmitten von Leben, das leben will, seiner selbst bewußt geworden. Im Menschen tritt demnach die Natur in Widerspruch zu sich selbst. Dies ist ein Faktum, das bei Schweitzer nicht weiter begründet wird. Zur Menschlichkeit des Menschen gehört aber, den Lebenswillen anderer Lebewesen zu erkennen. Gerade dies begründet die »Nötigung«, allem Willen zum Leben die gleiche Ehrfurcht entgegenzubringen wie dem eigenen. Hier knüpft Schweitzer an die »Goldene Regel« Jesu (Mt 7,12) und an Kants kategorischen Imperativ an.
Der Mensch findet diese Nötigung in sich selbst vor, wenn er über sich selbst nachdenkt und sich in sich selbst versenkt. Schweitzer sieht darin einen »mystischen Akt«, in dem der Mensch mit dem Absoluten vereinigt wird und zu sich selbst kommt. Er kann diesen Akt als Vereinigung mit dem Liebeswillen Gottes verstehen, wie er in Jesus Christus zur Offenbarung gekommen ist. Wo Menschen von diesem Liebeswillen ergriffen werden und danach handeln, entsteht ein Wirken, das durch das Reich Gottes bestimmt ist. Das Licht und die Humanität des Reiches Gottes kommen hier in die Welt.
Angesichts der schuldhaften Notwendigkeit, um des eigenen Lebens willen anderes Leben zu töten, bedarf es nach Schweitzer der »Sühne« in dem Vermeiden unnötigen Tötens und des Bewahrens gefährdeten Lebens sowie des Einbezugs nicht-menschlichen Lebens in die ethische Reflexion. In der Minimierung von Gewalt gewinnt die Ethik Jesu von der Nächstenliebe ökologische Gestalt. Hierin scheint das Reich Gottes auf, dessen Realisierung jedoch nicht Ziel des Handelns sein kann. »Ehrfurcht vor dem Leben« ist kein Mittel zum Zweck, sondern Zweck an sich, innere Notwendigkeit (vgl. Kants kategorischen Imperativ). Gleichwohl erwartet Schweitzer davon eine Höherentwicklung des Menschen, ja der Menschheit, eine Zeit des Friedens und eine ethische Kultur, die wohl doch das Reich Gottes realisieren. Hier zeigt sich die Nähe Albert Schweitzers zur liberalen Theologie des 19. Jahrhunderts.

– Möglicher Verlauf

1. Schüler/innen-Referat zur Biographie von Albert Schweitzer.
2. Text in Thesen zusammenfassen.
3. Voraussetzungen und Konsequenzen bestimmen.

Was ich hasse, sind der Tod und das Böse (Albert Camus)

– Zusammenhang und Intention

Seite 85 f.

Warum gibt es so viel maßloses Leid in der Welt – und wie läßt es sich aushalten, ohne daran zu zerbrechen?
Die Theodizeefrage ist eine zentrale Frage für Jugendliche.
Kann der Glaube an den Sinn des Leidens helfen, es auszuhalten und zu lindern, oder mobilisiert gerade der Kampf gegen das als sinnlos erlebte Leid letzte Kräfte, um es zu überwinden?
Kann der Glaube an eine Hoffnung, die größer ist als alle Hoffnungslosigkeit, den einzelnen dazu bewegen, sich im Sinn der Nächstenliebe und der Ehrfurcht vor dem Leben einzusetzen für alles »Leben, das leben will, inmitten von Leben, das leben will« (Schweitzer), oder lohnt es sich angesichts des unendlichen Ausmaßes der Katastrophen in dieser Welt (»apokalypse now«) nicht, sich für einen einzelnen Menschen zu engagieren?
Kann der Kampf gegen Krankheit und Leid das eigene Leben bereichern – oder steht er der Sehnsucht nach Glück im Weg?
Diesen Fragestellungen will die Auseinandersetzung mit dem Textausschnitt aus dem Roman »Die Pest« von Camus nachgehen.

– Hinweise zum Medium

Paneloux:
Versucht als Christ, auch das als sinnlos erlebte Leiden als Teil der Schöpfung zu sehen. Die Liebe Gottes zu dieser Schöpfung und damit zu allem Leben motiviert ihn, sich mit all seinen Kräften für die Bekämpfung des Leidens einzusetzen.

Rieux:
Vertreter des Existenzialismus. Er lebt in der Spannung zwischen der offenkundigen Sinnlosigkeit des Lebens und dem steten Bemühen, einen Sinn zu finden. Mit der Revolte gegen das Leid in der Welt erwächst ihm die Möglichkeit, sich mit den Mitmenschen zu solidarisieren. Die darin erfahrene Lebensbejahung impliziert zugleich die Verneinung des Selbstmordes.

– Möglicher Verlauf
Impulse zum Gespräch:
- Welche Lebenshaltungen vertreten Rieux und Paneloux?
- Wer ist Ihnen sympathischer?
- Gibt es Erfahrungen mit ›sinnlosem Leiden‹ in Ihrem Leben?
- Berichten Sie davon, welche Fragen Ihnen dabei durch den Kopf gingen, aber auch, zu welchen Antworten Sie gefunden haben!
- Vergleichen Sie Ihre Position mit der von Paneloux und Rieux, aber auch mit denen von Messner, Jesus, Henatsch und Horstmann!

Das Leben bleibt Fragment (Henning Luther) und **1. Kor 13,9–12**

– Zusammenhang und Intention
Zum Leben gehören Brüche, zerbrochene Erwartungen und ungewisse Hoffnungen. Die Frage ist, wie diese Erfahrungen verstanden werden. Von der Vorstellung eines runden, ganzen, vollkommen erfüllten Lebens her gesehen, erscheinen diese Erfahrungen als Defizite und als Ausdruck von Mißlingen. Sie erzeugen dann aber Enttäuschung und den Zwang, alles besser zu machen. Aus einer Sicht des Lebens, die weiß, daß das Leben immer fragmentarisch bleibt, erscheinen diese Erfahrungen nicht als störend, sondern als verständlich. Versöhnung und Aufatmen wird möglich. Die Frage ist, wie Schüler/innen ihr Leben sehen. Sind sie schon fertig oder auf dem Weg, fertig zu werden? Können sie jetzt schon eine Sicht des Lebens als Fragment teilen? Oder wächst ihnen diese erst in der Lebensmitte zu? Seite 86f.
In der Auseinandersetzung mit dem Text von Henning Luther soll geprüft werden, ob die Sicht des Lebens als Fragment geteilt werden kann und wirklich befreiend ist.

– Hinweise zu den Medien
Der jung verstorbene Theologe *Henning Luther* wendet sich gegen das Ideal der Ganzheit und Vollkommenheit, wie es z.B. an dem Mythos der halbierten Kugelmenschen heraustritt, die ihre bessere Hälfte suchen und nach seiner Sicht von vielen Menschen heute unbewußt geteilt wird.
Gegen dieses Ideal hält er die Sicht des Lebens als Fragment. Dabei bezeichnet »Fragment« das Unvollendete und Unvollkommene, das, was »noch nicht« oder »nicht mehr ganz« ist.
Menschliches Leben ist in Luthers Sicht stets »Ruine«, »Baustelle«, vielleicht auch eine offene Tür. Wo Menschen sich einer solcher Sicht anvertrauen, werden sie nach seiner Ansicht erst fähig zu trauern, zu hoffen und zu lieben.
Nach Henning Luther entspricht diese Sicht wesentlichen Inhalten der biblisch-christlichen Tradition, so z.B. dem Ruf, sein Kreuz auf sich zu nehmen, der Rechtfertigung des Sünders oder Überlegungen von Bonhoeffer in Widerstand und Ergebung (vgl. Briefe vom 20. und 23. Februar 1944).
Wirklich hilfreich ist für ihn letztlich das eschatologische Verständnis des Fragments als »Baustelle«. Dieses weist über sich selbst hinaus auf die Vollendung durch Gott. In ihm verbindet sich der Schmerz über das Unfertige mit der Sehnsucht nach Vollendung, Das Bild der Baustelle erweist menschliches Leben als angewiesen auf Ergänzung und Vollendung. Doch diese Vollendung ist nicht Sache menschlichen Tuns, sondern wird ganz Gott anheimgestellt. Dies entspricht der Reich-Gottes-Botschaft Jesu und läßt aufatmen.

1. Kor 13,9–12 zeigt, daß nach Paulus auch der Glaube nur Fragment bleiben kann.

– Möglicher Verlauf

1. Sich selbst als Haus zeichnen. Bilder vergleichen. Gibt es auch Bilder als Ruine oder Baustelle? Wie kommt Offenheit zum Ausdruck?
2. Text von H. Luther lesen. Herausarbeiten, warum menschliches Leben nur Fragment bleibt und worin der Vorteil liegt, wenn Leben als Fragment wahrgenommen wird.
3. Die These überprüfen, ob diese Sicht befreiend ist und aufatmen läßt.

Religion und Glaube – ein Zeichen der Schwäche? (Friedrich Nietzsche und Dorothee Sölle)

– Zusammenhang und Intention

Seite 88
Heranwachsende können Glaubensvorstellungen mit dem Argument verteidigen, »an irgendetwas muß der Mensch sich ja halten«. Damit wird die Funktionalität von Glaubensvorstellungen eingeräumt, diese aber dennoch als notwendig und hilfreich legitimiert. Die Wahrheitsfrage wird dabei nicht mehr gestellt. Nietzsche stellt eine solche Ansicht in Frage und kritisiert sie als Zeichen der Schwäche. Er plädiert so wie z.B. Horstmann oder Messner für eine Grundhaltung, die mutig der Sinnlosigkeit ins Angesicht sieht.
Dorothee Sölle hingegen sieht Religion und Gott als notwendig an, soll menschliches Leben nicht verkümmern. Sie plädiert so für eine religiöse Grundhaltung, die die Welt verwandelt und das Leben bejaht. Jugendliche werden so noch einmal vor die Frage gestellt, ob sie die Welt nihilistisch oder religiös deuten wollen.
In der Auseinandersetzung und dem Vergleich der Texte von Nietzsche und Sölle, die Positionen des Nihilismus und des Gottesglaubens als grundlegende, aber gegensätzliche Antworten auf die Sinnfrage bestimmen, die eigene Haltung noch einmal formulieren und die beiden Haltungen aufgrund eigener Erfahrungen und Einsichten u.U. im Rückblick auf vorausgegangene Auseinandersetzungen kritisch überprüfen.

– Hinweise zu den Medien

Hinter *Nietzsches* Beurteilung des Christentums als »Schwäche« steht seine Überzeugung, daß die Wirklichkeit dieser Welt und des Menschen weder notwendig und zielgerichtet noch vernünftig und schön ist. Die Welt ist in seinen Augen ein ewiges Chaos, das keine Gewißheit erlaubt. Der Glaube an Gott und damit der Glaube an einen verläßlichen Halt, einen sicheren Grund und ein gewisses Ziel ist für Nietzsche Ausdruck von Schwäche.
Glaube gründet in einer Verdrängung der wahren Wirklichkeit der Welt und der Weigerung, die Sinnlosigkeit des Daseins zu bejahen.
Der Hinweis auf die Metaphysik macht deutlich, daß auch nicht-religiöse Sinndeutungen – wie z.B. der Glaube an den wissenschaftlich-technischen Fortschritt – ein Zeichen der Schwäche und deshalb mit Religionen verwandt sind.
Für *D. Sölle* ist der Wunsch, »ganz zu sein«, ein anthropologisches Grunddatum, das zum Menschen gehört und ihn auf Gott und seine zukünftige Herrschaft ausrichtet. Nihilismus im Sinne Nietzsches ist für sie kein Ausdruck der Stärke, sondern Ausdruck der Resignation, ein Sichabfinden mit den Widerwärtigkeiten der Welt und der Verzicht darauf, diese Welt zu verwandeln und menschlicher zu machen.
Beide Positionen erweisen sich zuletzt als empirisch nicht mehr begründbare, eben »metaphysische« Haltungen. Die Frage ist, wie man über ihre Wahrheit entscheiden kann. Beide können nicht recht haben, denn sie widersprechen sich.

– Möglicher Verlauf

1. Die Texte von Nietzsche und Sölle analysieren: Warum ist für Nietzsche das Bedürfnis nach Glauben ein »Instinkt der Schwäche«? Wie versteht Sölle die Begriffe »Wunsch, ganz zu sein«, »religiöses Bedürfnis«, »nicht religiöse Haltung«, »Religion«, »Gott«?

2. Streitgespräch zwischen Nietzsche und Sölle. Wer steht diesen Positionen nahe und macht sich zu deren Fürsprecher?
3. Auswertung: Wer hat recht von den beiden?
4. Gemeinsames Nachdenken: Wie würden Nietzsche und Sölle jeweils Camus' Rieux (S. 85f.) verstehen wollen?

3.6 Handeln

Greenpeace – Einsatz für die Schöpfung
ai – Einsatz für die Menschenrechte

– Zusammenhang und Intention

Handlungen haben ohne Frage zu tun mit aktuellen Herausforderungen. Sie wurzeln jedoch auch in Hoffnungsbildern oder Angstszenarios sowie in Deutungen des Menschen, des Lebens und der Welt. Sie konkretisieren dabei eine Grundhaltung, sofern kein aktionistisches Reagieren vorliegt. Seite 89 Seite 90

Greenpeace und ai sind zwei Bürgerinitiativen, die einen hohen moralischen Anspruch vertreten und deshalb bei vielen Schüler/innen akzeptiert werden. Eine wichtige Frage wird sein, ob diese Initiativen in der Nähe der Reich-Gottes-Botschaft Jesu stehen und der bittenden Witwe (S. 80) entsprechen.

Ziel ist, Haltung, Ziele und Leitvorstellungen von Greenpeace und ai zu bestimmen, mit anderen Handlungsweisen zu vergleichen und aus eigener Perspektive zu beurteilen.

– Hinweise zu den Medien

Die präzis vorbereiteten spektakulären Aktionen von *Greenpeace* auf der ganzen Welt machen deutlich, um was es dieser Initiative geht: Aufdecken von gravierenden Verletzungen des Umweltschutzes, von Zerstörungen des natürlichen Lebensraums, Entlarven von Umweltsündern, Aufforderung zur Umkehr und Gewinn eines neuen, bedachten Umgangs mit den natürlichen Ressourcen. Die Aktionen haben dabei stark symbolischen und demonstrativen Charakter. In der alltäglichen Arbeit bemüht sich Greenpeace auch um wissenschaftliche Aufklärung und um begründete Alternativen, so z.B. bei der Verwendung von chlorfreiem Papier, FCKW-freien Kühlschränken, dem Ausstieg aus der Atomenergie und um intelligentere Energieausnutzung.[33]

Die Aktionen von Greenpeace lassen sich begreifen als »Umkehrstrategie« angesichts gesellschaftlicher und individueller »Sünde«. Zu den anthropologischen Voraussetzungen gehört wohl, daß Menschen aus eigener Kraft ein neues Verhältnis zur Natur gewinnen und intelligente Verhaltensweisen entwickeln können, die auch den Bedingungen moderner Industriegesellschaften und der einen Welt entsprechen. Allerdings muß dazu massiver innerer und äußerer Widerstand überwunden werden. Aus biblischer Perspektive müßte hier über den Anteil an Angst nachgedacht werden und die Frage, wie individuelle und gesellschaftliche Angst abgebaut werden kann.

Der Einsatz für eine überlebensfähige Umwelt läßt sich deuten als Einsatz für eine bewahrte Schöpfung (vgl. S. 91) und einer Reich-Gottes-Vision, in der Mensch und Wal einträchtig zusammenleben (vgl. Jes 11, S. 58) und Luft, Wasser und Erde wieder heil werden.

Die Haltung »Ehrfurcht vor dem Leben« findet hier Konkretion. Nähen zur bittenden Witwe sind erkennbar.

Amnesty international (ai) setzt sich für alle Menschen ein, die verhaftet, verschleppt, gefoltert worden sind. Dieser Einsatz geschieht ungeachtet von Religion, Hautfarbe, Herkunft und Sprache. ai setzt sich damit für Menschen ein, denen elementare Menschenrechte vorenthalten und deren Menschenwürde bestritten wird.

32 Deutlich wird dies in der Zeitschrift »Greenpeace-Magazin«, Hamburg
33 Vgl. »Informationen für die politische Bildung«, Bonn

ai setzt sich nur für konkrete Personen ein, nicht für Systeme, Ideologien oder politische Programme. ai nennt deshalb stets Namen, Geschichten und Schicksale. ai ist damit »vorpolitisch«, sie setzt »tiefer« an: bei den unveräußerlichen Rechten des Menschen, wie sie am 10. Dezember 1948 in der »Allgemeinen Erklärung der Menschenrechte (insbes. Artikel 1, 2, 3, 5, 9, 10, 11) sowie in der für die Unterzeichner verbindlichen UN-Konvention für Menschenrechte 1966 und der UN-Erklärung über den Schutz aller Personen vor Folter 1975 formuliert sind.

ai wurde 1961 von einem Engländer gegründet und erhielt 1977 den Friedensnobelpreis. Ähnliche Ziele verfolgt die 1972 gegründete »Gesellschaft für Menschenrechte«.
Die Ideen der Menschenrechte und der Menschenwürde stammen aus der Aufklärung des 18. Jahrhunderts, haben jedoch vor allem biblisch-christliche Wurzeln. Dazu gehört insbesondere die Gottesebenbildlichkeit des Menschen.
Der Einsatz für die Menschenrechte und die Menschenwürde ist jedoch auch getragen von der Vision einer Welt, in der Menschen einander mit Respekt begegnen, Menschenrechte herrschen und niemand mehr Angst haben muß vor staatlicher Willkür. Insofern zeigen sich auch hier Analogien zur Reich-Gottes-Botschaft Jesu und zur Haltung der bittenden Witwe.

– Möglicher Verlauf

1. Wissen über Greenpeace und ai zusammentragen und eine erste Beurteilung treffen.
2. Werbe- oder Info-Plakate entwerfen. Gemeinsamkeiten und Unterschiede bedenken.
3. Über Voraussetzungen, Leitbilder und Analogien nachdenken. Vergleich mit Mk 4,31f. (vgl. S. 67), Lk 18,1–8 (vgl. S. 80) sowie mit den Bildern der Gottesherrschaft (vgl. S. 58).
4. Im Gespräch darüber nachdenken, ob Henatsch (S. 80), Messner (S. 77f.), Homo Faber (S. 79), Horstmann (S. 80), Rambo (S. 77), Rieux (S. 85f.) bei ai oder Greenpeace mitmachen würden. Warum? Warum nicht?

Wir verpflichten uns (Europäische Kirchenversammlung in Basel)

– Zusammenhang und Intention

Seite 91

Der Einsatz für Frieden, Gerechtigkeit und eine bewahrte Schöpfung orientiert sich am biblischen Bild des »Schalom« bzw. des Reiches Gottes. Er bildet somit eine Konkretion für den Glauben an die herbeigekommene Gottesherrschaft unter den Bedingungen der Gegenwart.
Das Engagement für Schalom macht den Zusammenhang von Glauben und gesellschaftlichem Handeln deutlich und erlaubt, den Glauben an das Reich Gottes von anderen Formen des Glaubens zu unterscheiden.
In Auseinandersetzung mit dem Dokument von Basel sollen eigene Einstellungen formuliert, sowie entdeckt werden, wie die Verpflichtungen den Glauben an das Reich Gottes konkretisieren. Sodann soll über den Zusammenhang von Glauben und Handeln sowie über Entsprechungen in anderen Handlungskonzepten nachgedacht werden.

– Hinweise zum Medium

Das »Dokument der Europäischen Versammlung in Basel« wurde 1989 im Rahmen der »Versammlung für Frieden und Gerechtigkeit« (15.–21. Mai 1989) verabschiedet.
Dieser Versammlung ging in Deutschland das »Forum der Kirchen in der Bundesrepublik Deutschland in Königstein und Stuttgart« voraus. Die »Stuttgarter Erklärung« stammt vom 22. Oktober 1988. Angestoßen hatte diesen Konziliaren Prozeß der Philosoph Carl Friedrich von Weizsäcker in Anlehnung an Überlegungen von Dietrich Bonhoeffer zu einem Konzil des Friedens im Jahre 1938.
Zwischenzeitlich hat die Weltkirchenkonferenz in Seoul 1992 die Themen des Konziliaren Prozesses aufgenommen. In manchen Gemeinden wurden lokale Konkretionen gesucht (z.B. Gespräche mit Firmen, die an der Produktion von Kriegswaffen mitwirken).
Die sog. »Verpflichtungen« (Dokument von Basel 70–76) gründen in der Analyse gegenwärtiger Her-

ausforderungen (8–20), in der Reformulierung gemeinsamer Glaubensgrundlagen (21–40) und vor allem einem gemeinsamen Sündenbekenntnis (41–43) sowie einem deutlichen Ruf zur persönlichen und gesellschaftlichen Umkehr (44–45), die zusammen als notwendige Voraussetzungen für ein neues Handeln angesehen werden. Damit soll unterstrichen werden, daß der Einsatz für Gerechtigkeit, Frieden und die Bewahrung der Schöpfung ein »Eingeständnis von Schuld, die Bitte um Vergebung und eine Änderung des Herzens, der Einstellung und der Geisteshaltung« verlangt. Dies gilt nicht bloß für andere, sondern auch für Christen und eine Kirche insgesamt. Deutlich wird dies in der Verpflichtung 71.
Hinter den Verpflichtungen steht einmal der Glaube an das Reich Gottes als einer Gesellschaft, in der »Menschen gleiche Rechte besitzen und in Solidarität zusammenleben«, in der »eine Vielfalt der Kulturen, Traditionen und Völker« zusammenlebt, in der Männer und Frauen gleichberechtigt Verantwortung tragen und sich selbst frei einbringen können sowie Konflikte friedlich gelöst werden.
Dahinter steht aber auch der Glaube, daß Gott vergeben will und ein neues Leben anbietet, das jedoch handelnd ergriffen werden muß (vgl. 45).

– Möglicher Verlauf

1. Text auf DIN A 3 kopieren und deklamatorisch vorlesen.
2. Plakat durch die Klasse geben mit der Aufforderung zur Unterschrift.
3. Gespräch: Habe ich unterschrieben? Warum? Warum nicht? Wo kann ich zustimmen? Wo nicht?
4. Bedenken, welche Überzeugungen dahinter stehen.
5. Vergleich mit Greenpeace und ai. Gibt es Parallelen?
6. Schlußreflexion: Werden Menschen sich ändern? Unter welchen Bedingungen ändern sich Menschen? Bin ich bereit, meinen Lebensstil zu ändern?

Verzicht auf Eigentum

– Zusammenhang und Intention

Die CdT wird alljährlich von Tausenden von Jugendlichen aus der ganzen Welt besucht. Die Taizé-Treffen in Paris, Prag oder anderswo zogen ebenfalls Tausende junger Menschen an. Jugendliche bewundern die innere Konsequenz der Bruderschaft, ihre Glaubwürdigkeit. Sie nehmen aber auch »begeistert« an den Gottesdiensten und Andachten teil. Die Gesänge von Taizé haben zwischenzeitlich in alle Liederbücher der Ökumene Eingang gefunden. Seite 92
Die Brüder von Taizé – aber auch die belgischen Schwestern – konkretisieren auf ganz bestimmte Weise Nachfolge Jesu und nehmen den Ruf an den reichen Jüngling ernst.
Die Schüler/innen sollen bedenken, ob die CdT dem Evangelium gemäß lebt (vgl. Mk 10,17–22), ob ein solcher Lebensstil einem ein Stück innerer Erfüllung und damit auch Zuversicht schenken kann, und ob sie daraus Impulse für die eigene Lebensgestaltung gewinnen können.

– Hinweise zu den Medien

Die CdT versucht, als eine alternative Lebensform zur Leistungs- und Konsumgesellschaft, das ›urkommunistische‹ Gemeindemodell (Apg 2,43–47; 4,32–37) zu verwirklichen und damit wesentliche Grundgedanken der Reich-Gottes-Verkündigung Jesu zu leben. Die Versuchungen ›der Welt‹, sein Glück primär in Egoismus, in der Anhäufung von Besitz, in Erfolg oder Macht zu sehen oder sich angesichts der zunehmenden Umweltzerstörung in Resignation fallen zu lassen, werden überwunden durch Besitzlosigkeit, Freiheit von gesellschaftlichen Zwängen und Gemeinschaftsgeist, der sich in gelebter Nächstenliebe, in sozialem Engagement, konkretisiert. Der Kampf für eine gerechtere und friedlichere Welt wurzelt in einer intensiven Kontemplation. Deshalb strukturieren Gottesdienst, Gebet und Bibelarbeit den Alltag der CdT. In Anlehnung an das benediktinische »ora et labora« ist ›Kampf und Kontemplation‹ das Motiv der Kommunität.
Die CdT nimmt den Ruf Jesu in eine radikale Nachfolge ernst, sieht aber auch (wie das Neue Testament), daß es verschiedene Formen der Nachfolge gibt. Es gibt auch Nachfolge, die zu Hause bleibt und dort den Glauben an die kommende Gottesherrschaft lebt.

– Möglicher Verlauf

1. Die Schüler/innen sitzen im Kreis; in die Mitte werden Windlichter gestellt, so daß der abgedunkelte Raum nur durch Kerzenlicht erhellt ist. Je nach Begabung können Taizélieder gesungen oder von Kassetten gehört werden, um Taizéatmosphäre nachzuempfinden.
2. Schülerinnen und Schüler, die schon in Taizé waren, berichten von ihren Eindrücken. (Evtl. Verwendung des Videos von Taizé:)
3. Gesprächsimpulse zum Text ›Die Communauté de Taizé‹:
   - Lebensform der CdT! In welchem Zusammenhang stehen Kampf und Kontemplation, Gottesglaube und Nächstenliebe?
   - Vergleichen Sie die Lebensgestaltung der CdT mit Mk 10,17–22! Ist die CdT eine konsequente Umsetzung des Evangeliums?
   - Vergleichen Sie diese Lebensform mit Ihrer eigenen. Könnte Sie eine der CdT vergleichbare Lebensform reizen? Was würde Sie daran hindern, so leben zu wollen?
   - Können Sie sich vorstellen, einzelne Elemente der CdT in Ihren bisherigen Lebensstil zu integrieren? Z.B.: sich in einer Gruppe mit anderen Jugendlichen zusammenzutun, um das ›Teilen‹ einzuüben, wie
     - das Teilen von Geld: jede und jeder verpflichtet sich, 10% des Taschengeldes für einen sozialen Bereich abzugeben
     - das Teilen von Zeit: an einem Nachmittag in der Woche stellt man seine Zeit der Betreuung von alten oder pflegebedürftigen Menschen zur Verfügung; anschließend trifft man sich, bereitet ein gemeinsames Essen vor und tauscht Eindrücke und Erfahrungen über das Erlebte aus
     - Engagement in einer Gruppe von Greenpeace oder ai
     - Regelmäßige Meditationen oder Andachten im Stil von Taizé.

Lebendige Partnerschaft (Hans Jellouschek)

– Zusammenhang und Intention

Seite 93–95

In dem heute gängigen neoromantischen Beziehungsideal konkretisiert sich die eudämonistische Grundhaltung: man hofft, in der Partnerschaft das persönliche Glück – und angesichts der verblassenden offiziellen Religionen – zunehmend das Heil schlechthin zu finden.

In der Auseinandersetzung mit den Grundgedanken von Hans Jellouschek sollen die Schülerinnen und Schüler bedenken, ob diese überhöhte Glückserwartung zusammen mit der symbiotischen Ausschließlichkeit die Partner u.a. daran hindern kann, ihre eigene Persönlichkeit zu entfalten, ihre Freiheit zu wahren und Chancen zu fruchtbaren Außenbeziehungen sowie auch zu sozialem Engagement zu versäumen. Ziel ist es, die eigenen Freundschaften auf diesem Hintergrund zu reflektieren, um überhöhte Erwartungshaltungen zu relativieren, damit Beziehungen offener, ganzheitlicher und letztlich dadurch realistischer und dauerhafter werden können.

– Hinweise zu den Medien

»Innerhalb der letzten 1000 Jahre haben die Vorstellungen über die richtige Methode der Ehestiftung vier aufeinanderfolgende Phasen durchlaufen. In der ersten Phase wurde die Heirat von den Eltern mit relativ wenig Rücksicht auf die Wünsche der Kinder arrangiert; in der zweiten bereiteten die Eltern die Heirat immer noch vor, gestanden aber ihren Kindern ein Vetorecht zu; in der dritten trafen die Kinder die Wahl, aber die Eltern behielten ein Vetorecht. In der vierten Phase schließlich, die erst in diesem Jahrhundert erreicht wurde, treffen die Kinder die Auswahl ihrer Ehepartner allein und kümmern sich relativ wenig um die Meinung der Eltern« (L. Stone). Dieses neuromantische Beziehungsideal, das einzig und allein auf emotionaler Anziehung basiert, ist in der Romantik (Phase 3) entstanden, indem es die zunehmende Wertschätzung des Gefühls dieser Epoche (19. Jh.) aufnimmt, dann aber verabsolutiert. Es hat sich erst in diesem Jahrhundert (Phase 4) in unserer Gesellschaft weitgehend durchgesetzt.

Ausnahmen davon finden sich wohl nur in sog. Subkulturen, z.B. Mun-Sekten: Ehen werden vom Sektenführer Mun durch das Los über an ihn eingesandte Paßbilder heiratswilliger Sektenmitglieder gestif-

tet, die dann in Massenhochzeiten gefeiert werden. (Vgl. dazu übrigens auch die Paarbestimmung durch das Los über dem Gebet im Zinzendorfschen Pietismus 1700–1760.)
Spannend ist hierzu auch ein Vergleich mit anderen Kulturen, z.B. wie Ehen in der Türkei, Afrika, Indien etc. zustande kommen.

– *Möglicher Verlauf*
Bildbetrachtung: Welche Phantasien, Gefühle und Einfälle kommen Ihnen zu dem Bild?

Möglich ist, über die Frage nach der Notwendigkeit von Außenbeziehungen nachzudenken und zum Thema Treue die 5. These von H. Jellouschek zu lesen, zu diskutieren und den Text von da aus zu erschließen.

alternativ:
Nach der Bildbetrachtung wird der ganze Text abschnittweise gelesen und besprochen.
Zur Verlebendigung des Gesprächs ist es sinnvoll, wenn die Schülerinnen und Schüler selbst von Erfahrungen erzählen können, die durch Fragen und Beispiele ergänzt werden können, z.B.:

zu These 1:
- Nennen Sie Beispiele für ›Begrenztheiten‹ im Leben!
- Überlegen Sie, welchen Sinn Religion überhaupt hat!
- Zu welchen Schlußfolgerungen kommt der Autor im Blick auf partnerschaftliche Beziehungen angesichts der Tatsache, daß die ›verfaßten Religionen‹ immer mehr an Einfluß verlieren?

zu These 2:
- Versuchen Sie, den Zustand von Verliebtheit zu beschreiben. Wie nehmen sich die Partner in dieser ersten Zeit wahr?
- Zu welchen Entdeckungen kann ein Paar im Laufe einer längeren Partnerschaft kommen?
- Z.B.: ER ist sehr aufmerksam und nimmt sofort wahr, was SIE möchte, geht auf sie ein, spürt, wie SIE sich fühlt. SIE verliebt sich in diesen aufmerksamen und einfühlsamen Mann.
  Nach einigen Monaten kommt es zu Auseinandersetzungen. ER reagiert überempfindlich und ist sofort beleidigt.

Fazit: ER ist überaus sensibel. SIE hat sich in die für sie angenehmen Seiten dieser Begabung verliebt, tut sich aber schwer, die ›Schattenseite‹ dieser Fähigkeit, z.B. seine Überempfindlichkeit, zu akzeptieren.
Liebe lernen heißt also, den Menschen auch mit den Schattenseiten (vgl. Judas in uns) seiner Persönlichkeit zu akzeptieren und zu respektieren.

zu These 3:
- z.B.: ER ist bei der Bundeswehr, sie können sich also nur am Wochenende sehen. SIE fährt nicht mit auf Klassenreise, weil SIE IHN dann für ein Wochenende nicht sehen kann.
- Nehmen Sie Stellung dazu!

zu These 4:
- Überlegen Sie, welche Ziele Sie einmal in einer Partnerschaft verwirklichen möchten.
- Viele Paare sehen heute gemeinsame Ziele in Kindern oder im Erwerb eines Eigenheims. Überlegen Sie, inwiefern solche Ziele die Beziehung zwischen zwei Menschen vertiefen können.

zu These 5:
- Wieweit sollte Ihrer Meinung nach ›geistige und körperliche Zuwendung von außen‹ gehen?
- Versuchen Sie zu beschreiben, was für Sie Treue bedeutet!
- Was verstehen Sie unter ›körperlicher Zuwendung‹ von gleichgeschlechtlichen Freundinnen bzw.

Freunden? Gibt es hier geschlechtsspezifische Unterschiede zwischen Frauen und Männern? Wo wagen Männer Körperkontakt zueinander?

zu These 6:

- Sie lebten 7 Jahre zusammen. SIE wollte das irgendwann feiern, in Form einer Hochzeit, oder auf einem Fest mit vielen Freunden. ER hatte dazu keine Lust. (Die Beziehung zerbrach, inzwischen hat SIE einen anderen geheiratet.)
- Hat ein Ritual, ein Fest, die ›Veröffentlichung‹ einer Beziehung einen Sinn? Ist sie psychische Notwendigkeit?

zu These 7:

- Darf – oder muß – man Teile seiner Persönlichkeit aufgeben, um den anderen nicht zu verletzen, oder kann Beziehung nur da gelingen, wo man sich in allem selbst treu bleibt, auch wenn dadurch Spannungen in der Partnerschaft entstehen?

Spielräume entdecken (Wolfgang Dietrich)

– Zusammenhang und Intention

Seite 96

Die Einheit schließt mit einem meditativen Text, der zu einem spielerischen, »geistesgegenwärtigen« Leben ermutigen will.

Dieses Lebensmodell soll nicht als eine bloße Alternative zu den vorangestellten Handlungsmodellen verstanden werden, sondern als notwendige Dimension in einem engagierten Leben.

Der meditative Text gibt Anlaß, über den Zusammenhang von Freiheit und Freizeit nachzudenken und eigene Spielräume zu entdecken.

– Hinweise zum Medium

Erfülltes Leben gestaltet sich aus einem heiteren Wechsel von Geben und Nehmen, Festhalten und Loslassen, Arbeit und Ruhe, Pflicht und Spiel. Es zeichnet sich aus durch die Fähigkeit, ganz gegenwärtig sein zu können. Die Frage ist, was ein solches Leben begründet. Ist es das Vertrauen in die Zukunft, die Freiheit von Zwängen, selbst von eigenen Plänen?

– Möglicher Verlauf

1. Text: Spielräume entdecken.

Die Schüler/innen markieren die Aussagen, die sie besonders ansprechen, und überlegen miteinander, ob darin Impulse für ihren Umgang mit freier Zeit enthalten und lebbar sind.

Sie überlegen sich, wie ein Mensch zu einer solchen »Leichtigkeit des Seins« kommen kann.

alternativ:

die Schülerinnen und Schüler gestalten eine Collage zu dem Text (Gruppenarbeit). Diese Arbeit kann durch meditative Musik begleitet werden.

2. Spiel und Spaß

Die Schüler und Schülerinnen können zur nächsten Stunde Spiele mitbringen oder auf andere Weise eine Stunde selbständig spielerisch gestalten, um Phantasie und Kreativität miteinander einzuüben.

4 Zusatzmaterialien

ZM 1: VERRAT! Judas – wer bist du?

Das Schmerzlichste ist, wenn ich erleben muß, daß diejenige und derjenige, den ich liebte und dem ich vertraute, daß der oder die mich verraten haben.
Ich möchte diese Verletzung nicht verkleinern. Sie ist grausam, weil sie dort geschieht, wo wir am verletzlichsten sind, nämlich dort, wo wir vertraut, man kann auch sagen: geglaubt haben. Und ich möchte zugleich zumuten, auf den verschlungenen Wegen von Verratenwerden, aber eben auch von Verraten zu folgen. Ich konzentriere mein Interesse also nicht nur auf das Opfer des Verrates, sondern eben auch auf den Täter oder die Täterin.
Nun muß es ja nicht immer gleich politischer Verrat sein. Es gibt ja auch den – lassen Sie ihn uns einmal so nennen – »kleinen« Verrat, der kaum beachtet wird. Und den hat der Baden-Badener Arzt Georg Groddeck gemeint, als er 1931 Briefe an eine Freundin schrieb. Es heißt darin:
»Denken Sie an die höchsten Momente Ihres Lebens, und dann suchen Sie, bis Sie die Judasgesinnung und den Judasverrat gefunden haben. Sie werden ihn immer finden. Als Sie Ihren Liebsten küßten, fuhr ihre Hand empor, um das Haar zu halten, das sich lösten konnte. Als Ihr Vater starb – Sie waren damals noch jung –, freute es Sie, zum ersten Mal ein schwarzes Kleid zu tragen, Sie zählten stolz die Kondolenzbriefe und legten mit geheimer Genugtuung die Beileidszeilen eines regierenden Herzogs obenauf. Und als die Mutter krank war, schämten Sie sich, weil Ihnen plötzlich der Gedanke an die Perlenschnur durch den Kopf fuhr, die Sie nun erben würden; am Begräbnis fanden Sie, daß Sie der Hut acht Jahre älter machte, und dabei dachten Sie nicht an Ihren Mann, sondern an das Urteil der Masse, vor deren Augen Sie ein Schauspiel schöner Trauer aufführen wollten.
Und wie oft haben Sie ebenso plump wie Judas die nächsten Freunde, Mann und Kinder um dreißig Silberlinge verraten. Denken Sie ein wenig diesen Dingen nach! Sie werden finden, daß des Menschen Dasein von Anfang bis zu Ende mit dem erfüllt ist, was unser wägendes Urteil als verächtlichste und schwerste Sünde brandmarkt, mit Verrat.«

Wolfgang Teichert

Aufgabe: Überlegen Sie sich, ob die im Text genannten Beispiele als Verrat zu bezeichnen sind. Versuchen Sie eigene Erfahrungen von Verrat zu beschreiben, solche, in denen Sie ›Opfer von Verrat‹ geworden sind (z.B. Treuebruch des Freundes bzw. der Freundin), als auch solche, in denen Sie möglicherweise selbst Vertrauen mißbraucht und dadurch Liebe verraten haben.

ZM 2: Der Kleine Prinz

Der Fuchs schaute den Prinzen lange an:
»Bitte … zähme mich!« sagte er.
»Ich möchte wohl«, antwortete der kleine Prinz, »aber ich habe nicht viel Zeit. Ich muß Freunde finden und viele Dinge kennenlernen.«
»Man kennt nur die Dinge, die man zähmt«, sagte der Fuchs. »Die Menschen haben keine Zeit mehr, irgend etwas kennenzulernen. Sie kaufen sich alles fertig in den Geschäften. Aber da es keine Kaufläden für Freunde gibt, haben die Leute keine Freunde mehr. Wenn du einen Freund willst, so zähme mich!«
»Was muß ich da tun?« sagte der kleine Prinz.
»Du mußt sehr geduldig sein«, antwortete der Fuchs. »Du setzt dich zuerst ein wenig abseits von mir ins Gras. Ich werde dich so verstohlen, so aus dem Augenwinkel anschauen, und du wirst nichts sagen. Die Sprache ist die Quelle der Mißverständnisse.
Aber jeden Tag wirst du dich ein bißchen näher setzen können …«
»Guten Tag«, sagte der kleine Prinz.
»Guten Tag«, sagte der Händler.
Er handelte mit höchst wirksamen, durststillenden Pillen. Man schluckt jede Woche eine und spürt überhaupt kein Bedürfnis mehr, zu trinken.
»Warum verkaufst du das?« sagte der kleine Prinz.
»Das ist eine große Zeitersparnis«, sagte der Händler, »Die Sachverständigen haben Berechnungen angestellt. Man erspart dreiundfünfzig Minuten in der Woche.«
»Und was macht man mit diesen dreiundfünfzig Minuten?«

»Man macht damit, was man will …«
»Wenn ich dreiundfünfzig Minuten übrig hätte«, sagte der kleine Prinz, »würde ich ganz gemächlich zu einem Brunnen laufen …«

ZM 3

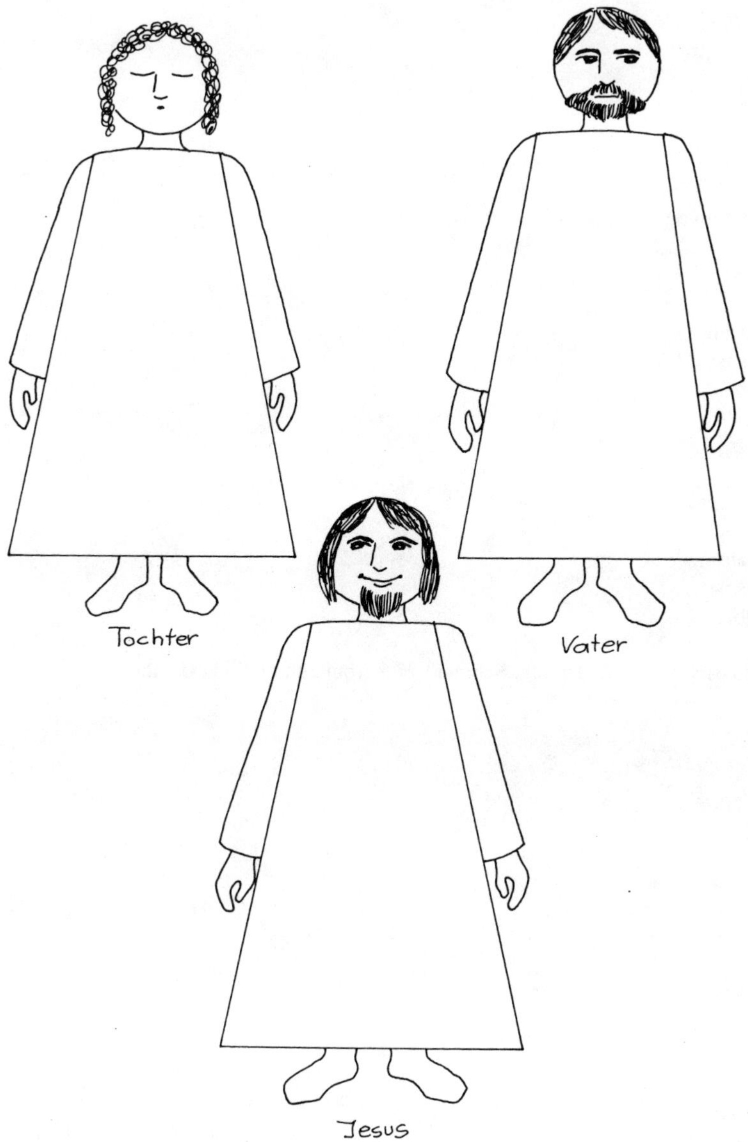

ZM 4: Metaphermeditation (nach Erich Fried)

Liebe ist für mich wie …

Es ist ……..
sagt die Vernunft
Es ist, was es ist
sagt die Liebe
Es ist ……..
sagt die Berechnung
Es ist nichts als ……..
sagt die Angst
Es ist ……..
sagt die Einsicht
Es ist was es ist
sagt die Liebe.
Es ist ……..
sagt der Stolz
Es ist ……..
sagt die Vorsicht
Es ist ……..
sagt die Erfahrung
Es ist was es ist
sagt die Liebe.

(Unglück, aussichtslos, leichtsinnig, Schmerz, lächerlich, unmöglich, Unsinn)

ZM 5: Die Bedeutung frühkindlicher Liebeserfahrung

Es gelang mir vor etwa 35 Jahren mit meinen Mitarbeitern, eine der ersten systematischen Vergleichsbeobachtungen in zwei Kinderheimen mit vier Beobachtungsstunden pro Woche und Kind über einen Zeitraum von ungefähr fünf Jahren durchzuführen. Der Vergleich war erschütternd.
Anstalt Eins war eine Strafanstalt, in der straffällige Mütter ihre unehelich geborenen Kinder in der Kinderabteilung persönlich pflegten, fütterten und betreuten. Da die Mütter Häftlinge waren, konnten sie sich den ganzen Tag mit ihren Kindern beschäftigen. Ich beobachtete dort 360 Mütter mit ihren Kindern. Krankheiten waren selten, meist leichte Erkrankungen der Atmungsorgane, und unter den 360 Kindern, die ich fünf Jahre hindurch zu sehen bekam, ergaben sich insgesamt zwei Todesfälle. Ihre Entwicklung war durchaus normal, es waren lebhafte, aktive, gesunde, intelligente Kinder.
Anstalt Zwei beherbergte nur 92 Kinder, die während vier Jahren dort von mir beobachtet wurden. Doch im Gegensatz zu der ungewöhnlich geringen Anzahl von Todesfällen in Anstalt Eins starben in Anstalt Zwei im Laufe der ersten zwei Jahre unserer Beobachtungen bereits 34 der 92 Kinder. Eine horrende Zahl.
»Nicht an der Verpflegung; in beiden Anstalten war sie gleich ausgezeichnet, sowohl die Qualität wie die Quantität und den Abwechslungsreichtum betreffend. Nicht an der Unterbringung; denn in beiden Anstalten waren die Kinder in schönen, sonnigen Räumen untergebracht. Beide Heime lagen in parkartigen Gärten.
Der Unterschied bestand in den Gegenseitigkeitsbeziehungen, die den Kindern zuteil wurden. In Anstalt Eins fast übertrieben reiche Beziehungen mit den Häftlingsmüttern. In Anstalt Zwei arbeiteten zehn Kinderschwestern für 92 Kinder, daher konnte jedem Kind nur ein Zehntel einer Mutter, ein Zehntel der normalen Gegenseitigkeitsbeziehungen, ein Zehntel mütterlicher Fürsorge geboten werden. Die überforderten Kinderschwestern mußten den Kindern die Milchflasche in den Mund stecken und dann gleich weiterlaufen. Die Kinder wurden gebadet, hygienisch und rein gehalten und regelmäßig täglich von einem Arzt besucht. Aber das war auch alles. Die Gegenseitigkeitsbeziehungen, und zwar sowohl positive liebevolle wie auch negative, aggressive, waren völlig ausgeschlossen. Ich betone dabei eigens die aggressiven Beziehungen, da sie nach meinen Forschungen für die normale Entwicklung des Säuglings ebenso wichtig sind wie die positiven. Die negativen Beziehungen, die Frustration, die Versagung ist für eine Normalentwicklung des Kindes eine absolute Notwendigkeit. Und die Kinder in Anstalt Zwei hatten weder das eine noch das andere – sie waren sozusagen in sterilisierter Einzelhaft.
Die Kinder in Anstalt Zwei blieben in ihrer Entwicklung zurück, verfielen langsam, hatten keine Widerstandskraft gegen irgendwelche Infektionskrankheiten. Als wir sie zuletzt im Alter von etwa 4 – 4 $^1/_2$ Jahren untersuchten, waren noch 22 Kinder im Heim. 34 waren – wie gesagt – gestorben, die anderen adoptiert worden. Von den 22 verbliebenen Kindern konnte ein einziges in Sätzen sprechen, acht konnten ein bis zwei Worte sagen. Die anderen waren stumm. Fünf von ihnen konnten selbständig gehen, acht konnten sich an den Möbeln weiterhanteln, die übrigen blieben im Bettchen, und nur einige konnten sich aufsetzen.«

René A. Spitz, in: H. J. Schultz (Hrsg.), Psychologie für Nichtpsychologen, Kreuz Verlag, Stuttgart 1974, S. 85f.

ZM 6: Fraktale – eine neue Sprache für komplexe Strukturen

Die fraktale Geometrie ist Beschreibung und zugleich mathematisches Modell für vielfältige Formen in Wissenschaft und Natur. Diese neue Sprache für komplexe Strukturen verwendet viele Dialekte, darunter einen affin-linearen und einen nichtlinearen quadratischen Dialekt, sowie die sogenannten L-Systeme. Sie alle können nur mit Hilfe eines Computers gesprochen werden.

Fraktale Geometrie ist in erster Linie eine neue Sprache. Ihre Elemente entziehen sich aber einer direkten Anschauung und unterscheiden sich darin grundlegend von den Elementen der vertrauten euklidischen Geometrie wie etwa Linie, Kreis und Kugel.

Die fraktale Sprache drückt sich in Algorithmen aus, das heißt in Verfahrensregeln und -anweisungen, die sich erst mit Hilfe eines Computers in Formen und Strukturen verwandeln. Zudem ist der Vorrat dieser Elemente unerschöpflich groß. Beherrscht man aber die neue Sprache, so vermag man die Form einer Wolke ebenso präzise und einfach zu beschreiben, wie ein Architekt den Plan eines Hauses in der Sprache der traditionellen Geometrie vollständig darstellen kann.

Die Essenz der Mandelbrotschen Botschaft ist, daß viele natürliche Strukturen wie zum Beispiel Wolken, Gebirge, Küsten- oder tektonische Bruchlinien, Blutgefäßsysteme oder Bruchflächen von Materialien und vergleichbare Strukturen scheinbar uneingeschränkter Komplexität tatsächlich eine geometrische Regelmäßigkeit haben – die sogenannte Skaleninvarianz. Das bedeutet: Analysiert man diese Strukturen bei unterschiedlichen Größenmaßstäben, so stößt man immer wieder auf dieselben Grundelemente. Ihr Zusammenspiel in verschiedenen Maßstäben findet im Begriff der fraktalen Dimension eine angemessene mathematische Beschreibung.

Die Bedeutung der Skaleninvarianz hat eine bemerkenswerte Parallele in der ebenfalls höchst aktuellen Chaos-Theorie, die Naturwissenschaftler und Mathematiker mit der Überraschung konfroniert hat, daß zahlreiche Phänomene trotz strengem Determinismus prinzipiell nicht berechenbar sind. Diese Entsprechung ist nicht zufällig; sie ist vielmehr Zeugnis einer tiefen Verwandtschaft.

Besonders eindrucksvoll kann dies an einem mathematischen Konstrukt diskutiert werden, das Mandelbrot 1980 entdeckt hat und das seitdem als Mandelbrot-Menge bezeichnet wird. Dieses überaus komplexe und vielleicht schönste Objekt, das die Mathematik je zugänglich und sichtbar gemacht hat, birgt einen bizarren Reichtum an Formen und Strukturen; es wirft aber zugleich grundlegende mathematische Probleme auf, die in scheinbar groteskem Gegensatz zur Einfachheit der Erzeugungsregeln stehen, mit denen sich diese Menge eindeutig beschreiben und geometrisch konstruieren läßt.

Die Mandelbrot-Menge ist ein Paradigma für Ordnung und Chaos. Doch ihre wohl faszinierendste Eigenschaft wurde erst kürzlich entdeckt: Sie kann als Bildlexikon für unendlich viele Algorithmen interpretiert werden und ist damit ein fraktaler Bildspeicher […] von schier unfaßbarer Effizienz und Organisation.

Hartmut Jürgens, Heinz-Otto Peitgen und Dietmar Saupe, in: Spektrum der Wissenschaft, September 1989 (Auszug)

Vor der Entscheidung – Normen und Verhalten

1 Zielsetzung, Aufbau und Probleme des Kapitels

Ziel des Kapitels ist es, die aktuelle Normenproblematik bewußt zu machen und die Elemente zu erarbeiten, die bei einer philosophisch-ethischen und theologischen Reflexion dieser Problematik unbedingt benötigt werden. Die gegenwärtige Situation wird von den meisten Beobachtern übereinstimmend mit den Stichworten *Pluralisierung* (der Lebensformen und -stile, der Überzeugungen, Sinnsetzungen und normativen Muster) und *Verwissenschaftlichung* bzw. Technisierung aller Lebensbereiche gekennzeichnet. Mit Letzterem werden alle die Entwicklungen zusammengefaßt, die technische Eingriffe in bisher als naturwüchsig oder sakrosankt betrachtete Lebensvorgänge nicht nur ermöglichen, sondern oftmals geradezu zu erzwingen scheinen und die damit auch zu Gegenständen wirtschaftlicher und politischer Interessen geworden sind. Der Verlust allgemeinverbindlicher religiöser Überzeugungen und die damit einhergehende Pluralisierung der Menschen- und Weltbilder macht anscheinend beliebige Rechtfertigungsstrategien zugänglich, die von einer mit wirtschaftlichen Interessen verbundenen Forschung bzw. Technik auch weidlich genutzt werden. »Neue« und »alte« Normen treten in eine markt- und medienvermittelte Konkurrenz, die auch theologisch- oder philosophisch-ethische Diskurse bereits der Dramaturgie von Talkshows unterworfen hat. Es ist strittig, ob es noch Normen gibt, die als Grundbedingungen oder Grenzziehungen von Leben, Freiheit und Menschlichkeit Geltung beanspruchen können. Es ist strittig, ob das Gewissen durch Gewöhnung und gezielte Beeinflussung uneingeschränkt programmiert werden kann oder als Ort freier moralischer Selbstdefinition Achtung verdient. Schließlich ist unklar, ob religiös begründete Normen und darauf bezogene theologisch-ethische Diskurse gesellschaftliche Relevanz beanspruchen können.

Das Kapitel des Arbeitsbuchs spiegelt in seinem Aufbau die soeben skizzierte Situation und die sich daraus ergebenden Fragen. Dabei ist – im Blick auf die Orientierungsbedürfnisse der Schülerinnen und Schüler – ein induktives Verfahren zugrunde gelegt.

Das erste Unterkapitel unter der Frage »*Was sollen wir tun?*« thematisiert an aktuellen Problemen des Umgangs mit dem Leben die Streitfrage um die Grenzen von Wissenschaft und Technik und damit auch die Frage nach der Tragfähigkeit sog. alter und nach der Wünschbarkeit neuer Normen. Es folgt ein Bezug auf *Grund- und Menschenrechte* mit der Maßgabe, zu überlegen, inwieweit sich aus solchen Grundnormen Pflichten oder Handlungsgrenzen ergeben. Sodann wird die Notwendigkeit grundlegender *Normen zur Verhaltensregulierung* anthropologisch begründet und geschichtlich durch sehr alte und sich ähnelnde Gebotsreihen veranschaulicht. Auch die *biblischen Zehn Gebote* lassen sich hier kulturgeschichtlich einordnen, wenn sie auch eine längere Vorgeschichte haben dürften und einen größeren Verallgemeinerungsgrad aufweisen. Ihre Zuordnung zu einer Präambel, mit der sich Gott als Retter und Befreier vorstellt, setzt gleichzeitig die Perspektive für ihre fortlaufende Interpretation und auch Weiterführung. So kann hier schon die Bedeutung einer religiösen Begründung für die sozial-normativen Entwicklungen herausgearbeitet werden.

Der anthropologische und geschichtliche Aspekt konkretisiert sich individuell als moralische Entwicklung und Gewissensbildung, wovon das Unterkapitel »*Lernen von Normen*« handelt. Die Frage nach der Funktion und dem Wesen des Gewissens ist damit unabweisbar gestellt. Sie soll unter dem Titel »*Ortung des Menschen*« bedacht werden. Anschließend ist das Problem des *Normenwandels*, das schon zu Beginn des Kapitels an Beispielen des Umgangs mit dem Leben konkret vor Augen trat, als gesellschaftliches, geschichtliches und philosophisch-ethisches Phänomen dargestellt und reflektiert, d.h., daß hier eine höhere Abstraktionsstufe erreicht ist und höhere kognitive Anforderungen gestellt werden können. Der umfangreichere Schlußteil behandelt das Verhältnis von *Religion und Moral* und von Religion und Vernunft als Grundfrage theologischer Ethik. Am Beispiel der Bergpredigt und ihrer verschiedenen Interpretationsmöglichkeiten wird dieses Verhältnis im Sinn einer überbietenden Dialektik beschrieben.

Die Hauptschwierigkeit eines Unterrichts zu diesem Thema dürfte sein, daß relativ abstrakte Reflexionsprozesse erforderlich sind, um die Normenproblematik unter den pluralistischen Prämissen der Gegenwart zu erörtern. Freilich sind die Medien dieser Erörterung konkrete und heute vieldiskutierte Beispiele. Diese sind aber in sich wiederum ziemlich komplex, so daß immer die Gefahr besteht, bei situationsbezogenen Einzelaspekten hängenzubleiben bzw. dem Verständnis des Einzelfalls höhere Bedeutung beizumessen als der implizierten bzw. intendierten normativen Problematik. Um gegenzusteuern, konzentrieren sich die Impulse und Fragestellungen zu den Texten und Bildern im Lauf des Kapitels zunehmend auf die jeweils relevanten normativen Aspekte. Dies mag im Einzelfall als Gängelung empfunden werden und sollte den Unterricht deshalb nicht ausschließlich bestimmen. Doch sollten sich Unterrichtende und Lernende dadurch immer wieder an die leitende Fragestellung erinnern lassen, wie sich Verhalten moralisch begründen oder zumindest verteidigen läßt und wie es aus christlicher Sicht ethisch reflektiert und beurteilt werden kann.

2 Literatur- und Medienangaben

Zu: Was sollen wir tun? Probleme des Umgangs mit dem Leben:

Grewel, Hans: Recht auf Leben. Drängende Fragen christlicher Ethik, Göttingen 1990

Hamer, Eerke / Jacobs, Wolfgang: Gentechnik und christliche Ethik. Arbeitsmaterial Religion Sekundarstufe II, Frankfurt/M. 1994

Videos

Erlösung Todesspritze? Film von Uwe Mönninghoff, Stuttgart 1994

Hirntod oder Organtransplantation. Film von Sylvia Mathis, Stuttgart 1994

Zu: Grundrechte und Grundpflichten? – Menschenrechte

Sachwissen Ethik, Hg. Hans-Werner Dannowski u.a., Göttingen 1993

Zu: Die Zehn Gebote und Gebote verschiedener Völker

Schmidt, Werner H., zus. mit Delkurt, Holger und Graupner, Axel: Die Zehn Gebote im Rahmen alttestamentlicher Ethik, Darmstadt 1993

Golka, Friedemann W.: Die Flecken des Leoparden. Afrikanische Sprichwörter und biblische Weisheit, Stuttgart 1994

Zu: Lernen von Normen und Ortung des Menschen

Höver, Gerhard / Honnefelder, Ludger (Hg.): Der Streit um das Gewissen, Paderborn 1992

Jens, Walter: Die 10 Gebote, in: Heinrich Albertz (Hg.): Die zehn Gebote Bd. 1, Stuttgart 1985

Zu: Normenwandel und Minimalmoral

Sachwissen Ethik, hg.v. Hans-Werner Dannowski u.a., Göttingen 1993

Zu: Religion und Moral am Beispiel der Bergpredigt:

Mokrosch, Reinhold: Die Bergpredigt im Alltag, Gütersloh 1991

3 Didaktisch-methodische Hinweise zu den einzelnen Unterrichtselementen

3.1 Einführung in das Kapitel

Titelbild: Gerechtigkeit (Herbert Wentscher)

Seite 97

Das traditionelle Symbol für Gerechtigkeit, die Waage, ist hier in hellen Farben und reduziert auf die unabdingbaren Elemente gezeigt. Damit wird zunächst eine klare Botschaft vermittelt. Normen sollen – als Verhaltensregulative – in erster Linie der Gerechtigkeit dienen. Was aber ist Gerechtigkeit? Das Bild deutet nur auf ein Gleichgewicht hin – gilt also für jeden das gleiche ohne Rücksicht auf die Person? Erschöpft sich Gerechtigkeit in einer gleichen Verteilung von Rechten und Pflichten? Müßte die Waage nicht nach der einen oder anderen Seite gesenkt und von einer übergeordneten (Entscheidungs-)Macht gehalten werden (traditionelle Figur der Justitia, die allerdings nicht blind sein dürfte)?
Die Schüler/innen können das Symbol entschlüsseln und mit anderen, besonders traditionellen Gerechtigkeitsvorstellungen vergleichen, die sie selbst aus Büchern und in ihrer Umgebung erkunden. Sie sollen die Unterschiede feststellen, nach dem Zusammenhang von Normen/Verhalten und Gerechtigkeit fragen und gegebenenfalls ihre Gerechtigkeitsvorstellungen bildlich darstellen.

Einblick – Durchblick – Überblick

Seite 98

Diese Seite soll die Struktur des Kapitels für die Lernenden und Lehrenden durchschaubar machen. Diese Übersicht kann als Grundlage für eine Unterrichtsplanung mit Schwerpunktbildung dienen. Die Lernenden können zu bestimmten Problemstellungen zusätzliches Material sammeln.

	Bearbeitungsperspektive		**Problemstellung**
	⇒ *mögliche Wege* → *mögliche Alternativen*		
Einstieg ⇒	**Was sollen wir tun?**		
	Dringende Normenproblematik	⇒	Umgang mit dem Leben
		⇙	⇓
	Alte Normen noch tragfähig?		Konflikte um Suizid und Tötung auf
	Neue gegen alte Normen:		Verlangen
	↓		⇓
	Grundrechte als Grenzen?		
	Veränderung von Grund- und	⇒	Menschenrechte als Grundnormen
	Menschenrechten	⇐	⇓
	⇓		
	Normen zur Verhaltensregulierung		
	Universale Verbreitung von Normen	⇒	Normbedürftigkeit der Menschen
	↓		↓⇓
Einstieg ⇒	**Gebote verschiedener Völker**	⇐	Religiös begründete Normen
	Die Zehn Gebote	⇙	↓
Einstieg ⇒	**Lernen von Normen**		
	Individuelle Übernahme und Veränderung von Normen	⇒	Moralische Entwicklung und Gewissensbildung
			⇓

Ortung des Menschen		
Normiertes oder freies Gewissen:	⇐	Rolle und Aufgabe des Gewissens
Gewissen		
⇓		
Normenwandel und	⇒	
Minimalmoral	⇙	Pluralismus und Normenwandel
		↓
Religion und Moral		
Minimalmoral und Bergpredigt	⇒	Minimalmoral und/oder moralische
im Vergleich	←	Erneuerung

3.2 Was sollen wir tun?

Das Unterkapitel vereinigt verschiedene aktuelle Formen des Umgangs mit dem Leben, zu denen es jeweils eine umfangreiche Literatur und immer wieder aufkommende Debatten gibt. Daher bietet sich gleich zu Anfang eine Aufteilung in Gruppen an, wobei jede Gruppe zu einem der Phänomene aktuelles Material, insbesondere Stellungnahmen unterschiedlicher Herkunft sammelt. Sinnvoll kann auch eine Beschränkung auf die Phänomene von Seite 99–101 sein und eine gesonderte Behandlung der verschiedenen Varianten der Selbsttötungsproblematik (S. 102–103). Denn die ethische Problematik stellt sich in beiden Phänomengruppen insofern unterschiedlich, als beim Umgang mit Ungeborenen und Neugeborenen an Wesen gehandelt wird, die ihre Rechte (noch) nicht selbst vertreten können, während bei Selbsttötung in der Regel die Schädigung anderer wehrloser Wesen ausgeschlossen werden kann. Bei den ersten Fällen werden die Gruppen immer zu fragen haben, ob und inwiefern ein Recht der Schwächeren gegenüber den Interessen der Stärkeren behauptet werden kann: Bei den Suizidfällen geht es um den Stellenwert individueller Selbstbestimmung gegenüber den in christlicher und traditioneller Sicht unverfügbaren Lebensprozessen selbst. In beiden Fallgruppen steht die Frage an, ob und wie weit die technische Manipulation von Lebensgrenzen und Lebensstrukturen mit der Bewertung des Lebens als Werk und Geschenk Gottes vereinbar ist.

Beispiele wichtiger Konfliktfelder in der heutigen Medizin:
- Entscheidungen am Beginn und am Ende des Lebens (Pränatale Diagnostik, Neonatologie, Intensivmedizin, Sterbehilfe usw.)
- Prioritätensetzung bei der Verteilung von Ressourcen (Organtransplantation, Zuweisung/Nichtzuweisung ärztlicher Leistungen usw.)
- Gemeinwohl versus Autonomie des Individuums (Selbstgewählte Risiken, unterschiedliche Versicherungsbeiträge für Risikopersonen, Pflicht zur Gesundheit)
- Prädiktive Medizin (Analyse des menschlichen Genoms, Feststellung von Risiken an einem genetisch bedingten Leiden im Laufe des Lebens zu erkranken ohne Aussicht auf eine Therapie usw.).

Dabei gibt es Problemfelder, in denen weder weltweit noch in der Bundesrepublik Deutschland konsensfähige Antworten gefunden werden. Zu nennen sind hier:
- Die Organtransplantation und die Feststellung des Todes
- Inhaltliche Bestimmungen der angemessenen Versorgung und Fürsorge für unheilbar Kranke und Sterbende (Kinder wie auch Erwachsene)
- Die Gentherapie am Menschen
- In-vitro-Fertilisation und Embryonenforschung
- Finanzierung und Schwerpunktsetzung im öffentlichen Gesundheitswesen
- Die Rolle der »Ethik-Komitees« bei medizinischen Entscheidungen in Kliniken (diese Ethik-Komitees existieren an vielen Kliniken in den USA; ihre Aufgabe ist es, Entscheidungshilfen für schwierige Fälle zu geben, aktiv bei der Problemlösung mitzuwirken, Fort- und Weiterbildung durchzu-

führen. Zusätzlich gibt es Ethik-Komitees, wie bei uns an den Universitäten, die nur Forschungsvorhaben begutachten).

Leihgebärmutterservice

Das *Bild* und der *Text* verstärken sich gegenseitig. Das Bild hebt brutal die technisch-mechanische Sichtweise hervor, während der Text neben dem Hinweis auf die wirtschaftlichen Interessen durch die Änderung des gängigen Wortes Leihmutter die Funktionalisierung und Entpersönlichung hervorhebt. Beide Aspekte sind zunächst gesprächsweise herauszuarbeiten. Eine Information über den hohen medizinischen Aufwand, die (immer noch) relativ geringe Erfolgsquote und die Mühen der von der In-vitro-Fertilisation betroffenen Frauen kann die Frage nach den Motiven solchen Handelns radikalisieren. Die Lernenden sollten zumindest zwei Aspekte kontrovers – gegebenenfalls nach dem Pro-und-Contra-Verfahren (Anwalt und Experten von beiden Seiten) – diskutieren, zum einen die bereits übliche In-vitro-Fertilisation bei (meist) verheirateten Frauen mit Hilfe eines eigenen Eis, zum anderen die Einpflanzung befruchteter Eier in eine Frau (»Leihmutter«), die nicht selbst die Mutter ist. Letzteres ist in der Bundesrepublik gesetzlich verboten. Gesondert kann über die jüngsten Fälle von der Mutterschaft nach der Menopause diskutiert werden, wobei das Austragen von befruchteten Eiern für Verwandte, etwa die eigenen Kinder, eine offensichtlich naheliegende Variante darstellt. Zur pragmatischen und ethischen Bewertung kann der Protest gegen »In-vitro-Fertilisation« eingesetzt werden (vgl. ZM 1). Seite 99

Das transparente Ei

Ein ironischer Text mit real-utopischen Inhalten. Der Realitätsgehalt wird im folgenden Text *Embryos in Reagenzglas künstlich verdoppelt* unterstrichen. Auch mit der Verwendung von embryonalem Gewebe für Organtransplantationen wird bereits erfolgreich experimentiert. Die Schüler/innen können – u.U. in Gruppen – unterschiedliche Aufgaben in Angriff nehmen: Seite 99

- Aufbau und Werbung für eine »Embryonenbank«
- Wunschkinder: Profile gewünschter Erbanlagen
- Prozeß gegen Ärzte als Rollenspiel: Das Kind hält nicht, was versprochen war: Begabung und Vorzüge sind nicht erkennbar, Behinderungen treten auf
- Auseinandersetzung von Jugendlichen mit ihren Eltern über das von letzteren zu verantwortende Programm.

Ziel solcher Aktivitäten sollte die Einsicht sein, daß mit den wachsenden Manipulationsmöglichkeiten auch die Verantwortung unermeßlich zu werden droht. Die Auswertung sollte aber auch zu der Frage nach den Grenzen der Technik und nach den Normen für u.U. erlaubte Veränderungen vorstoßen.

Embryos im Reagenzglas künstlich verdoppelt

Warum sprechen Experten von einem verwerflichen Experiment? Seite 100
Es gibt ethische Prinzipien des ärztlichen Handelns, die allgemein akzeptiert sind:

- Gutes tun
- nicht schaden
- Respekt vor der Selbstbestimmung des Patienten
- Gerechtigkeit
- Verantwortung
- Wahrhaftigkeit
- Glaubwürdigkeit
- Verschwiegenheit
- Vertrauen

Die Schüler können aufgrund dieser ethischen Prinzipien an konkreten Beispielen erste Antworten suchen auf folgende Fragen:

Was heißt
- Gutes tun, nicht schaden wollen?
- Respekt vor der Selbstbestimmung des Patienten haben?
- gerecht sein?
- Verantwortung tragen?
- wahrhaftig und glaubwürdig sein?
- verschwiegen sein?
- das Vertrauen des Patienten gewinnen und erhalten?

Die Schüler sollen überlegen, ob diese ethischen Prinzipien des ärztlichen Handelns auch auf Wissenschaftler wie Jerry Hall anwendbar sind.
Wer soll entscheiden?

Fetozid bei Erbmängeln?

Seite 101

Der Text berichtet nüchtern von einer heute schon alltäglichen Praxis. Bei schwerstbehinderten Föten wird meist ein Schwangerschaftsabbruch durchgeführt. Viele Schülerinnen und Schüler werden dies auch für völlig normal oder zumindest für legitim halten. Trotzdem stehen die Betroffenen vor einer echten Entscheidungssituation. Die Schüler/innen können die Gründe für und gegen den Schwangerschaftsabbruch schriftlich niederlegen und auf Folie oder als Tafelbild einander gegenüberstellen. Da das Leben von oder mit Schwerstbehinderten meist als sehr belastend und angefüllt mit Leiden angesehen wird, könnte eine Gruppe Informationen bei Behindertenverbänden oder Eltern von Behinderten einholen. Auch das Leben einer oder eines Behinderten kann von den Betroffenen als wertvoll erfahren werden, wenn sich die Lebensverhältnisse entsprechend gestalten lassen. Gerade hier ergibt sich die Chance der Ermutigung zu einem Leben mit dem Nicht-Perfekten.

Abtreibung bei Verhütung?

Seite 101

Der kurze Text ist hier eingefügt, um zu verdeutlichen, wie ein sonst anerkanntes Beurteilungskriterium – das Verursacherprinzip – bei einer Anwendung auf unverfügbares Leben grotesk wird. Der Eigenwert des ungeborenen Lebens kommt hier nicht in den Blick. Das Kind wäre im Falle mangelnder Verhütung allenfalls die verdiente Strafe. Die Schüler/innen sollten hier nach der Argumentation über die Zukunft eines solchen Kindes nachdenken.
Die beiden soeben besprochenen Texte können Anlaß sein, über das Problem des Schwangerschaftsabbruchs, einschließlich der gerade aktuellen strafrechtlichen Regelungen, grundsätzlich zu diskutieren. Die gesetzlichen Regelungen und Auskunft über die Beratungspraxis sind am leichtesten bei den örtlichen Beratungsstellen erhältlich. Der Text *»Schutzpflicht«* (ZM 2) verdeutlicht die Normen des Grundgesetzes. Die ethischen und theologischen Gesichtspunkte sind sehr klar und ausgewogen dargestellt in: Beratung im Schwangerschaftskonflikt. Eine Stellungnahme der Kammer der EKD für Ehe und Familie, EKD-Texte 35 (1990) – zu beziehen bei EKD Hannover (für Referatsvorbereitung geeignet).

Tötung schwerstbehinderter Kinder? (ZM 3)

Seite 101

Die Frage ist durch die »Praktische Ethik« des australischen Philosophen Peter Singer in die öffentliche Diskussion gekommen. Der Text des Arbeitsbuchs hebt auf den Personbegriff Singers ab, von dem dieser die unbedingte Geltung des Rechts auf Leben abhängig macht. Dieser Aspekt der Singerschen Argumentation sollte auch zunächst im Mittelpunkt der Überlegungen stehen, weil er unmittelbar an die Frage der Bewertung des ungeborenen Lebens anschließt. Der Hinweis ist angebracht, daß die Auffassung Singers dem Lebensschutzgebot des Grundgesetzes diametral widerspricht. Dort ist menschliches Leben prinzipiell schutzwürdig und nicht an bestimmte Qualitäten oder Fähigkeiten gebunden. Auch für die christliche Ethik ist Leben in jeder Gestalt Geschöpf und Geschenk Gottes, das beschädigte und leidende zumal. Die Schüler/innen sollten darüber nachdenken, welche Folgen es für alle haben würde, wenn Singers Personbegriff zum allgemein anerkannten Kriterium des »Rechts auf Leben« werden würde. Singers Position wird erst im Zusammenhang des *utilitaristischen Denkansatzes* voll verständlich, den er selbst vertritt. Im Text ist dieser Hintergrund ausgeklammert, weil er den thematischen Zusammenhang sprengen würde. Im Sinne des Exkurses könnten jedoch im Unterricht die utilitaristischen Grundgedanken (Bewertung der Folgen und Wirkungen eines Handelns, Orientierung an der Maximierung von Glück der Mehrheit) vorgestellt und auch geschichtlich verständlich gemacht werden. Als Einstieg könnte ein Ausschnitt aus Singers praktischer Ethik »Bewußtes Leben« dienen.

3.3 Alte Normen noch tragfähig?

Unter dem Titel »Alte Normen noch tragfähig?« bietet die folgende Doppelseite verschiedene Materialien zum Freitod und zur Tötung auf Verlangen. Auch dieser Problemkomplex hat durch die moderne (medizinische) Technologie seine Bedeutung erlangt. Die repräsentierten Positionen sind sehr unterschiedlich.
Die Deutsche Gesellschaft für humanes Sterben plädiert dafür, daß Leidende den Zeitpunkt ihres Todes generell frei wählen können.

Recht auf Suizid? und **Freitod mit Selbstmordmaschine**

Die US-Ärztekammer unterscheidet zwischen Seite 102
passiver Sterbehilfe – etwa durch Abschalten einer lebenswichtigen Maschine – die ethisch vertretbar ist, und
aktiver Sterbehilfe, die ethisch nicht vertretbar ist!

Tötung auf Verlangen (Tim Schleider)

In der deutschen Rechtssprechung (§ 216 StGB) wird zwischen verbotener »aktiver« und erlaubter »passiver« Sterbehilfe unterschieden. Seite 103 Freilich bleibt letztere auf das Nicht-Anwenden von Apparaten zur Lebensverlängerung beschränkt. Ein Grenzfall ist das Abschalten solcher Apparate auf Wunsch des Patienten, nachdem sie einmal eingesetzt sind. Auch solches bleibt heute in der Regel straffrei, wenn von einer eindeutigen Willenserklärung des Patienten ausgegangen werden kann. Ebenso bleibt die Beihilfe zur Selbsttötung straffrei.
Im Unterricht sind zunächst einmal die einschlägigen Begriffe zu klären (aktive und passive Sterbehilfe, Beihilfe zur Selbsttötung), sodann die Bedingungen zu erörtern, an die die erlaubten Handlungen gebunden sind (Menschenwürde und Selbstbestimmung von schwer Leidenden). Über diese juristischen Gesichtspunkte hinaus sollten zumindest die Prinzipien erhoben werden, die den weitergehenden Forderungen (aktive Sterbehilfe des niederländischen Gesetzes, freie Wahl des Todes) zugrunde liegen. Der Verweis auf die Goldene Regel im Impuls soll dazu veranlassen, alle Argumente von zwei Seiten her zu befragen, vom Interesse des Kranken bzw. Leidenden her wie auch von den möglichen Interessen in seiner Umgebung (Angehörige, Ärzte, pharmazeutische Industrie).
Auch die Forderung eines »Rechts auf Suizid« kann von der Situation des akuten Leidens gelöst und zu einem Aspekt von Selbstbestimmung verallgemeinert werden, wie das Jean Améry getan hat. Sein Buch »Hand an sich legen. Diskurs über den Freitod« (Stuttgart 1976) könnte referiert und diskutiert werden. Dabei müßte deutlich werden, daß das von Améry vertretene Freiheitsverständnis dem Menschen eigen ist, der alle religiösen und sozialen Bindungen seiner Existenz letztlich negiert oder sich zumindest darüber hinwegzusetzen bereit ist. Aus christlicher Sicht kann Selbsttötung nicht gebilligt werden, denn Gott allein entscheidet über Leben und Tod. Freilich verbietet die Nächstenliebe Maßnahmen künstlicher Verlängerung gegen den Willen der Betroffenen. Und es besteht die begründete

Hoffnung, daß sich Gott auch der Verzweifelten annimmt, die nur noch den Ausweg der Selbsttötung sehen.
Die Schüler/innen können auch zwei Stellungnahmen in Pro und Contra diskutieren: Vgl. ZM 4 und 5.

3.4 **Grundrechte als Grenzen** und **Der normbedürftige Mensch**

Diese Kapitel verdeutlichen die Funktion von Normen aus sozialanthropologischer Sicht und zeigen ihre geschichtlich ältesten Formen (Tabus und Gebotsreihen).

Cranachs »Adam und Eva« und **Impulsfragen**

Seite 104 Diese Seite vereinigt einige der wichtigsten Grund- und Menschenrechte. Das Bild »Adam und Eva im Paradies« von Lucas Cranach und Impulsfragen sollen zum Nachdenken über die Bedeutung und Reichweite der Menschenrechte anregen. Das Cranach-Bild will darauf hinweisen, daß nach abendländischer Tradition dem Menschen als Frau und Mann eine nicht hinterfragbare Würde zukommt, zu der auch Rechte und Pflichten gehören, die absolut schutzwürdig sind. Die Bibeltexte 1. Mose 1,27; Ps 90 und Micha 6,8 können hinzugenommen werden, um zu zeigen, daß nach biblischer Auffassung die Grund- und Menschenrechte in der Beziehung Gott-Mensch verankert sind. Die genannten Bibeltexte wie auch die ausgewählten Grundrechte lassen offen, wie Menschlichkeit im einzelnen zu konkretisieren ist. Sie grenzen aber deutlich aus, was Menschenrechte verletzt, und eröffnen einen Raum für Neuinterpretation und neue Konkretionen. Die Impulse sollen beides bewirken – ein Nachdenken über die Grenzen und über heute notwendige Neuinterpretationen.

Die Schüler/innen bilden Gruppen und denken sich zu jedem der genannten Rechte unter Beachtung der Impulse Szenarios aus, die a) konkrete Verletzungen dieser Rechte benennen und damit die Grenzen ziehen; b) neue Konkretionen in Form von Gesetzen erforderlich machen.
Als Ergebnis könnten Gesetzesinitiativen formuliert werden, die sowohl die Grenzverletzungen sanktionieren als auch neue Schutzrechte konkretisieren.
In einem weiteren Arbeitsgang sollten einzelne oder Gruppen überprüfen, welche der Grund- und Menschenrechte für die auf den vorangehenden Seiten behandelten Fälle einschlägig sind und wie sie angesichts dieser Fälle jeweils als Normen oder Gesetze zu konkretisieren wären. (Zum Begriff der Menschenrechte siehe ZM 6.)

Instinkte und Normen und **Tabus und Gebote (Robert Schuster)**

Seite 105 Die Texte müssen zuerst sorgfältig gelesen und inhaltlich verstanden werden. Anschließend kann ein Vergleich verdeutlichen, daß den (weitgehend ähnlichen) Normierungen einerseits allgemeine Probleme der menschlichen Existenz und Lebensführung zugrunde liegen, daß diese aber andererseits umwelt- und kulturspezifisch gelöst werden.
Die Regelungsbedürftigkeit durch Normen läßt sich leicht auf vielen Gebieten (auch spielerisch) veranschaulichen, z.B. Verkehr ohne Regeln, Schule ohne Schulordnung, Mietshaus oder Wohngemeinschaft ohne Hausordnung, sog. antiautoritäre Erziehung). Tabus sind den Schülerinnen und Schülern meist als Berührungsverbote bekannt, z.B. von heiligen Stätten oder Personen. Auf die menschheitsgeschichtliche Bedeutung des Inzesttabus können sie hingewiesen werden. Eine biblische Form des Tabus ist der sog. Bann im heiligen Krieg. Welch schreckliche Folgen seine Verletzung hat, kann in 1. Sam 15 (Sauls Verwerfung) nachgelesen werden. Eine typische Tabuverletzung findet sich auch in 2. Sam 6,4–6 (Usas Tod wegen Berührung der Bundeslade).
Der Impuls zum Tabu-Text hebt die relative »Schwäche« der Normen bzw. Gebote hervor. Zu diskutieren ist, was die Menschen durch die Umstellung von Tabus auf Normen gewonnen haben (Freiheit, Handlungssicherheit) und was sie dafür aber in Kauf nehmen mußten. An dieser Stelle könnte auch das

Bild herangezogen werden. Läßt es sich eher auf Tabu- oder auf Normenregulierung beziehen? Wie müßte es gestaltet sein, wenn die andere Regulierungsform im Blick wäre?

Karikatur (Jean Yves Hamel)

Die *Zeichnung von Jean Yves Hamel* unterstreicht einerseits den anthropologischen Sachverhalt, weist darüber hinaus aber auf das ambivalente Verhältnis des Menschen zu der für ihn lebensnotwendigen Normenregulierung: einerseits ermöglichen die Normen die menschliche Gestalt (z.B. aufrecht stehen) und entsprechendes Handeln, andererseits fesseln sie den Menschen »von oben«, was besonders im oberen Bereich des Körpers als lästig empfunden wird und lebhafte Proteste hervorruft. Seite 105

3.5 Gebote verschiedener Völker

Die Gebotsreihen

Die Gebotsreihen sollen auf Gemeinsamkeiten und Unterschiede untersucht werden. Wie lassen sich die Gemeinsamkeiten erklären? Worauf weisen die Unterschiede hin? Welche gesellschaftlich-kulturellen Aspekte kann man »hinter« den einzelnen Gebotsreihen vermuten? Seite 106

Es können auch demokratische Gebote von den Schülern verfaßt werden, wie z.B.:

- Du sollst die religiösen, weltanschaulichen und politischen Überzeugungen anderer achten und sie nicht herabsetzen.
- Du sollst Deinen Mitmenschen unbeschadet seiner Hautfarbe, seiner Sprache, seiner Lebensgewohnheiten und seines Geschlechts als Deinen Nächsten annehmen.
- Du sollst die Würde, die Freiheit und das Recht eines jeden Menschen achten.
- Du sollst gegen niemanden Gewalt anwenden und jeder Gewaltanwendung entgegentreten.
- Du sollst Deine Interessen vertreten und Dein Eigentum zum allgemeinen Wohle nutzen, ohne anderen Menschen Schaden zuzufügen.
- Du sollst Dich verweigern und Protest erheben, wann immer der Staat die Menschenrechte oder das allgemeine Völkerrecht mißachtet oder einen Angriffskrieg vorbereitet.

Der Dekalog

Die Seite gibt einen kurzen Einblick in die lange und komplizierte Überlieferungsgeschichte des Dekalogs. Durch das *Bild* wird an die Sinai-Tradition (Mose) und damit an die übliche Sicht der Entstehung und Überlieferung der Zehn Gebote erinnert. Ausgehend von diesem Bild sollte diese Überlieferung vergegenwärtigt und die beiden Texte 2. Mose 20 und 5. Mose 5 nachgelesen werden. Gegebenenfalls kann ein genauer Vergleich der einzelnen Gebotsformulierungen schon zur Erkenntnis führen, daß die Gebote nicht unmittelbar auf Mose zurückgeführt werden können, sondern unterschiedlich bearbeitet wurden. Seite 107

Zur Information: Die meisten Exegeten halten heute die Form des Deuteronomiums für die ältere, datieren sie aber frühestens ins 6. Jahrhundert oder später. Mit früheren und konkreteren Gebotsreihen und Einzelgeboten wird gerechnet. (Die einzelnen Belege in dem o.g. Buch von W. H. Schmidt u.a.). Zwei Beispiele für die Entwicklung der Gebote »vom Konkreten zum Allgemeinen« seien hier als Möglichkeit der Veranschaulichung genannt:

a) »Wer Vater oder Mutter schlägt, der soll des Todes sterben« (2. Mose 21,15).
»Wer Vater oder Mutter flucht, der soll des Todes sterben« (2. Mose 21,17).
»Du sollst deinen Vater und deine Mutter ehren …« (2. Mose 20,12).

b) »Wer einen Mann erschlägt, so daß er stirbt, muß getötet werden« (2. Mose 21,12).
»Wer irgendeinen Menschen erschlägt, muß getötet werden« (3. Mose 24,17).
»Du sollst nicht töten« (2. Mose 20,13).

Die Texte auf dieser Seite sollen im übrigen das geschichtliche Bewußtsein differenzieren. Die unterschiedliche Zählung verweist auf unterschiedliche inhaltliche Schwerpunkte des Verständnisses. In vielen Klassen wird der Text abschnittweise gelesen und erläutert werden müssen. »Jüdisch«, »reformiert« (calvinistisch!), »orthodox« (Ostkirchen, hauptsächlich griechisch- und russisch-orthodoxe), »Augustin«, »Martin Luther« sind vermutlich erklärungsbedürftig. Die Zusammenfassung von erstem Satz (Präambel), Götzen und Bilderverbot als erstes und wichtigstes Gebot, ist für das jüdische Gottes- und Alltagsverständnis besonders kennzeichnend. Daß Luther das Bilderverbot wegläßt, wirft ein Licht auf seine Situation in der Auseinandersetzung mit den Bilderstürmern. Im Gegensatz dazu steht die Bedeutung des Bilderverbots in den reformierten (calvinistischen) Kirchen der Schweiz, der Niederlande und Norddeutschlands. Die Schüler/innen können angeregt werden, sich an ihrem Wohnort oder auf Reisen entsprechende Kirchen anzuschauen. Am Schluß der Beschäftigung mit dieser Seite könnte eine erneute Bildbetrachtung stehen: Welche Bedeutung könnten Mose und die beiden Tafeln angesichts der erwiesenen Geschichtlichkeit der Gebote haben? Was symbolisiert sie, für was stehen sie (– für den grundlegenden Anspruch göttlicher Weisung in menschlich-geschichtlicher Gestalt!)?

Bedingungen der Freiheit
Glaubst Du echt ans Material (Andreas Malessa)

Seite 108

Die Präambel der Gebote erinnert an die grundlegende Befreiungserfahrung Israels. Die einzelnen Gebote sind dieser Befreiungstat entsprechende »Hilfestellungen« zur Bewahrung der Freiheit. Dieser Zusammenhang wird auf der Doppelseite noch einmal durch die schematische Darstellung (»Bedingungen der Freiheit«) hervorgehoben. Die Lehrperson mag hier an das jüdische Fest »Simchat Tora« (Freude über das Gesetz) erinnern, an dem Juden mit der Gesetzesrolle auf der Straße tanzen. Die Gebote werden nicht als Zwangsordnung eines willkürlich eifersüchtigen, sondern als Geschenk eines befreienden und liebenden Gottes verstanden. Ihr Inhalt besteht in nichts anderem als in der Aufforderung, sich der so qualifizierten Gottesbeziehung entsprechend zu verhalten. Im Unterricht können der *einleitende Text* und das Schema *Bedingungen der Freiheit* nebeneinander behandelt werden. Die Schüler/innen sollten an jedem einzelnen Gebot überprüfen, inwiefern es dem Freiheitsanspruch entspricht. Nach diesem Arbeitsgang kann man den vollen Wortlaut des Götzenverbots aus der Bibel zu Gehör bringen und die Frage aufwerfen, wie sich die Rede von der Vergeltung des eifersüchtigen Gottes »bis ins dritte und vierte Glied« mit der zuvor postulierten Freiheit und Zuwendung verträgt. Dies kann mit Hilfe des Textes *Gefährdete Freiheit* und des Gedichtes *Glaubst Du echt ans Material* herausgefunden werden: Der Freiheitsverlust durch die alten und modernen Götzen ist total. Er bezieht sich nicht nur auf die eigene Generation, sondern über Mentalitäten und Zerstörungen auch auf die folgenden Generationen, weil er die Lebensverhältnisse entsprechend beeinflußt. Die »Rache« Gottes besteht darin, daß er die Menschen den verheerenden Folgen ihrer freien Entscheidung überläßt – um der Freiheit willen.
Der Buber-Text am Schluß der Doppelseite ist ein echtes Gegenüber zum Gedicht von A. Malessa im gleichen Sinn, wie sich das Götzen- und das Begehrensverbot gegenseitig interpretieren. Den engen Zusammenhang können Schüler/innen aufgrund der Texte selbst herausfinden. Damit haben sie auch die inhaltliche Rahmenstruktur der Gebotsreihe erkannt.

Wenn die Schüler Messer tragen (Elke Sölle)

Seite 110

Der Text bringt eine Aktualisierung der inhaltlichen Hauptaussage (»Gebote als Bedingung der Freiheit«) durch die These, daß die zunehmende Gewalttätigkeit Jugendlicher (meist von Männern, weniger von Frauen!) mit der mangelnden Fähigkeit zusammenhängt, Verbote und Normen, d.h. Grenzen und auch Frustrationen zu akzeptieren. Der Text erwähnt nicht, daß die Gewaltbereitschaft auch andere Gründe haben kann (z.B. medienvermittelte Gewalt und männliche Leitbilder, Konkurrenzdenken und Niederlagen, soziale Marginalisierung usw.). Er ist also einseitig. Die Impulse weisen darauf hin, daß auch noch andere »Erklärungen« gefunden werden sollten. Immerhin läßt sich nicht bestreiten, daß das

Lernen grundlegender Normen in der frühen Kindheit eine Bedingung des Lebens auch und gerade in den modernen freiheitlichen, aber konkurrenzbestimmten Gesellschaften ist.
Artikel über jugendliche Gewalttätigkeit und ihre Ursachen erscheinen häufig in der Presse. Sie können von den Schülerinnen und Schülern gesammelt und ausgewertet werden. Aufgrund der so gewonnenen Einsicht sind Stellungnahmen zur Hauptthese des abgedruckten Textes möglich. Mit Hilfe der UN-Kinderkonvention (1989) ZM 7 können »10 Gebote für die Erziehung von Kindern« erstellt werden.

Gebote der Jugend? und Ergänzungsbedürftig? (Martin Buber)

Die Schlußseite des Unterkapitels bietet einen satirischen und einen ernstgemeinten Text sowie eine Karikatur, die alle auf heute problematische Einstellungen, Befindlichkeiten und Verhaltensweisen hinweisen, weil sie Brüche der innergesellschaftlichen Solidarität aufzeigen. Die Zehn Gebote scheinen hingegen von einer Gesellschaft mit relativ stabilen – agrarisch-patriarchalischen – Ordnungsstrukturen auszugehen, die ein Minimum an Solidarität zwischen den gewiß unterschiedlich privilegierten gesellschaftlichen Gruppen gewährleisten. Die Schüler/innen sollten zunächst die *Karikatur* und den Text *Gebote der Jugend?* unter der Frage auswerten, auf welche Schwierigkeiten, Konflikte und Gefahren des Zusammenlebens hier angespielt wird. Sodann sollten die Zehn Gebote in beiden Fassungen und vollem Wortlaut auf die in ihnen erkennbaren gesellschaftlichen Ordnungselemente befragt werden (»Was verraten die Texte über Zusammensetzung, Aufbau und grundlegende Lebensvollzüge der Gesellschaft, an die sie gerichtet waren?«). Erkennbar sind: die agrarisch-bäuerliche Wirtschaftsweise, patriarchalische Familien- bzw. Sippenstruktur, Ortsgerichtsbarkeit aufgrund von Zeugenaussagen (8. Gebot), Bedeutung und Charakter des Eigentums. Unter Heranziehung des *Textes von Martin Buber* und der eigenen Ergebnisse zur Karikatur und zu den Jugendgeboten erstellen dann die Schülerinnen und Schüler eine »Mängelliste«. In welcher Hinsicht müßten die Zehn Gebote heute ergänzt werden, wenn ihre Gesamtintention (s.o. Bewahrung der Freiheit) gewahrt werden soll? Die »Ergänzungen« können sich in neuen Geboten wie auch in Bedeutungserweiterungen der formulierten Gebote niederschlagen (z.B. Diebstahlsverbot als Verbot, elementare Lebensmittel vorzuenthalten). Seite 111

3.6 Lernen von Normen

In diesem Unterkapitel sollen in elementarer Form die heute bedeutsamsten psychologischen Beschreibungen der Gewissensentwicklung und des moralischen Denkens erarbeitet werden. Nach zwei einschlägigen literarischen Beispielen werden die psychodynamische Sicht nach S. Freud und G. W. Allport und die kognitiv-strukturelle Sicht nach J. Piaget und L. Kohlberg vorgestellt. Die möglichst kurz gehaltenen Theorietexte sind durch konkrete Fallschilderungen oder Statements unterbrochen, die eine Anwendung der Theorien erlauben. Das Unterkapitel soll mit den beiden folgenden (anthropologische und soziologische Perspektive) die humanwissenschaftlichen Aspekte zur Geltung bringen, die bei einer theologisch-ethischen Reflexion der Normenproblematik, wie sie anschließend wieder aufgenommen wird, unbedingt zu beachten sind. Da sie eigenständige Sachkapitel darstellen, können sie auch an jeder anderen Stelle des Gesamtkapitels behandelt werden.

Die wandelnde Glocke (Johann Wolfgang von Goethe) und Ein Jugenderlebnis (Albert Schweitzer)

Die beiden einleitenden Texte, *Die wandelnde Glocke* von Goethe und das *Jugenderlebnis* von A. Schweitzer fordern zum Vergleich geradezu heraus, weil in beiden das Glockengeläute die Stimme des Gewissens in ihrer Unausweichlichkeit symbolisiert. Während aber im ersten Fall diese Stimme zu zwanghaftem Gehorsam veranlaßt, befreit sie im zweiten Fall »vor der Menschenfurcht« und verhilft dem jungen Albert zu einem authentischen Verhalten. Im letzten Abschnitt des Schweitzer-Textes wird Seite 112

zudem auf den Zusammenhang von Gewissen und Gebot verwiesen und damit der Anschluß zum vorangegangenen Unterkapitel hergestellt. Gebote können knechten, aber auch befreien.
Mit Hilfe der *Fragen* unter dem Gedicht kann die Glocke mit dem Gewissen identifiziert und dessen Wirkweise beschrieben werden. Sodann sollten die Schülerinnen und Schüler den Schweitzer-Text mit dem Gedicht vergleichen und Gemeinsamkeiten und Unterschiede hinsichtlich der Wirksamkeit des Gewissens feststellen. Auf den Zusammenhang mit dem Gebotsverständnis im letzten Abschnitt muß wohl hingewiesen werden.

Hoffnungsloser Fall (e.o. plauen)

Seite 113

Die Vater-und-Sohn-Bildgeschichte bringt einen weiteren Aspekt ins Spiel: sich von einer Autorität ertappt und gemaßregelt fühlen ohne Einsicht in die Fehlerhaftigkeit seines Verhaltens. Erich Ohser (Künstlername nach seinem Heimatort e.o.plauen) malte diese Bildgeschichte von »Vater und Sohn« im Dritten Reich.

Während Hitler die Männer in die SA-Uniformen steckt und zackig auftreten läßt, während die Hitlerjungen mit sauber gescheitelten, streichholzlangen Haaren im Marschschritt daherkommen, erlaubt es sich die große »Berliner Illustrierte« drei Jahre lang jede Woche, in den Vater-und-Sohn-Bildgeschichten ohne Worte zwei wirkliche Zivilisten zu präsentieren: den einen mit Bauch, Glatze, Schweinsäuglein; ihn zieren Schnauzbart und gewaltige Augenbrauen. Sein kleiner Sohn hat einen Struwwelkopf und Knopfaugen.
Die beiden sind ein ungleiches Paar, kommen aber oft Hand in Hand daher. Sie richten sich zusammen in der nicht immer harmonisch gestimmten Welt ein und verstehen sich, schon weil sie beide ein kindliches Gemüt haben und gerne spielen.
Sie halten zusammen, ärgern sich gegenseitig, aber noch mehr ärgern sie sich über die Spießer, die Bürokraten, die Steißtrommler und Ordnungsapostel ohne Humor und Phantasie.

Wegen Volksverhetzung wurde Ohser verhaftet; er beging am 4. April 1944 in der U-Haft Selbstmord.

Gewissensentwicklung aus psychodynamischer Sicht

Seite 113

Der Sachtext bietet in vereinfachter Form das sog. Instanzenmodell Freuds. Es kann leicht als Schema in ein Tafelbild umgesetzt und dabei als unterste Schicht das Reich der Triebe (ES) hinzugefügt werden.

Vereinfachtes Instanzenmodell Freuds

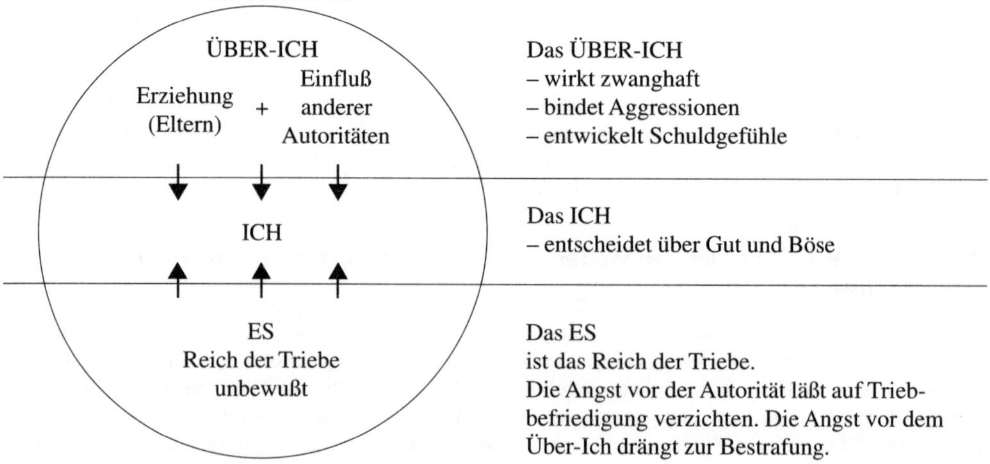

Sinngemäß ist es auch, neben bzw. über den Eltern Gott dem Über-Ich zuzuordnen. Die Schüler/innen sollen dann darüber nachdenken, auf welche der vergangenen Texte oder Bilder sich das Über-Ich-Modell Freuds am leichtesten anwenden läßt.

Für Sigmund Freud (1856–1939) ist Gewissen das verinnerlichte (»introjizierte«) »Über-Ich«. Gebildet durch Elterneinfluß, Bestrafung, Belohnung, später durch Forderungen anderer begegnender Autoritäten, liegt es im Streit mit den anderen »Instanzen« des »psychischen Apparates«, mit ES und ICH. Das brodelnde ES, Anwalt der Triebenergien, des Sexual- und Aggressionstriebes zumal, wird vom ÜBER-ICH in Schranken gewiesen, konfrontiert mit Gesetz, mit Sitte und Moral. Ausgleichende Instanz, angesiedelt zwischen ES und ÜBER-ICH ist das ICH. Seine Aufgabe: den Ausgleich zu schaffen zwischen Neigung und Notwendigkeit, Wollen und Sollen, anzugleichen auch das Trachten des Menschen an die Realität. »Realitätskontrolle« nannte es Freud. Das ÜBER-ICH – das gilt es festzuhalten – kennt kein Pardon. Fordernd ist es und strafend. Es stellt dem Menschen ein Ideal vor Augen. »Ich-Ideal«: »So sollst du leben. So sollst du handeln!« Bleibt der Mensch hinter dem Ideal zurück, erreicht er nicht das vorgestellte Ziel, meldet sich das Gewissen. Der Mensch fühlt sich schuldig: »Schuldgefühl«. Der Ursprung des Schuldgefühls, dies gilt es zu erinnern, hängt für den großen Analytiker am »Ödipuskomplex«. Der gleichgeschlechtliche Elternteil wird für das Kind als Rivale empfunden. Der Knabe wünscht den Vater umzubringen, um sich mit der Mutter zu vereinen. Der Wunsch ist moralisch nicht akzeptabel. Es entsteht das Schuldgefühl.
Freud hatte kein positives Menschenbild. Er wußte, der homo sapiens ist nicht »Herr im eigenen Hause«. Längst ehe die böse Tat vollendet ist, hat der abgründige Gedanke sich eingenistet. Und bisweilen fragt man besser nicht nach den Motiven auch der »guten« Taten.
Wie nahe steht hier der Seelenkenner biblischer Weisheit! »Böse ist das Dichten und Trachten des Menschen – von Jugend auf.«

Das Muß-Gewissen und das Sollte-Gewissen

Seite 114

Der Text stellt die Freud modifizierende Sicht G. W. Allports dar. Er enthält einige erläuterungsbedürftige Elemente, z.B. »Erlebnis wertbezogenen Verpflichtens«, »Selbstbild« und »Eigenstreben«. Das Verständnis kann durch den Hinweis erleichtert werden, daß das Gewissen – auch nach Freud – keine Instanz ist, die unmittelbar bestraft, sondern die in erster Linie bewertet, d.h., es ist eine Instanz der Selbstbewertung. Um sich selbst bewerten zu können, braucht man Maßstäbe bzw. Werte, an denen man sich messen kann. Allport stellt nun fest, daß solche Maßstäbe in einem Bild festgelegt werden, das sich ein jeder von sich selbst macht. Dieses kann stark von außen bestimmt, also von Eltern oder anderen Autoritäten geprägt sein. Es kann aber auch selbst gewählte Werte enthalten, mit denen sich einzelne von ihrer Umgebung bewußt unterscheiden. Hier wäre auf den schon gelesenen Text von A. Schweitzer zu verweisen. Die Schüler/innen können nach solchen Erläuterungen und der Lektüre des Textes selbst Beispiele und Lebensbereiche zu identifizieren suchen, in denen tendenziell das Muß-Gewissen oder das Sollte-Gewissen vorherrscht. Erziehung kann der Ausbildung eines Muß-Gewissens oder eines Sollte-Gewissens dienen. Zu dieser Einsicht soll der zweite Impuls verhelfen, der gleichzeitig Gelegenheit gibt, über unterschiedliche Erziehungsstile nachzudenken (vgl. auch die *Zeichnungen* und die 10 Gebote von Walter Jens).

Nicht versetzt (Peter Weiss)

Seite 115

Die Lebenserinnerung von Peter Weiss bestätigt zunächst einmal die These vom Muß-Gewissen bzw. Freuds Theorie. Im Verhalten von Fritz W. werden aber andere – von diesem selbst gewählte – Werte deutlich, die die Erwartungen der Eltern relativieren. Der Junge hat hier noch nicht gelernt, sich an selbst gewählten Werten zu orientieren, aber es ist ihm die Möglichkeit dazu eröffnet. Insofern ist auch der Text ein Hinweis auf die Art der erzieherischen Verhältnisse, die zur Ausbildung der beiden Gewissenstypen beitragen. Die Schüler/innen können sich an dieser Stelle über eigene Erfahrungen mit ihren

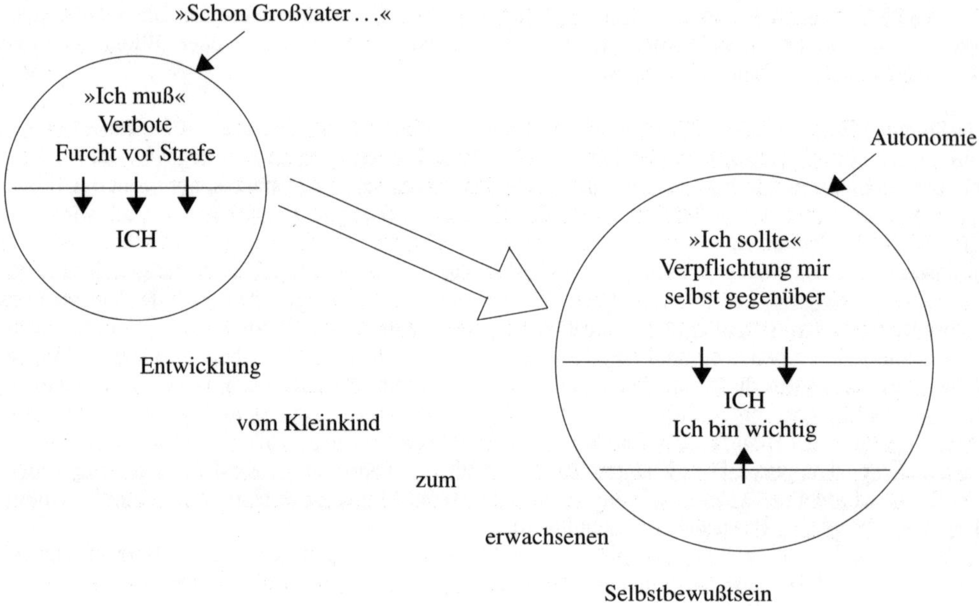

Eltern – im Blick auf Noten und Zeugnisse – austauschen und versuchen sich darüber klar zu werden, welchen Stellenwert Schulleistungen für ihr Selbstbild haben und welche anderen Werte darin eine bedeutende Rolle spielen. Um letzteres herauszufinden, sollten sie sich erinnern (evtl. aufschreiben!), wann sie selbst ein schlechtes Gewissen hatten oder zu haben pflegen und sich dann fragen, welche Werte dafür namhaft zu machen sind.

Archimedische Punkte des Gewissens

Seite 115

Der Text *Archimedische Punkte des Gewissens* ist ein Appell, die eigenen Gewissensregungen – trotz ihrer Erziehungsbedingtheit – gegenüber den vielfältigen Erwartungen von außen ernst zu nehmen und sich selbst geeignete Vorbilder zu wählen. Der Appell gilt natürlich nur im Hinblick auf das »Sollte-Gewissen«. Seine anthropologische Grundlage wird erst im folgenden Unterkapitel (»Ortung des Menschen«) verdeutlicht.

Entwicklung des moralischen Denkens

Seite 116

Die Texte zur Entwicklung des moralischen Denkens nach Jean Piaget stellen nun – die psychodynamische Sicht der Gewissensentwicklung ergänzend – die kognitiv-strukturelle Sicht der moralischen Entwicklung dar. Besonders gut schließen die Einsichten Piagets an die Gewissenstheorie Allports an. Das Regelverständnis auf den beiden Hauptstufen des moralischen Realismus und der Autonomie entspricht weitgehend der Struktur des Muß- bzw. des Sollte-Gewissens. Die Übergangsphase verweist auf die große Bedeutung der Kooperationserfahrung für die moralische Entwicklung. Die Ähnlichkeit mit Allports und der Unterschied zu Freuds Theorie (s. Impuls) wird den Schülern sofort auffallen.
Bevor der Text der folgenden Seite behandelt wird, sollten Leistung und Grenzen der experimentell gewonnenen Einsichten Piagets herausgearbeitet werden. Denn der Versuch, Piagets Einsichten auf Alltagssituationen anzuwenden, wie er am folgenden Text gemacht werden soll, kann nicht voll gelingen, weil Alltagssituationen meist komplexer sind als das, was experimentell beobachtet werden kann. Piaget hat Kinder beim Murmelspiel beobachtet und ihnen Geschichten über Regelverletzungen vorgelegt.

Seine Fragen richten sich auf das Zustandekommen der Regeln und das Warum ihrer Befolgung. Die Ergebnisse spiegeln genau diese Beobachtungs- bzw. Befragungsperspektive, während z.B. das konkrete Verhalten der Kinder, ihr eigener Umgang mit Regeln und Normen in Ernstsituationen oder die Anwendung bzw. Nichtachtung von Regeln in bestimmten Situationen oder Beziehungen außer Betracht blieben. Im Alltag spielen aber solche weitergehenden Gesichtspunkte immer mit. Dies kann bei gleichem Regelverständnis zu sehr unterschiedlicher Beziehungs- oder Situationsdefinition führen. Schülern läßt sich dieser Umstand mit dem Bild eines Vergrößerungsglases verdeutlichen. Im Fokus werden bestimmte Buchstaben herausgehoben, während alle Randzonen unlesbar werden.

Ich weiß, wo meine Grenzen sind

Der Bericht von Christiane *Ich weiß, wo meine Grenzen sind* läßt nicht unmittelbar das Regelbewußtsein der ausgesprochenen Personen erkennen. Im Vordergrund stehen die Beziehungsdefinitionen und das Selbständigkeitsstreben von Christiane. Zu fragen ist zunächst, woran sich die Eltern – nach Auffassung von Christiane – orientieren und was ihre eigenen Orientierungsgesichtspunkte sind. Wahrscheinlich werden die Schülerinnen und Schüler den Gegensatz zwischen einer Orientierung an den Erwartungen der bürgerlichen Umgebung und Selbstentfaltungs- und Erprobungsinteressen in den Mittelpunkt stellen. Die Gleichsetzung dieses Gegensatzes zwischen moralischem Realismus (bei den Eltern) und Selbstentfaltungsvision (bei Christiane) mag naheliegen. Die Schüler/innen sollten jedoch darauf hingewiesen werden, daß zu moralischer Autonomie die eigenständige Wahl und Begründung moralischer Werte gehört. Ist davon etwas bei Christiane zu erkennen? Könnte sie sich nicht einfach aus Opposition gegen ihre Eltern stellen und sich an den Standards ihrer Kumpels orientieren? Drei Rollenspiele könnten andere Perspektiven eröffnen: Seite 117

a) Die Eltern unterhalten sich über Christiane, als diese wieder einmal nachts nicht nach Hause gekommen ist.
b) Christiane und ihre Eltern diskutieren ihr nächtliches Fernbleiben.
c) Zwei Kumpels von Christiane reden über sie, als sie sich zufällig in einer Kneipe treffen.

Jedes Rollenspiel wird unter der Frage beobachtet, welchen Stand der Entwicklung des moralischen Bewußtseins die Mitspieler demonstrieren.
Der Impuls zu Christianes Bericht weist schon auf die Grenzen von Piagets Theorie (Beschränkung auf Regelbewußtsein) und die breitere Anwendungsmöglichkeit der Theorie der Entwicklung des moralischen Urteils von Lawrence Kohlberg hin, deren Hauptunterscheidungen – die drei Ebenen der Entwicklung – auf der folgenden Seite abgedruckt sind. Mit Hilfe dieser Theorie läßt sich das Verhalten von Christianes Eltern recht eindeutig der 2. Ebene, das von Christiane wohl im Übergang von der 2. zur 3. Ebene (Suche nach selbstbestimmten Werten bei gleichzeitiger Orientierung an den Konventionen der Kumpel) bestimmen. Die Unsicherheit bei der Zuordnung Christianes zeigt, daß auch Kohlbergs Theorie nicht die ganze Alltagskomplexität erfassen kann.
Es kann auch die Erzählung von Ingeborg Karasek »Die Mutprobe« als Wiederholung aus Klasse 7/8 herangezogen werden (Das Neue Kursbuch Religion 7/8, S. 82–83), wie auch alternative Erzählungen aus dem Lehrerhandbuch Neues Kursbuch Religion 7/8, S. 123–130).

Die Ebenen der Entwicklung

Wer in die Stufentheorie Kohlbergs in ihrer vollen Differenzierung einführen will, kann die Gliederung in sechs Stufen auf der Basis der drei Ebenen in sprachlich vereinfachter Form erläutern: Seite 118

Vormoralische Stufe (1)	Eigene Lustempfindungen sind gut, Unlustempfindungen sind schlecht.
Moral des Gehorsams (Stufe 1)	Gut ist es, den Vorschriften derjenigen zu folgen, die die Macht zu strafen oder zu belohnen haben.
Moral des Tauschs (Stufe 2)	Gut ist es, eigene und andere Bedürfnisse zu berücksichtigen und im Sinne des konkreten Austauschs fair
Moral der zwischenmenschlichen Beziehungen (Stufe 3)	Gut ist es, sich um andere und ihre Empfindungen zu kümmern, sich Partnern gegenüber loyal und zuverlässig zu verhalten und bereit sein, den Erwartungen anderer zu entsprechen.
Moral des sozialen Systems (Stufe 4)	Gut ist es, seine Pflicht in der Gesellschaft zu erfüllen, die soziale Ordnung aufrechtzuerhalten und für die Wohlfahrt der Gesellschaft oder Gemeinde Sorge zu tragen.
Moral des Sozialvertrags (Stufe 5)	Gut ist es, die grundlegenden Werte und Verträge einer Gesellschaft zu achten und zu unterstützen, auch wenn sie mit den konkreten Regeln und Gesetzen eines gesellschaftlichen Subsystems in Konflikt geraten.
Universalistische Moral (Stufe 6)	Gut ist es, solche Prinzipien als maßgebend zu betrachten, denen die ganze Menschheit folgen sollte.

Mit Hilfe sog. Dilemmageschichten hat Kohlberg seine Klienten zu moralischen Urteilen mit Begründung veranlaßt und die Begründungen auf die Argumentationsstrukturen hin analysiert, die er in Stufen zusammenfaßt.

Das »Heinzdilemma«:
Irgendwo in Europa stand eine krebskranke Frau kurz vor dem Tode. Es gab ein Medikament, das sie hätte retten können, eine Radiumverbindung, die ein Apotheker in jener Stadt vor kurzem entdeckt hatte. Der Apotheker verlangte dafür 2 000 Dollar, das Zehnfache dessen, was ihn die Herstellung des Medikaments kostete. Der Mann der kranken Frau, Heinz, bat alle seine Bekannten, ihm Geld zu borgen, aber er konnte nur etwa die Hälfte des Preises zusammenbringen. Er sagte dem Apotheker, daß seine Frau im Sterben liege, und bat ihn, ihm das Medikament billiger zu verkaufen oder ihn später bezahlen zu lassen. Aber der Apotheker sagte »Nein«. In seiner Verzweiflung brach der Ehemann in die Apotheke ein und stahl das Medikament für seine Frau. Sollte er das tun? Warum?

Es ist in der Regel nicht möglich und auch pädagogisch nicht sinnvoll, mit den Schülerinnen und Schülern in Einzelarbeit das gleiche psychologische Experiment durchzuführen. Aufschlußreich und pädagogisch fruchtbar können aber Klassendiskussionen über diese und weitere Dilemmageschichten sein. Sie können den Unterrichtenden einen ungefähren Eindruck davon vermitteln, welche Argumentationsstrukturen in der jeweiligen Lerngruppe bevorzugt werden und welchen Stufen sie in etwa zuzuordnen sind. Nach einer Empfehlung Kohlbergs sollten Unterrichtende Argumente der jeweils nächsthöheren Stufe benutzen, wenn sie Lernende optimal fördern wollen. Auch Schülerinnen und Schüler können mit der Zeit lernen, stufentypische Argumentationsstrukturen zu identifizieren, und sie werden auch bemerken, daß sich nicht alle Argumente auf Stufenstrukturen zurückführen lassen.

3.7 Gewissen – Ortung des Menschen

Das Unterkapitel versucht, die Dimension der Gewissenserfahrung zugänglich und bewußt zu machen, die über die moralische Bestimmtheit der Gewissensstrukturen hinausgeht, d.h. diese erst ermöglicht und auch zu relativieren gestattet. Der zentrale Text, auf den das ganze Unterkapitel zuläuft, ist Gerhard Ebelings Bestimmung des Gewissens als »Ort des Menschen«, weil sich hier entscheidet, »wo der Mensch hingehört, wo er ist und wo er seine Bleibe hat«. Andere, z.B. Tillich, verbinden mit der gleichen Einsicht den Begriff des transmoralischen Gewissens. Gemeint ist damit eine zentrale personintegrierende Instanz, die die existentiellen Bindungen und Freiheiten jedes einzelnen Menschen prozessiert. Gewissen erweist sich auch als relationale Instanz, die Fremdbestimmung, Selbstbestimmung und Transzendenzbezug zu einer persönlichen Form bringen muß. Dabei können grundlegende existentielle (auch religiöse) Bindungen gelernte moralische Verbindlichkeiten lockern und sogar außer Kraft setzen.

»D. Bonhoeffer hat es so gesehen: ›Das Gewissen ist der aus einer Tiefe jenseits des eigenen Willens und der eigenen Vernunft sich zu Gehör bringende Ruf der menschlichen Existenz zur Einheit mit sich selbst‹. Diese Einheit hat der Mensch verloren. Das Gewissen macht also deutlich, daß er sie verloren hat. Frage und Antwort, Spruch und Widerspruch, das Spiel unserer Gedanken bildet den Ausdruck dieser Verlorenheit. Wie nun gelangen wir in die Einheit? Noch einmal D. Bonhoeffer: ›Wo Christus, wahrer Gott und wahrer Mensch, zum Einheitspunkt meiner Existenz geworden ist, dort bleibt zwar das Gewissen – formal – immer noch der Ruf aus meinem eigentlichen Sein zur Einheit mit mir selbst. Diese Einheit kann aber nicht mehr verwirklicht werden in der Rückkehr zu meiner aus dem Gesetz lebenden Autonomie, sondern in der Gemeinschaft mit Jesus Christus‹.
In diesem Sinne sah Luther sein ›Gewissen gefangen im Worte Gottes‹.
Das Gewissen also kein ›Anknüpfungspunkt‹, Bezugspunkt für die Verkündigung des Evangeliums. Wie sollte die Flucht der Gedanken, das Umgetriebensein durch Normen und Gesetze einen solchen darstellen können? Welches Gesetz treibt mich? Welche Norm normiert mein Handeln? Wer sagt mir, daß es das göttliche Gesetz sei und eine göttliche Norm? Jagt mich nicht menschliches Gesetz, plagt nicht das ›Über-Ich‹? Zwar kann ich unter das göttliche Gesetz geraten (Luther hat es durchlitten!). Doch begegnet dies Gesetz nicht außerhalb des göttlichen Wortes, ist eben nicht ›natürlich‹ offenbart.
Luther redet nicht selten vom Gewissen. Angefochten könne es sein, so sagt er – oder getröstet. Anzuklagen vermag es mich – wenn es denn vom Gesetz Gottes bedrängt, von seinem Gebot und Willen betroffen wird. Da freilich hilft keine Verteidigung, die das eigene Herz sich ersinnt. Kein Ausweg bleibt als der Zuspruch des Evangeliums, die Zusage der Liebe Gottes in Jesus Christus, wodurch der Mensch um Christi willen freigesprochen, ›gerechtfertigt‹ wird. ›Cor accusator. Deus defensor‹.
›Mein Gewissen ist gefangen im Worte Gottes‹, sagte M. Luther. Das ist die eigentliche theologische Aussage über den Gewissensbegriff. Doch: ›Wort Gottes‹ – das ist ein Kürzel, das der Entfaltung bedarf. Was ist gemeint? Gewiß nicht einfach das Bibelbuch. Als ginge es um ein Für-wahr-Halten von ›Heilstatsachen‹. Wort Gottes als eine Lehre, aus der dann die ethisch relevanten und dann gewiß auch unumstößlich richtigen Schlüsse zu ziehen seien. Wort Gottes meint ›das Wort in den Wörtern‹, das aufgrund der Schrift verkündete Wort, aktuell, in die Situation sprechend, mich in veränderter Situation neu betreffend. ›Wort Gottes‹ – das meint aber letztlich und entscheidend die Person Jesus Christus, ihn, in dem Gottes Liebe Hand und Fuß bekommen, seine Zuwendung zu uns Menschen Gestalt gewonnen hat. Wort Gottes – als gute Nachricht, ›gute neue Zeitung‹, Freudenbotschaft, Evangelium, das (wir sind mit K. Barth einig) dem Gesetz voraufgeht, Indikativ und Imperativ, Zuspruch und Anspruch, Evangelium und Gesetz, die Reihenfolge soll gelten. Würde das Gesetz dem Evangelium voraufgehen, so könnte es wohl eher alle mögliche Gesetzlichkeit sein, die da irrlichtert, uns gefangen hält, knechtet und versklavt.

Kennzeichen des göttlichen Wortes ist es gerade, daß es in das Stimmengewirr des ›Gewissens‹ ›Ordnung‹ zu bringen sich anschickt. Desillusionierend ist dies Wort, religionskritisch auch, sofern wir Religion verstehen als die menschlich ›unmögliche Möglichkeit‹, uns vor Gott darzustellen, in Szene zu setzen, zu rechtfertigen. Unter dem Wort Gottes wird uns ein befreites Gewissen zuteil. Zwänge zwingen nicht, Normen normieren nicht, Gesetze legen uns nicht fest. Von der Liebe Gottes erfüllt, handeln wir aus liebendem Impuls. ›Die Liebe ist des Gesetzes Erfüllung‹ (Rö. 13,10). In diesem Sinne sagt K. Barth in einer Vorlesungsreihe aus 1928/29: ›... schon im Begriff der Liebe ist das eigene Gewissen und ist die volle Freiheit des eigenen Gewissens mitgesetzt.‹«

Aus: Heinrich Jürgenbehring: »Gewissen – Erwägungen zu einem schwierigen Wort«, Deutsches Pfarrerblatt, Nr. 10 / Oktober 1994.

Ich geh' da nicht mehr hin (Christa Wolf)

Seite 118 f.

Die Geschichte von Christa Wolf schildert die Selbsterfahrung des Mädchens Nelly, das auf einer Geburtstagsfeier die berechnende Freundlichkeit ihrer Gastgeber durchschaut und sich selbst bei den von ihr geforderten Anpassungsleistungen beobachtet. Um authentisch bleiben zu können, verläßt sie das Fest und hilft sich dabei auch mit leicht durchschaubarem Schwindel. Ihr Gewissen nötigt sie dazu und gestattet es ihr auch, die Etikette zu wahren.
Die Schüler/innen werden aufgrund der Impulse feststellen, daß die Protagonistin sich zunächst altersgemäß auf konventioneller Ebene orientiert, dabei aber wegen der vorgespielten Wohlanständigkeit unbehaglich fühlt. Das Gefühl der Spaltung in zwei Personen wird leicht als Selbstbeobachtung erkannt und mit eigenen Erfahrungen identifiziert (»Ich schaute mir selber zu«). Daß sich hier Gewissen ereignet, d.h. grundlegende Bindungen der Person die Spaltung bewirken, weil die Identität wegen des Zwangs zur Entfremdung nicht gewahrt werden kann, können sie auch selbst herausfinden, wenn sie sich an ähnliche Situationen der Selbstbeobachtung erinnern. Daß die Werbung gelegentlich ähnliche Phänomene benutzt, mag hier einmal hilfreich sein.
Nelly macht eine Gewissenserfahrung mit sich selbst, bei der moralische Normen nicht die entscheidende Rolle spielen, sondern bei der die Existenzfrage selbst gestellt ist. Wer bin ich, wer will ich sein und wer kann ich sein?

Befreites Gewissen (Gerhard Ebeling) und Luthertexte

Seite 120

Bei *Ebeling* ist das Gewissen nicht als Ort *im* Menschen, sondern als Ort *des* Menschen bezeichnet. Dieser Text ist von *Luthertexten* sozusagen eingerahmt, die verschiedene Aspekte des religiösen Gewissens zeigen, also des von der Gottesbeziehung bestimmten Selbst. Dies sollte Anlaß sein, an Luthers berühmten Auftritt vor dem Reichstag in Worms zu erinnern (»Mein Gewissen ist gebunden in Gottes Wort«) oder von ihm zu berichten (Schülerreferat möglich). Denn bei Luther wird das existentielle Gewissen durch eine grundlegene religiöse Bindung frei gegenüber allem Drängen auf Kompromiß und falsche Anpassung. Die abgedruckten Luthertexte könnten leicht in einen fiktiven Bericht über Luthers Aufenthalt in Worms einbezogen werden. Als Leitfaden einer entsprechenden selbst zu erstellenden Geschichte kann eine schon vorliegende dienen:
»Martin Luther kommt nach Worms, geleitet vom Reichsherold Kaspar Sturm. Unterwegs wird er in vielen Orten jubelnd empfangen, in Leipzig, Naumburg, Weimar. In Erfurt predigt er bei den Augustinern. Er kommt nach Eisenach, Hersfeld, Frankfurt. Aus Worms sendet ihm Spalatin, Sekretär Friedrichs des Weisen und Freund Luthers, einen Brief entgegen: »Bist du toll geworden? Kehr um! Du bist in Gefahr!« Luther aber sagte: »Und wenn in Worms soviel Teufel sind wie Ziegel auf den Dächern, so will ich doch hinein«. »Ich war unerschrocken«, erzählt Luther später: »Gott kann einen wohl so toll machen.« Luther kommt in die Stadt. Am 16. April. Ein unglaubliches Gedränge herrscht in den Straßen. Tausende wollen den Mönch aus Wittenberg sehen, der es mit Kaiser und Papst aufzunehmen wagt. Luther kommt in den Johanniterhof, sein Quartier. Viele Freunde besuchen ihn dort. 17. April: Heimlich führt man Luther in den Bischofspalast vor den Reichstag. Er soll seine Schriften widerrufen. Er erbittet

Bedenkzeit. Der Kaiser gewährt ihm einen Tag. In der Nacht liegt Luther im Gebet. 18. April: Wieder steht Luther vor Kaiser und Reichstag, vor 6 Kurfürsten, 24 Herzögen, 7 Markgrafen, 30 Bischöfen, vor Rittern und Gesandten der Reichsstädte. Ein großes Gepränge. Der Saal ist zum Bersten gefüllt. Es ist schwül und schon dunkel. Überall brennen Fackeln. Wieder fragt der Sprecher des Reichstags: »Willst du widerrufen?« Und diesmal gibt Luther Antwort. In einer klaren und mutigen Rede, höflich, aber entschieden. In drei Gruppen teilt er seine Bücher ein. Ausführlich begründet er, weshalb er keine widerrufen kann, es sei denn, man weise ihm Irrtümer nach. Danach sagt er alles noch einmal in lateinischer Sprache für Spanier und Burgunder. Die Rede ist lang. Luther wird aufgefordert, sich kurz und bündig zu erklären. Da sagt er: *Wenn ich nicht mit Zeugnissen der Schrift oder mit offenbaren Vernunftgründen besiegt werde, so bleibt mein Gewissen gefangen in Gottes Wort. Denn ich glaube weder den Konzilien allein noch dem Papst, weil es offenkundig ist, daß sie öfter geirrt und sich selbst widersprochen haben. Widerrufen kann und will ich nicht, weil es weder sicher noch geraten ist, etwas gegen sein Gewissen zu tun. Gott helfe mir. Amen.* Da hebt der Kaiser die Sitzung auf. Luther ist hindurch.«

Heinz Schmidt

Die Schüler/innen können aber auch sonst »Fälle« existentieller Regungen des Gewissens aus Geschichte oder Gegenwart sammeln oder aus ihrem eigenen Leben zu erinnern suchen. Janusz Korczaks Gang ins KZ mit seinen Kindern, der Film »Schindlers Liste« o.ä. wären Beispiele solcher Art.

3.8 Erfahrungen und Normenwandel

Dieses Unterkapitel zeigt an Beispielen auf, wie der Wandel der politischen, ökonomischen, wissenschaftlichen und technischen Entwicklungen eine tiefgreifende Krise der Werte und der von ihnen abgeleiteten Handlungsformen ausgelöst hat. Die neue Situation hat viele überkommene und auch bewährte Normen infrage gestellt (z.B. Bildgeschichte »Auch ein Normenwandel«).

Text von Carl Amery
Der Götze »Leistung« wackelt (Jörg Bopp)

Der ständige Verlust der fundamentalen Bedeutung von christlichen Werten in dieser vielschichtig und pluriform gewordenen Welt ist unübersehbar. Der Wandel der Normen zeigt sich durch die Entstehung neuer Wertinhalte, die die entscheidenden Kriterien eines unabhängigen Lebens aufzeigen: Selbstverwirklichung, Lebensqualität, Enttabuisierung, Emanzipation, Intimsphäre, Unabhängigkeit. (Beispiel Carl Amery und der Kommentar des betroffenen jungen Mannes).

Seite 121
Seite 122

Normenwandel entsteht nicht nur durch neue Wertinhalte oder durch die Umdeutung bestehender Werte, sondern auch durch eine Veränderung der Rangordnung. So verliert z.B. die Norm der Selbstverwirklichung durch Arbeit an Anziehungskraft und der Götze »Leistung« wackelt.

Die Erfahrungen des Normenwandels können die Lernenden leicht selbst formulieren. Interviews der Großeltern, Besuche in Altersheimen bzw. Texte aus der Literatur können die Normen Anfang des 20. Jahrhunderts verdeutlichen. Die Interviews können in Gruppen vorbereitet werden zu bestimmten Themen:

- Wie war es, wenn ein unverheiratetes Mädchen ein Kind bekam?
- Wie war es, wenn eine verheiratete Frau eine Liebhaber neben ihrem Ehemann hatte?
- Wie war es, wenn jemand arbeitslos war?
- Welche Tabus herrschten vor (z.B. auch Kleidung oder Haartracht)?

Oder:

- Was war für Euch, was war für Sie wichtig in Ihrem Leben als junger Mensch?
- Welchen Stellenwert hatte Arbeit, Verdienst, Familie, Kinder, Karriere, Berufsaufstieg, Besitz, Haus, Gebote, Verbote?
- Wer bestimmte, was gut ist oder böse und was man zu tun hat?

Der Jungbrunnen (Lucas Cranach d. J., 1515–1586)

Seite 122

Dieses liebenswürdige Bild macht exemplarisch das Lebensgefühl seines Jahrhunderts deutlich. Der große, ernste Aufschwung, der die Reformation begleitete, ist verebbt. Eine spielerische Daseinsfreude und der Hang zu weltlicher Repräsentation kennzeichnen die veränderte Zeitlage.
Mit dem erstarkenden Landesfürstentum entsteht nun eine deutsche Hofkunst, die sich am Vorbild der italienischen Renaissance orientiert. »Der Jungbrunnen« war sicher ein fürstlicher Auftrag, bestimmt für ein Kunstkabinett, wie sie jetzt allgemein an den Höfen Deutschlands in Mode kommen. Er gab Cranach Gelegenheit, eine Fülle weiblicher Akte auszubreiten. Wahrscheinlich nährten die zahlreichen Badstuben der Zeit solche Wunschträume, die uns merkwürdig modern anmuten.
Im Jungbrunnen verjüngen sich seltsamerweise nur die Frauen, wovon eine vornehme und hochgestellte Männergesellschaft profitiert. Weit entfernt von der Stadt – in einem Waldgelände zu Füßen einer kühn getürmten Burg – siedelte Cranach ein fürstliches Badebecken an. Inmitten dieses »swimming-pools« spendet eine Marmorsäule, gekrönt von Venus und Amor, das wunderverheißende Wasser. In der linken Bildhälfte wird das »Altweibermaterial« mühselig herbeigeschafft. Auf Schubkarren, Tragbahren, Leiterwagen, aufs Pferd geschnallt und Huckepack bringen Bauern alte Frauen heran. Ein Bademädchen und ein kritisch äugender Schreiber nehmen sie in Empfang. In der linken Beckenhälfte tauchen sie hängebusig und vergilbt ins Wasser, um jenseits der Mitte weiß und goldhaarig einem fröhlichen Leben entgegenzueilen. Denn mit der neuen Jugend hat die Mühsal des Daseins ein Ende. Ein Hofmarschall dirigiert die Verjüngten in das große, rote Ankleidezelt, das sie als frisch gebackene Hofdamen verlassen. Tanzen, Tafeln und Tändeln ist nun ihr neuer, wahrhaft verlockender Lebensinhalt – ein Märchen, dessen gesellschaftlicher Aspekt zu denken gibt. Jugend und Schönheit verhelfen den Frauen zu sozialem Aufstieg. Sie fallen selbstverständlich den Reichen zu, während die Armen wenigstens auf gute Art ihre Weiber dabei losgeworden sind.
Das Bild wird neuerdings von einem Teil der Forschung Lucas Cranach dem Jüngeren zugesprochen.

Aus: Die goldene Palette, Stuttgart 1968

Das war damals noch nicht drin und **Mehr Schwierigkeiten mit der Liebe (Jörg Bopp)**

Seite 123

Am eindrucksvollsten haben sich wohl die Normen für das Sexualverhalten geändert. An den Beispielen »Das war damals noch nicht drin« und »Mehr Schwierigkeiten mit der Liebe« können Normen von früher und heute verglichen werden. Dabei sind die neuen Werte nicht endgültig, denn die Erfahrungen mit den neuen Normen lassen Entwicklungen offen, wie Jörg Bopp im Blick auf die Liebesbeziehung junger Menschen aufzeigt.
»Sexwende« nennt Gina Kolata ihr Buch, in dem die erste empirisch seriöse Untersuchung in der Disziplin Sexologie zusammengefaßt ist. Drei Wissenschaftler aus den USA haben in sieben Jahren 3.432 repräsentativ ausgewählte Amerikaner interviewt und festgestellt: Die Menschen sind längst nicht so sexgierig, wie eine bestimmte Presse oder bestimmte Filmemacher vorgaukeln (83% hatten im vergangenen Jahr nur einen Sexualpartner (71%) oder gar keinen (12%)).
Auf einen Wertewandel in Liebe, Romantik und Lebenskultur weisen neue Umfragen hin. So sagt der Münchner Diplom-Psychologe Jens Corssen in einem Interview in der Zeitschrift »Focus« in der Titelgeschichte »Sehnsucht nach dem Gefühl« zum neuen Gefühlsboom:

Focus: Große Liebe, Hochzeit in Weiß, Himmelbett, kitschige Filme, Sehnsucht nach Gefühl – was sagt der Psychologe zu diesem Boom?
Corssen: Wir haben nach dem Krieg soviel mit »Überleben« zu tun gehabt, daß das »Erleben« zu kurz gekommen ist. Und um nicht jetzt schon wieder den Fehler zu machen, uns nur auf Sicherheit zu konzentrieren (Rentenbeiträge ausrechnen usw.), besinnt man sich – nach dem Motto: Da war doch noch was – auf seine fünf Sinne, die man ja als die fünf Pforten zur Seele bezeichnet.
Focus: Also Paradigmenwechsel!

Corssen: Ja, sehen Sie sich doch bloß diese Trends an; betont romantische Einrichtung, Mode, Reisen. Die Leute wollen sich damit etwas Gutes tun. Damit streicheln sie ihre verwundete Seele. Oder denken Sie an die Verkaufszahlen der klassischen Musik, Arien von Pavarotti, der augenblickliche Boom der Gregorianischen Gesänge. Vielleicht hören wir da seit langer Zeit erstmals wieder Zwischentöne. Vielleicht wächst durch diese Beschäftigung mit dem Gefühl auch unsere Empfindsamkeit für uns – und für andere.
Focus: Sehen Sie dabei irgendwelche Gefahren?
Corssen: Ich finde es nicht gefährlich, wenn Menschen Gefühle haben, sich ihrer bewußt werden – und sie auch äußern. Je kommunikativer ich da bin, desto weniger kommt es zu emotionalen Ausbrüchen, die dann ja destruktiv sein können. Ich glaube, daß die neue Sentimentalität auch eine Folge von Frustrationen ist – und unserer materiellen Denkgewohnheit.
Focus: Aber wenn das Leben doch so traurig ist …?
Corssen: Auch wenn es jetzt philosophisch klingt, behaupte ich, daß nicht die Welt und das Leben traurig sind, sondern wir Menschen uns *traurig denken* – und zwar durch irrationale Muß-Annahmen, wie wir und die Welt sein *sollten* …
Focus: Ist die Sehnsucht nach Gefühl ein Symptom von Leere?
Corssen: Was man kann, das lebt man, und was man nicht kann, danach sehnt man sich. Der typische Single möchte das große Gefühl, weil er es selbst oft nicht aufbringen kann. Dabei kann man nur dem begegnen, was in einem ist.
Focus: Könnte die Neoromantik ein Indiz dafür sein, daß wir von Technik, Disziplin und Vernunft überfordert werden?
Corssen: Wir befinden uns in einem natürlichen Rhythmus von Yin und Yang, im ewigen Wechselspiel vom weiblichen Prinzip Entspannung und dem männlichen Prinzip Anspannung; von rechter (steht für intuitives, kreatives Denken) und linker Gehirnhälfte (steht für kalte, analytische Fähigkeiten). Vielleicht war in den letzten Jahrzehnten einfach zuviel Yang, etwas zuviel linke Gehirnhälfte angesagt …

Aus: Focus 52/1994

Als Zusatzmaterial ZM 8 kann ein Auszug der Umfrage bei Jugendlichen im Blick auf ihr Verständnis von Liebe und Freundschaft (»Focus« Nr. 32/1994) verwendet werden. Dazu ein Kommentar des Soziologen Bernhard Schäfer über den Wandel der Jugend:

»Heute gibt es unter jungen Menschen eine wesentlich positivere Einstellung gegenüber den Themen ›Ehe‹ und ›Familie‹ als noch vor wenigen Jahren. Das belegen auch empirische Untersuchungen des Sinus-Instituts sowie die Shell-Jugendstudie.
Der Grund: Die Jugendlichen erleben um sich herum eine Zeit des Wandels – Landesgrenzen werden verändert, bisher bestehende politische Systeme brechen zusammen. Dazu kommt oft Instabilität in der eigenen Familie.
Ihre Reaktion: Sie gehen auf die Suche nach neuen Solidaritäten, nach sicheren Inseln inmitten des Chaos, nach Gemeinsamkeit, nach dem Gefühl, irgendwo zu Hause zu sein, um in dieser Welt der Unsicherheit aufgefangen zu werden – sie suchen das Gefühl, mit anderen möglichst viele Übereinstimmungen zu erreichen.
Die Familie als Insel im Sturm. Früher haben Jugendliche diese Stabilität hauptsächlich in Jugendgruppen und Cliquen gesucht. Daß sie sich heute besonders nach frühen festen Bindungen sehnen, kann auch an dem klassischen Generationsgegensatz liegen: Oft finden Kinder genau das erstrebenswert, was die Eltern – in diesem Fall die Generation der Alt-68er – eher ablehnten.
Wenn viele von ihnen auch wieder häufiger die Eltern als Vorbilder nennen, hängt das damit zusammen, daß junge Menschen heute dazu neigen, im privaten Umfeld statt in abstrakten Theorien Sinn zu suchen.«

Aus: Focus 32/1994

Im Vergleich zu den abgedruckten Texten »Das war damals noch nicht drin« und »Mehr Schwierigkeiten mit der Liebe« können die Schüler eine Zeitleiste des Normenwandels in den letzten 50 Jahren erstellen.

- Früher Sex
- Trennung von Sex und Gefühl
- Treue – nur auf Zeit
- Partnerwechsel
- Ehe: spießig …

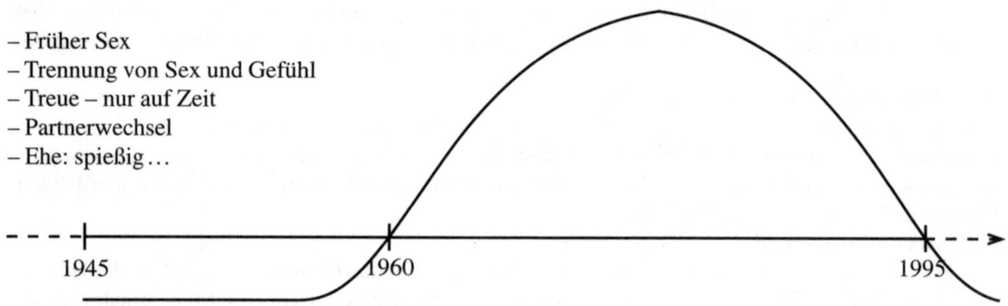

- Liebe und Gefühl
- Treue in Partnerbeziehung
- Ehe und Familie

Lebenssinn: Maßvoll glücklich und **Prinzipien eudämonistisch-hedonistischer Lebensführung**

Seite 124 Das Streben nach Glück (Eudämonismus) und Lebenslust (Hedonismus) in »Lebenssinn: maßvoll glücklich« und den »Prinzipien eudämonistisch-hedonistischer Lebensführung« zeigt einen Egoismus, der ein Zusammenleben mit Partnern oder in Familien, mit Freundinnen und Freunden wie auch das Zusammenleben in der Politik und in der Gesellschaft nicht möglich erscheinen läßt.
Die Prinzipien eudämonistisch-hedonistischer Lebensführung können mit den bisher erarbeiteten Prinzipien von Freundschaft oder Familie verglichen werden, Konsequenzen daraus können benannt werden. Ein weiterer Vergleich mit Sprichwörtern der Bibel kann noch einmal Normenwandel und zeitlose Wahrheiten aufzeigen.

3.9 Normenwandel in Europa

Drei Gesellschaftsmodelle
Minimalmoral (Norbert Hörster)

Seite 125 In einem Exkurs wird an drei Modellen ersichtlich, wie sich Ordnung und Moral in der europäischen
Seite 126 Geschichte darstellen:

1. In der hierarchischen Ordnung vor der Aufklärung war die Welt klar von oben nach unten ausgerichtet. Gott – dann Kirche und Herrscher oder Kirche über Herrscher oder Herrscher über Kirche – dann Stände (kein Individuum).
   Zur besseren Information kann ein Zusatzblatt (ZM 9) eingesetzt werden: »Kirche in der mittelalterlichen Welt« und »Das Machtstreben der Kirche im Mittelalter«.
2. In der aufgeklärten Gesellschaft wird die Position der Kirche weiter geschwächt, wenngleich sich die Herrscher der Religion verpflichtet wissen. Wissenschaft und Kunst emanzipieren sich von Staat und Kirche. Moral und Ästhetik wie auch Erkenntnis werden getrennt und nach eigenen Gesetzen beurteilt (Kant). Aber auch die aufgeklärte Gesellschaft wußte sich einer Mitte verpflichtet. Diese Ordnung gilt im Prinzip bis zum heutigen Tag, unbeschadet der Tatsache, daß das Individuum an Souveränität gewonnen hat als Zukunftsträger oder als Heilssubjekt.
3. Die moderne Gesellschaft zeigt eigentlich das Bild der differenzierten »postmodernen« Gesellschaft

und ihre politische Organisation, in der Staat und Kirche dienende Funktionen zugewiesen werden und das Individuum zum »Souverän« wird. Das Gewissen wird zur letzten Instanz des Individuums.

Darum bedarf es einer Minimalnorm, wie es *Norbert Hörster* designiert. Mit Hilfe der Aufgaben können die Lernenden erkennen, daß eine solche Minimalnorm höchst fragwürdig ist. Im Vergleich dazu soll die Bergpredigt die umfassende Norm aufzeigen, die alle Menschen einschließt, auch die Armen und Schwachen.

3.10 Religion und Moral

In diesem abschließenden Unterkapitel werden »Normen und Verhalten« nicht mit einer Minimalmoral verharmlost. Jesus stellt Maximalforderungen. In den sog. Antithesen der Bergpredigt (»Ich aber sage euch …«) zeigt er die Wurzeln auf, die zum Mord, zum Ehebruch, zur Lüge oder zur Rache führen.

Bild »Die Bergpredigt« (Otto Pankok)

Das Bild von Otto Pankok stellt Jesus als Prophet und Seher dar, der mit seinen Worten auf die Welt Gottes hinweist – zuerst und vor allem für seine Jüngerinnen und Jünger. Seite 127
Die Schüler/innen sollen bei der Deutung des Bildes von Otto Pankok einerseits auf die nachdenklichen und betroffenen Zuhörer ihr Augenmerk richten, andererseits auf den Prediger, der »auf dem Berg« steht als Prophet und Seher Gottes und so »dem Reich der Himmel nahe ist«. Ein Vergleich zu Matthäus 5,1 ist wichtig.
»Als er aber das Volk sah, ging er auf einen Berg und setzte sich; und seine Jünger traten zu ihm« (Mt 5,1).
Nach alter Überlieferung ist der Berg der Seligpreisungen eine Anhöhe oberhalb Kapernaums am See Genezareth. Jüdische Leser aber denken bei »dem Berg« – ohne weitere Ortsangabe – auch an den Berg der Zehn Gebote, wo Mose die Weisungen Gottes empfangen hat. Jesus weist ja auch in der Bergpredigt auf die Sinaiüberlieferung hin: »Ihr sollt nicht meinen, daß ich gekommen bin, das Gesetz oder die Propheten aufzulösen; ich bin nicht gekommen aufzulösen, sondern zu erfüllen. Denn wahrlich, ich sage euch: Bis Himmel und Erde vergehen, wird nicht vergehen der kleinste Buchstabe noch ein Tüpfelchen vom Gesetz, bis es alles geschieht« (Mt 5,17f.).
Matthäus versteht Jesus als Ausleger der alten Überlieferungen.
Jesus setzt sich – ein Zeichen für seine Jünger, daß nun eine Belehrung folgt. Diese ist zunächst einmal für sie, die direkten Nachfolger, bestimmt. Diese Lehre sollen sie später an das Volk weitergeben, und sie sollen als »Sauerteig«, als »Salz« die Menschen auf dieser Erde durchwirken. Sie sollen ihre Hörer zur Umkehr bewegen aus der Dunkelheit des Hasses, des Krieges, der Ungerechtigkeit und Lieblosigkeit hin zum Licht des angebrochenen Reich Gottes. (Matthäus verwendet den Begriff »Reich der Himmel«, weil ein frommer Jude, um der Heiligkeit Gottes willen, den Namen Gottes möglichst nicht ausspricht.)
Aber obwohl das Reich Gottes angebrochen ist, gibt es immer noch Kranke, Arme, Verfolgte, Trauernde, Gewalttätige. Erst wenn das Reich Gottes verwirklicht ist – durch Gott selbst –, wird in einem neuen Himmel und einer neuen Erde Gott »abwischen alle Tränen von ihren Augen, und der Tod wird nicht mehr sein, noch Leid noch Geschrei noch Schmerz wird mehr sein« (Offb 21,4). Doch mit der Hoffnung auf dieses Gottesreich beginnt es schon Wirklichkeit zu werden. Deshalb preist Jesus diejenigen über alles glücklich, die sich auf diese Verheißung verlassen und jetzt schon Barmherzigkeit üben, Frieden stiften, sich für Gerechtigkeit einsetzen, die Traurigen trösten und Leidtragenden beistehen.

Ich aber sage euch: (Manfred Fischer)

Provozierend beginnt Manfred Fischer mit der »Minimalnorm« (S. 127): »Ihr habt gehört, … du sollst für deine Familie leben und sie glücklich machen, und andere Leute gehen dich nichts an«. Dann aber Seite 127f.

wechselt Fischer und interpretiert die Antithesen: »Liebet eure Feinde« (Mt 5,43–46) und »Verzichtet auf Vergeltung« (Mt 5,38–42). Fischer nimmt den Sinn der Bergpredigt auf, indem er den Begriff »Nächster« auf alle Menschen ausdehnt, das Gebet als Hilfe aufzeigt und das Ziel der Bergpredigt nennt: Einen neuen Himmel und eine neue Erde, in welchen Gerechtigkeit wohnt. Damit wird deutlich, daß die Bergpredigt keine Minimalmoral für das Glück eines Einzelnen beschreibt, sondern Wegzeichen auf Gottes neue Welt zu. Jesu Reden und Handlungen sind Zeichen, die besonders den Benachteiligten eine neue Hoffnung geben, den »geistlich Armen«, denn sie werden mit ihm in Gottes neuer Welt leben. Ein erneuter Vergleich mit dem Holzschnitt von Otto Pankok bietet sich an: Jesus wird jetzt zu dem, der aufbricht (ausbricht), auf Gottes neue Welt zu, mit dem das Reich Gottes anbricht. Die Menge im Hintergrund »verschwindet in der Nacht«, die Nachfolger stehen im Licht und werden zum Licht – und zum Salz dieser Welt (Mt 5,13–16).

Die Seligpreisungen der Bergpredigt

Seite 129

Möglicherweise hat Matthäus die Feldrede (Lukas 6) als eine Logienquelle gekannt. Wahrscheinlich stammen die antipharisäischen Spitzen (Mt 6,2–6 und 6,16–18) schon aus dieser Vorlage. Der Akzent der Feldrede liegt auf der Tat, die aus dem Herzen kommt mit der Zusage: Auch wenn man euch verachtet, Gottes Verheißungen wiegen alles auf. Matthäus wendet sich gegen die wohl von falschen Propheten verkündigte Lehre, man könne auf die alten Gebote verzichten. Er stellt die Liebe als Maß aller Gesetzesvorschriften in den Vordergrund. Matthäus zeigt die Wurzeln auf, aus denen die Nichtliebe wächst, um ein Gespür zu bekommen für den Balken im eigenen Auge. Die Taten der Liebe sind notwendige Zeichen auf dem Weg zum Reich Gottes, aber sie sind nicht Voraussetzung für die Liebe Gottes zum einzelnen Menschen. Es ist umgekehrt: Die Liebe Gottes ist die Voraussetzung für die Taten der Liebe der Menschen. Die von Gott ergriffenen und befreiten und erlösten Nachfolger Jesu handeln aus Dankbarkeit. Als bedingungslos Geliebte können sie lieben.
In einer Legende sagt ein jüdischer Rabbi: »Ich habe zwei Taschen. In jeder habe ich einen Zettel. Auf dem einen steht: Alles, was geschieht, hängt von dir ab, von deinen Entscheidungen und deinen Taten. Auf dem anderen steht: Nichts von dem, was geschieht, hängt von dir ab. Nimm dich nicht so wichtig. Und das Problem ist lediglich, in welchem Augenblick ich den einen und in welchem Augenblick ich den anderen vorziehe.«

Wie Bettler vor Gott (Günter Bornkamm)

Seite 130

Die Seligpreisungen zeigen auf, wie die Bergpredigt zu verstehen ist.
Die erste Seligpreisung:
»Selig, die arm sind vor Gott, denn ihnen gehört das Himmelreich« (Einheitsübersetzung).
»Selig sind, die da geistlich arm sind, denn ihrer ist das Himmelreich« (Luther).
»Freuen dürfen sich alle, die mit leeren Händen vor Gott stehen, denn sie werden Gottes Volk sein, wenn er sein Werk vollendet« (Die Gute Nachricht).

Bei Matthäus sind es die »geistlich Armen«, also alle Menschen, die ihr Vertrauen auf Gott setzen, die »wie Bettler vor Gott stehen« (Günter Bornkamm), also die Menschen, die leere Hände zu Gott ausstrecken, um sich diese von Gott füllen zu lassen, und die von Gott alles erwarten.
Nur wer sein ganzes Vertrauen darauf setzt, daß Gottes Zusage wahr ist und daß am Ende Gottes Himmelreich steht, wird frei werden von dem Wahn, durch eigenes Tun sich ewiges Leben erwerben zu können.
Das Bild von den offenen Händen kann als Meditation auch pantomimisch dargestellt werden. Wenn leere Hände gefüllt werden, so schließen sie sich normalerweise, um das Erworbene zu behalten. Sie ballen sich gar zu Fäusten, um den Besitz zu verteidigen. Das »Haben« bedeutet dann das »Sein«, und das »Mehrhaben« das »Mehrsein«!
Leben mit der Bergpredigt Jesu bedeutet, gegen diese Normalität anzukämpfen, indem die Hände offen bleiben im Vertrauen, daß Gott sie wieder füllt, wenn andere sich aus unseren Händen nehmen, was sie

nicht brauchen (oft auch zu Unrecht nehmen, was sie brauchen!). In volle oder geschlossene oder geballte Hände kann ja nichts hineingegeben werden. Sich zu verschenken, Gaben weiterzugeben in der Hoffnung, Neues geschenkt zu bekommen, ist Jesu Botschaft. Leben mit der Bergpredigt heißt also zuerst, den Indikativ zu entdecken: Die Liebe Gottes, die sich in Jesus uns schenkt, die nicht versiegt, immer neu auf den Menschen zukommt und vor allem dort wirken kann, wo sich der Mensch dafür öffnet! »Ihr sollt euch nicht Schätze sammeln auf Erden, wo sie die Motten und der Rost fressen ... Sammelt euch aber Schätze im Himmel ... Denn wo dein Schatz ist, da ist auch dein Herz« (Mt 6,19–21).

Vertiefungen der Seligpreisungen können in verschiedener Weise geschehen. Die Lernenden formulieren die Seligpreisungen in heutiger Problematik und Sprache. Oder sie stellen Antithesen dagegen, wie z.B.:
»Zu bedauern sind die geistlich Armen, denn sie werden völlig ausgenützt«.
»Zu bedauern sind die Trauernden, denn sie werden in ihrer Trauer alleingelassen«.
»Zu bedauern sind die Sanftmütigen, denn sie werden auf der Strecke bleiben«.
»Zu bedauern sind, die Gerechtigkeit suchen, denn sie werden eine Enttäuschung nach der anderen erleben«.
»Zu bedauern sind die Barmherzigen, denn man wird sie unbarmherzig ausnützen«.
»Zu bedauern sind die, die reinen Herzens sind, denn man wird sie verlachen«.
»Zu bedauern sind die Friedensstifter, denn sie werden zwischen den Machthabern zerrieben«.
Oder die Schüler könnten Seligpreisungen formulieren, die dem heutigen Eudämonismus und Hedonismus entsprechen.

Der Kern der Bergpredigt (Franz Alt)
Leben nach der Bergpredigt: gewaltfrei? (Dorothee Sölle)

Die Feindesliebe bezeichnet Franz Alt als Kern der Bergpredigt. Zumindest ist sie aber die Spitze der Antithesen. Der Verzicht auf Vergebung im einzelnen mag noch akzeptabel erscheinen, wenngleich Dorothee Sölle in ihrer ironischen Beschreibung »Leben nach der Bergpredigt: gewaltfrei?« dies sehr infrage stellt.

Seite 130f.
Seite 132

Dietrich Bonhoeffer beschreibt es im Sinne des bisher Gesagten in einer Friedenspredigt auf der ökumenischen Konferenz in Fanö, 1934: »Wie wird Frieden?« (Siehe ZM 10).

Ein Brief Mahatma Gandhis an Adolf Hitler zu Weihnachten 1941 (ZM 11)mag sein Verständnis von Feindesliebe verdeutlichen: »Ich habe keine Feinde«. Gandhi kann vor allem auch im Blick auf die Karikatur des Fremdenhasses in Wort und Tat und der Gleichgültigkeit bzw. der Angst vor dem Einmischen gelesen werden.

Dieses Denken von Gandhi aber ist nur möglich, wenn Menschen ein radikales Umdenken in ihrem eigenen Verhalten vornehmen im Sinne Martin Bubers: »Liebe deinen Nächsten – er ist wie du«.

Carl Friedrich von Weizsäcker sagt in einem Gespräch mit dem jüdischen Gelehrten Pinchas Lapide: »Buße habe ich mit ›ändert euer ganzes Bewußtsein‹ übersetzt. Im Lateinischen heißt das ›revolutio‹, eine Umwendung des Menschen – und nur, wenn sie das ist, kann sie die legitime Hoffnung haben, daß es eine Revolution der politischen Verhältnisse wird.« Lapide antwortet: »Wenn ich vorher Revolution sagte, so hat das einen üblen Beigeschmack für die Ohren unserer Zeitgenossen. Ich würde eher sagen, was Jesus hier fordert, ist eine *Selbstrevolution.*«
Ein zweites Wort betrifft die politische Komponente, die hier für jüdische Ohren unüberhörbar mitschwingt. Jesus war kein Theologe, weil er Jude war. Wie das Judentum, aus dem er stammte, kannte er, Gott sei Dank, keine Dogmatik noch Systematik, er hatte keine Theorien oder Hypothesen anzubieten, um abstrakte Probleme wissenschaftlich zu lösen. Sein heiliges Buch, die hebräische Bibel, war eine Tatenlehre, die menschlich machbare Antworten auf menschlich dringliche Probleme geben will. Steu-

erzahlung, Krankheit, Armut, Versöhnung zwischen zerstrittenen Brüdern und das tägliche Brot, das waren die Sorgen des Alltags, die er in seiner Predigt zu erleichtern sucht. Daher wurde Jesus nicht nur konkret und direkt in seiner Heilsbotschaft, er war auch bereit, ja gezwungen, die Politik in den Bereich jedes Gläubigen einzubeziehen. Sind denn die sozialen und die moralischen Imperative nicht auch ein Politikum, die ohne tatkräftige Politik im Wolkenreich der Fata Morgana bleiben müssen? Aufs Ganze gesehen, ist die Politik im Neuen Testament an den Rand des Gesichtsfeldes gedrängt worden.« – *Weizsäcker*: »Hierauf antworte ich sehr gerne. Ich sage: Ja, es schwingt mit! Und eine der Fronten, in die ich mich gedrängt fühle, wenn ich die Bergpredigt lese und auslege, ist genau die gegen die Privatisierung der Religion, gegen die Meinung, das sei bloß so etwas, was nur den Einzelnen angeht. Es geht, weil es den Einzelnen wesentlich angeht, die Gemeinschaft an.« – *Lapide* weist in diesem Gespräch darauf hin, daß Jesus Jude ist: »Aber am wichtigsten für ein Verständnis aller Gebote der Berglehre scheint mir jedoch die hauptsächliche Seligpreisung der hebräischen Bibel zu sein, nämlich der Beginn des Psalters, wo wir lesen: »Selig, wer nicht wandelt im Rat der Gottlosen noch tritt auf den Weg der Sünder, noch sitzt, wo die Spötter sitzen, sondern hat Lust am Gesetz des Herrn und sinnt über seine Gesetze Tag Nacht.« Diese Lust am Gesetz des Herrn, oder wie wir sagen: diese Freude an der Thora, hat zu einer schier unerschöpflichen Vielfalt der Bibeldeutungen geführt, und zwar nach dem rabbinischen Grundsatz, daß jedem Wort der Heiligen Schrift 70 Auslegungsmöglichkeiten innewohnen. Dieser Exegetenfreiheit bedient sich natürlich auch Jesus in seiner oft spannungsvollen, aber immer bibelgetreuen Thoraauslegung, auf der die Bergpredigt beruht und die der eigentliche Schlüssel zu den Seligpreisungen ist. Und hier noch ein Wort zum »Himmelreich«, das ja die Mitte der ersten Seligpreisung ist.
»Das Reich der Himmel« ist im Sprachgebrauch Jesu die Gottesherrschaft auf Erden, für diese Erde, deren Besitz ja in der dritten Seligpreisung den Milden oder den Machtlosen zugesprochen wird. Für die Ohren seiner Zeitgenossen mußte aber im Begriff Himmelreich auch eine politische Komponente mitschwingen.
Himmelreich und Römerreich ein Kontrastpaar, das als unversöhnlicher Widerspruch gilt, wie z.B. »Wer das Joch des Himmelreiches auf sich nimmt, dem wird das Joch des Heidenreichs erspart«, oder »Halte dich fern vom Heidenreich, ansonsten verlierst du das Himmelreich«. So sind also die hauptsächlichen Stichworte der jesuanischen Predigt, nämlich *Frohbotschaft, Erlösung und Himmelreich*, drei Begriffe, die *Theologie und Politik aufs engste verbinden*.

Blinder Gehorsam oder ethischer Egoismus? (Joseph Blank)

Seite 133

Joseph Blank stellt seine Frage im Blick auf das Verstehen der Bergpredigt. Nicht nur Gesinnung, sondern auch Tat ist gefordert, aber »das Tun, das die Verwirklichung unternimmt, kann deshalb nur aus der Freiheit des Glaubens und aus der Unruhe der Liebe und aus der eschatologischen Hoffnung für das Heil in einer heillosen Welt kommen – im Vertrauen auf den gekreuzigten und auferstandenen Christus.«
»Worauf es ankommt, wäre die Vorstellung eines Ethos, das, ohne gesetzlich zu sein, doch zugleich verbindlich wäre!«
Die Lernenden können diese Sicht von Joseph Blank mit den klassischen Antworten, wie die Bergpredigt zu verstehen sei, vergleichen.
Die Ergebnissicherung könnte sein:

Für Heilige	**Nicht für den Alltag!**	1) *Eine Zwei-Stufen-Ethik* Die Bergpredigt ist besonders für fromme Christen, z.B. Mönche und Nonnen, Diakone und Theologen (Luther: Amtspersonen), denn Jesus spricht ja nur zu seinem innersten Kreis, seinen Jüngern, bei der Bergpredigt. Die Masse der Christen verschwindet im Hintergrund – siehe Bild von Pankok (S. 127) – denn mit der Bergpredigt kann man nicht regieren und auch nicht leben.

Für den Himmel	**Regierungserklärung für die neue Welt Gottes**	2a) *Die Bergpredigt ist der Spiegel unserer Erlösungsbedürftigkeit* Sie ist weder in diesem Leben noch in dieser Welt erfüllbar. Sie zeigt nur auf, wie es einmal im Reich Gottes sein wird und wie Gott sich den Menschen als sein Ebenbild vorstellt. In der Bergpredigt erkennen die Menschen, daß sie vor Gott »nackt« sind (Adam – 1. Mose 3) und als Sünder vor Gott stehen, die das Paradies zu Recht verloren haben. Erst in Gottes neuer Welt wird die Bergpredigt zum Gesetz, an das sich alle halten.
Für das Gewissen	**Nicht Anleitung zum Handeln**	2b) *Die Bergpredigt ist eine Schärfung des Gewissens* Sie will eine Erneuerung der Gesinnung (Gesinnungsethik). Das tatsächliche Handeln der Menschen (Handlungsethik) ist davon zu unterscheiden.
Für alle Christen	**Schon jetzt!**	3) *Die Bergpredigt zeigt einen Weg zu Gottes neuer Welt* In ihr wird Gottes Zuspruch und Anspruch deutlich. Sie fordert ein von Grund auf neues Denken und Tun, weil durch Jesus die Herrschaft Gottes angebrochen ist und der Mensch die neue Welt Gottes als Ziel vor Augen hat. Die Bergpredigt zeigt also einen Weg für dieses Leben. Nur wer liebt, lebt wirklich. Nur wer frei ist, ist ein Ebenbild Gottes.

Diese letzte These ist wohl im Sinne von Matthäus. So wurde die Bergpredigt z.B. auch von Mahatma Gandhi, Leo Tolstoi, Martin Luther King und Albert Schweitzer verstanden.

In einem Streitgespräch antwortet der Theologe Jochen Vollmer auf einen Brief, in dem ein Pfarrer aus der Zwei-Reiche-Lehre Martin Luthers schließt, in dieser Welt gelte – leider – nur das weltliche Gesetz, im Himmel dann das göttliche Evangelium.

Lieber Freund,
Sie fragen mich nach meinem Verständnis des Friedens und nach dem Preis dieses Friedens. In meinem Verständnis des Friedens will ich mich an der Pax Christi orientieren, die die Pax Romana unterbricht und ihr das Ende ansagt. Die Pax Christi ist universal, gegen niemanden gerichtet und kann darum nur gewaltlos sein. Die Pax Romana ist gegen alle Feinde der Pax Romana gerichtet und basiert darum auf Gewalt. Die Pax Romana wird in 1 Thess 5,3 geradezu klassisch mit »Friede und Sicherheit« umschrieben. Paulus kündigt denen, die ihr vertrauen, das Verderben an; sie haben keine Zukunft. Die Pax Romana – und also auch das, was die Bundeswehr im besten Falle bewirken kann – verdient nicht »Friede« genannt zu werden (jedenfalls nicht in der Perspektive Jesu!), weil sie ohne Feindbilder nicht auskommt, ihren Feinden die Gottebenbildlichkeit und die Menschenwürde abspricht und mit dem Hungertod von Millionen und Abermillionen Menschen erkauft ist. Die Pax Romana tötet permanent.
Welches ist nun der Preis der Pax Christi? Ich muß gestehen, daß diese Frage mich nicht wenig irritiert. Wie könnte derjenige, der von der Wirklichkeit des Reiches Gottes unversehens ergriffen wurde und alles, was er hat und was ihm bisher wichtig war, für diese Wirklichkeit drangibt (Mt 13,44–46!), der den Frieden Jesu erfahren hat und seinem Frieden über den Weg traut, sich über den Preis dieses Friedens vergewissern wollen nach dem Motto »Herr Jesus, ich wollte dir schon nachfolgen, aber nenne mir doch bitte vorher den Preis, den ich zahlen muß«. Ich weiß nicht, ob ich in der Nachfolge Jesu, wenn es zum Stechen und zum Leiden kommt, nicht kläglich scheitern und versagen werde, aber so weit meine ich doch die Nachfolgeworte Jesu im Horizont des Reiches Gottes verstanden zu haben, daß die vorweg gestellte Frage nach dem Preis der Nachfolge ganz und gar unmöglich ist; sie ist ein Mißtrauensvotum gegen Jesus (Mk 8,31–38; Lk 9,57–62).

Der Preis der Pax Christi ist hoch; wie gesagt, ich weiß nicht, wie hoch er einmal für mich sein wird und ob ich von Jesus den Mut und die Kraft bekomme, ihn zu bezahlen. Der Preis der Pax Romana ist katastrophal, ist schon heute der Tod ungezählter Kinder Gottes, Brüder und Schwestern Jesu, für die er, nicht weniger als für mich, gestorben ist.
Die Pax Christi ist die radikale Infragestellung der Pax Romana.
Jesus nennt Herodes Antipas, seinen Landesherrn, einen »Fuchs« (Lk 13,32). Das klingt wenig respektvoll und nicht gerade nach göttlicher Legitimation. Mk 10,42 redet Jesus von den Herrschenden als »die zu herrschen scheinen« oder gar »sich zu herrschen einbilden«. Darin vermag ich nur sehr deutlich ausgesprochene Distanz und Kritik zu erkennen. Und Mk 12,13–17? Martin Luther hat Mk 12,17 im Sinne seiner Zwei-Reiche-Lehre verstanden. Seine Deutung ist irreführend und in ihrer Wirkungsgeschichte schlicht verheerend bis auf den heutigen Tag. Mk 12,17 steht: »des Kaisers gebt zurück dem Kaiser, aber das Gottes Gott«. Der Akzent des Jesuswortes liegt eindeutig auf der zweiten Hälfte, gerade weil Jesus danach nicht gefragt wurde. Was Gott zurückzugeben ist, ist das Entscheidende, das Erste, das alles, was dem Kaiser zurückzugeben ist, bedingt, begrenzt und relativiert. Der Denar trägt das Bild des Tiberius mit der Inschrift Tiberius Caesar Divi Augusti Filius Augustus (Kaiser Tiberius, des göttlichen Augustus anbetungswürdiger Sohn), für einen frommen Juden ein Dokument des Götzendienstes, das dem Kaiser zurückzugeben ist. Ihr aber, sagt Jesus, seid das Bild Gottes, gebt euch Gott zurück. Auf den Menschen als Bild Gottes hat Gott allein, nicht der Kaiser Anspruch.

Eine Veranschaulichung dieses Briefes ist Konrad Ferdinand Meyers »Die Füße im Feuer«. Nun können die Schülerinnen und Schüler in verschiedenen Gruppen ganz unterschiedliche Beispiele diskutieren und aktualisieren:

Eine gute Vertiefung zu den Ausführungen von Joseph Blank (S. 133) ist die Erzählung von Leo Tolstoi »Wovon lebt der Mensch?«.

Leben gegen die Bergpredigt

Seite 134

Wohin »nichts tun«, Gleichgültigkeit bzw. auch Sachzwänge führen, zeigen die Beispiele »Leben gegen die Bergpredigt«. Wenn Sachzwänge gegen Humanität ausgespielt werden, bleibt der Mensch auf der Strecke. Die Beispiele des Egoismus und der Entsolidarisierung lassen sich beliebig vertiefen bzw. erweitern.
Im Sinne der Ganzheit und Ebenbildlichkeit des Menschen muß die ganze Schöpfung in die Nachfolge Jesu eingeschlossen werden. In den sechs Punkten werden vor allem wirtschaftliche Sachzwänge benannt, die durch unser Wirtschaftssystem »zwangsweise« entstehen. Es ist zu fragen: »Wer ist eigentlich der Verursacher der Zwänge? Wer ist für sie verantwortlich?« Und: »Wo bleibt die Freiheit des Menschen gegenüber den ›Sachen‹ – dem Materiellen?« Sachzwänge entstehen bei der Entwicklung eines Systems, das die Sache vor den Menschen stellt, bzw. einige wenige nützen die Sache für sich gegen die Mehrheit, die geschädigt wird. Sich damit auseinandersetzen heißt, die Frage nach der Humanität zu stellen, nach dem Sinn des Wirtschaftens und des Fortschritts. Die Schüler/innen können Beispiele und Fakten aus der Presse sammeln, die die genannten Sachzwänge belegen. Eine Anklageschrift könnte gegen Verursacher und Mitläufer erstellt werden. Interessant ist dazu ein Bericht von der Anklageerhebung gegen ehemalige Mitglieder des SED-Politbüros:

Erstmals wird die Führungsspitze eines Staates vor Gericht gestellt, weil sie gegen menschenrechtswidrige Zustände im eigenen Land nichts unternommen hat. In der Anklage geht es nur zum Teil um konkrete Beschlüsse des Politbüros. Die Schuld der Angeklagten liege in der »Unterlassung der Humanisierung des Grenzregimes«, sagt der Berliner Generalstaatsanwalt Christoph Schaefgen. Das Nicht-Eingreifen, das tatenlose Zusehen des Politbüros angesichts der Schüsse – dies ist der Schwerpunkt der Anklage.

Die Hoffnung: Christen sind das »Salz der Erde«!
Gedanken zu einem Kirchentagsplakat (Martin Jankowski)

Inwieweit Christen »Salz der Erde« sein können, gerade dort, wo die Sachzwänge die Menschlichkeit bedrohen bzw. zerstören, kann an verschiedenen Beispielen aufgeführt werden. Die *Karikatur von Jupp Wolter* »Leichtes Handgepäck« zeigt Geschäft contra Moral, vor allem mit den Ländern der Dritten und Vierten Welt. Seite 135 Seite 136f.

Christen sind Salz und Licht der Welt. So will es das *Kirchentagsplakat* von 1993 verdeutlichen. Die Losung des Kirchentags war: »Nehmet einander an!« Wir müssen den Balken im eigenen Auge entfernen, um die Welt mit neuen Augen zu sehen: Sowohl die wütenden Soldaten als auch die trauernden Witwen und Waisen, die brandschatzenden Radikalen wie die hungernden Kinder sind unsere Schwestern und Brüder.

Einige Beispiele nennt das Kirchentagsplakat: »Nehmet einander an«. Die Bilder und ihr Meditationstext können durch aktuelle Beispiele ergänzt werden wie:

Bei einem Granatenangriff auf Sarajewo wurden sechs Kinder getötet, die sich zum Schlittenfahren im Freien aufgehalten haben. Fünf weitere Kinder wurden zum Teil schwer verletzt. Unicef teilte mit, daß im Verlauf des Bürgerkrieges in Bosnien-Herzegowina 15 000 Kinder getötet und 35 000 verwundet worden sind. Kinder gehören lt. Unicef zu den Hauptleidtragenden des Bürgerkriegs. Eine von Unicef vorgenommene Umfrage ergab, daß die rund 60 000 Kinder in Sarajewo unter schwersten Depressionen leiden. Knapp die Hälfte der Schülerinnen und Schüler in Sarajewo ist Augenzeuge bei der Erschießung eines Menschen gewesen. Über die Hälfte wurde bereits selbst einmal beschossen. Fast alle Kinder haben einen Granatenangriff aus nächster Nähe miterlebt.

Neu-Delhi: Mehrere hundert Kinder, die in der Teppichindustrie beschäftigt waren, treffen nach einem 1500 km langen Protestmarsch in der indischen Hauptstadt ein. Die Kinder, die zum Teil über Jahre unter sklavenähnlichen Bedingungen zur Arbeit gezwungen worden waren, hatten sich durch die Hilfe indischer Menschenrechtsorganisationen von ihrer Sklavenarbeit befreien können. In Indien, Nepal und Pakistan arbeiten zwischen 750 000 und einer Million Kinder in der Teppichindustrie. Ein Sprecher der internationalen Kampagne gegen Kinderarbeit in der Teppichindustrie teilte mit, daß allein in Indien 300 000 Kinder unter sklavenähnlichen Bedingungen ausgebeutet würden. Besonders hoch sei auch der Anteil von Kindersklaven. Nach unterschiedlichen Schätzungen liege dieser bei rund 50%. Diese auch Schuldknechte genannten Kinder müßten in der Regel ohne Bezahlung zur Tilgung von Schulden ihrer Eltern arbeiten. Eine tägliche Arbeitszeit von 10 Stunden ist normal, auch 14–16 Stunden sind keine Seltenheit.

Ein elfjähriges Mädchen wurde in einem Hotelzimmer in Bangkok tot aufgefunden. Wie ein Polizeisprecher mitteilte, war das Kind von mehreren Männern sexuell mißbraucht worden. Bei den Tätern handelt es sich um drei europäische Touristen, die sich in dem Hotel unter falschem Namen hatten registrieren lassen. Von ihnen fehlt jede Spur. Nach Angaben des thailändischen Gesundheitsministeriums arbeiten etwa 15 000 minderjährige Mädchen als Prostituierte im Land. Private Hilfsorganisationen schätzen, daß sich bis zu 800 000 Kinder unter 16 Jahren in Thailand prostituieren. Jeder dritte männliche Tourist kommt ins Land, um Kinder sexuell zu mißbrauchen. Schätzungen zufolge kommen jährlich über 100 000 Männer aus Deutschland mit dieser Absicht nach Thailand.

An solchen Beispielen können die Schülerinnen und Schüler aufgrund der Bergpredigt Menschenrechte für Kinder formulieren bzw. überlegen, was Christen als Salz der Erde dagegen unternehmen können.

Ein weiteres Beispiel kann auch die Bewahrung von Natur sein. Carl Friedrich Weizsäcker schreibt dazu:

Bewahrung der Natur

Kein Friede zwischen den Menschen ohne Frieden mit der Natur.

Um das, was im Überfluß vorhanden ist, kämpft man nicht. Ökonomie erzeugt und verwaltet Güter, die für uns in der Natur knapp sind. Politische Herrschaft bedeutet Verfügung über knappe Güter. Soziale Ungerechtigkeit ist ungerechte Verteilung knapper Güter. Krieg wird um Lebensräume und Herrschaft, also um knappe Güter geführt. Die moderne Technik erscheint als Weg zur Befreiung aus der Knappheit der Güter. Herrschaft über Menschen, so hofft man, wird nicht mehr nötig sein und wird verschwinden, wenn wir die technische Herrschaft über die Natur errungen haben werden.

Das Abendland ist durch die Technik reich und zeitweilig weltbeherrschend geworden.

Jetzt ist im reichen Nordwesten Angst gekommen vor Gewässerverschmutzung, Bodenerosion, Waldsterben, Reaktorkatastrophen. Einige der größten heute schon erkennbaren ökologischen Gefahren liegen im Süden, so das Abholzen der Regenwälder. Aber im Süden sieht man die gegenwärtige Armut klarer als die vermutete zukünftige Gefahr; welchen Ausweg aus der Armut bieten denn die ökologischen Warner aus dem Norden?

Die wissenschaftlichen und technischen Umweltprobleme sind ihrem Wesen nach detailliert und daher höchst komplex.

Zwei prinzipielle Fragen:
1. Läßt sich der Schutz der Natur politisch-wirtschaftlich realisieren?
2. Sind Natur und Zivilisation überhaupt miteinander verträglich?

Jede Zivilisation ist auf Grenzen ihres Wachstums gestoßen, durch Geographie und Stand der Technik bedingt. Wenn die Grenzen des Wachstums erreicht sind, muß man kompromißlos reagieren.

Die jeweiligen Grenzen des Wachstums sind eine Folge des jeweiligen Standes der Technik. Die moderne Technik ist in so rascher Entwicklung, daß wir die objektiven Grenzen unseres eigenen Wachstums nicht kennen. Gewiß ist, daß die Auswirkungen der Technik die Größenordnung der natürlichen geoklimatischen Änderungen zu erreichen beginnen, daß die Artenvielfalt im organischen Leben in den jetzigen Jahrzehnten rapide abnimmt, kurz, daß die Menschheit, ohne es zu wissen, die Verantwortung für die Fortdauer des organischen Lebens auf der Erde schon übernommen hat.

Unter welchen Bedingungen können wir die Verantwortung für die Erde tragen?

Zur Freiheit berufen

Seite 138

In einer Meditation schreibt Dorothee Sölle:

Der Mensch lebt nicht vom Brot allein, er stirbt sogar am Brot allein, einen allgegenwärtigen, schrecklichen Tod, den Tod am Brot allein, den Tod der Verstümmelung, den Tod des Erstickens, den Tod aller Beziehungen. Den Tod, bei dem wir noch eine Weile weitervegetieren können, weil die Maschine noch läuft, den furchtbaren Tod der Beziehungslosigkeit: Wir atmen noch, konsumieren weiter, wir scheiden aus, wir erledigen, wir produzieren, wir reden noch vor uns hin und leben doch nicht. In dem Stück »Glückliche Tage« von Samuel Beckett sehen wir Winnie, eine Frau von 50 Jahren. Im ersten Akt ist sie bis zur Taille im Sand vergraben, aber sie redet noch, sie putzt sich die Zähne, sie kramt in ihrer Tasche, sie bedauert ihren Mann. Im zweiten Akt ist sie bis zum Hals vergraben, sie kann den Kopf nicht mehr bewegen. Es gibt keine Kommunikation, aber das Gerede, das sich selber bestätigt und sich selber ernst nimmt, fließt weiter … Das ist eine Art Tod, so sieht die Hölle aus: Im Sand vergraben, unfähig, die eigene Lage zu ändern, alleingelassen, aber ohne Schmerzen, glückliche Tage, Sonnenaufgang und Sonnenuntergang, das ist die Hölle. Ihr, die ihr hier eintretet, laßt alle Hoffnung fahren … das ist der Tod am Brot allein.

Alleinsein und dann alleingelassen werden wollen: keine Freunde haben und dann den Menschen mißtrauen und sie verachten; die anderen vergessen und dann vergessen werden; für niemanden dasein und von niemandem gebraucht werden; um niemanden Angst haben und nicht wollen, daß einer sich

Sorgen um einen macht; nicht mehr lachen und nicht mehr angelacht werden; nicht mehr weinen und nicht mehr beweint werden: der schreckliche Tod am Brot allein.
Mein Nachbar, ein älterer kinderloser Herr, der seine Frau vor einigen Wochen verloren hatte, rief mich heraus, um mir zu zeigen, daß die Kinder ihre Fahrräder an sein frisch verputztes Haus gelehnt haben. »Sehen Sie den Kratzer«, sagte er, »sehen Sie nur, wo doch das Eigentum das einzige ist, was wir noch haben«. Der Mensch stirbt am Brot allein. Mein Nachbar hat gearbeitet für das Haus, er bewohnte es, er vermietete es, er renovierte es, er beschützte es, das Eigentum war »doch das einzige, was wir haben«, und ich sah und hörte, daß er tot war; der furchtbare Tod, kein Verhältnis zu haben und in keiner Beziehung mehr zu stehen.
Das ist der Tod, von dem die Bibel spricht; der Mensch, für den die anderen nicht Reichtum bedeuten, Herausforderung, Glück, sondern Angst, Bedrohung, Konkurrenz, der Mensch, der von Brot allein lebt und daran stirbt, am Brot allein, von dem man nicht leben kann. Das ist der Tod, von dem die Bibel spricht und vor dem sie Angst hat und Angst macht, nicht der Exitus, an den wir meistens denken, sondern der Tod, den ein sinnloses und leeres Leben bedeutet, der Tod im Beziehungslos-Sein, in der Angst, in der Sprachlosigkeit, in der Verlassenheit. »Unter den Toten muß ich wohnen«, so klagt der Verlassene im Psalm, er sieht sich selber als tot an, in die Grube gelegt, im Finsteren wohnend, im Unglück, ohne Freunde. »Schon zähle ich zu denen, die zur Grube fuhren, ich bin geworden ein kraftloser Mann. Unter den Toten muß ich wohnen, Erschlagenen gleich, die im Grabe liegen, deren du nicht mehr gedenkst und die von deiner Hilfe geschieden sind. Du hast mich hinunter in die Grube gelegt, in Finsternisse, in Meerestiefen. Meine Freunde hast du mir entfremdet, hast mich ihnen zum Abscheu gemacht. Ich bin gefangen und kann nicht heraus, mein Auge verschmachtet vor Elend« (Psalm 88,5–10).

Aus: Dorothee Sölle, Die Hinreise, Kreuz Verlag, Stuttgart 1975

Ein schönes Beispiel für Freiheit von Sachzwängen, aber auch zu dem Text »Sorget nicht« ist die Anekdote zur Senkung der Arbeitsmoral von Heinrich Böll.

Beten und Handeln: Das Vaterunser

Die Kraft für das Handeln in Liebe kommt aus dem Gebet. Nicht heuchlerisch, das Sich-Fallenlassen in die offenen Hände Gottes. Seite 139 f.
So schließt sich der Kreis von den Seligpreisungen, den offenen Händen für Gottes Gaben und für das Charisma, das uns gegeben ist, zum Sich-fallenlassen-Können in die offenen Hände Gottes. Das Vaterunser ist die eigentliche Mitte der Bergpredigt.
Der Abschluß des ganzen Kapitels ist mehr meditativ gedacht mit Gedanken zum Vaterunser. Diese Gedanken fassen noch einmal das Erarbeitete zusammen, indem Gott zwischen den Bitten Anfragen stellt und die Ernsthaftigkeit des Betens und Tuns zur Sprache bringt. Weitere gute Gedanken und Beispiele sind in dem Buch »Bergpredigt – biblische Texte verfremdet« Bd. 8 (Stuttgart – München 1988) zu finden mit Texten und Bildern von Ernst Barlach, Wolfgang Borchert, Ernesto Cardenal, Kurt Marti, Otto Pankok, Dorothee Sölle und vielen anderen.

Das Vaterunser kann auch im Blick auf den Schalom meditiert werden (ZM 12).

4 Zusatzmaterialien

ZM 1: Keine Rechtfertigung für In-Vitro-Fertilisation

Für viele Paare bedeutet das Wartezimmer des Arztes, der ihnen über das Reagenzglas zu einer Schwangerschaft verhelfen soll, die letzte Chance auf ein von der Frau selbst auszutragendes Kind. »Wer hier sitzt, hat schon alles versucht.« Es ist das Ende eines langen Weges, auf dem sich mit jedem Mißerfolg der Druck immer mehr erhöht – auf dem zugleich die kritische Frage, ob das Ziel noch die Mittel rechtfertigt, immer weiter in den Hintergrund gedrängt wird. Hat eine Frau sich erst einmal auf den von ihrem Arzt gewiesenen Weg der Therapie ihrer »Unfruchtbarkeit« eingelassen, wird es immer schwerer auszusteigen, aufzuhören, den Verzicht auf das Kind zu realisieren.
Seit ein paar Jahren jedoch formiert sich Widerstand gegen die Reproduktionsmedizin und -technologie – von Frauen.

Ihr Protest richtet sich gegen
1. die industrielle Grundhaltung, die die Frau als »Muttermaschine« behandle und programmiere,
2. das Mißverhältnis zwischen Aufwand (an Prozeduren und Kosten) und Erfolg: Eine »Erfolgsrate« von 5–8% macht deutlich, daß es sich bei dieser technologischen »Wunderkur« um eine *gescheiterte* Technologie handelt,
3. den massiven Einsatz von Medikamenten in den »Retortenprogrammen«, die »zu einer erhöhten Zahl von geburtsgeschädigten Kindern führt und durch die Frauen gesundheitlich und psychisch geschädigt werden,
4. den erfolgsorientierten Ehrgeiz der Ärzte, der Frauen zu Objekten werden läßt,
5. den Kommerz: Die Frauen müssen auch zahlen, wenn es nicht klappt,
6. die entwürdigenden Prozeduren, denen sich Frauen unterziehen müssen,
7. den Widerspruch zwischen dem Aufwand von Know-how, Kapazitäten, Personal und Geld, um einzelnen Paaren zu einem Kind zu verhelfen, und dem erbarmungslosen Kinder- und Völkermorden, das anderswo in strukturell bedingten Katastrophensituationen angelegt ist.

(Nach: Hans Grewel, Recht auf Leben)

Diskutiert den Protest.

ZM 2: »Schutzpflicht« Leitsätze im Karlsruher Abtreibungsurteil

Seinem Urteil über das Abtreibungsrecht hat der Zweite Senat des Bundesverfassungsgerichts in Karlsruhe gestern einige Leitsätze vorangestellt. Auszüge aus dem Wortlaut:
»Das Grundgesetz verpflichtet den Staat, menschliches Leben, auch das ungeborene, zu schützen. Diese Schutzpflicht hat ihren Grund in Artikel 1, Absatz 1 Grundgesetz ... Menschenwürde kommt schon dem ungeborenen menschlichen Leben zu. Die Rechtsordnung muß die rechtlichen Voraussetzungen seiner Entfaltung im Sinne eines eigenen Lebensrechts des Ungeborenen gewährleisten ... Die Schutzpflicht für das ungeborene Leben ist bezogen auf das einzelne Leben, nicht nur auf menschliches Leben allgemein.
Rechtlicher Schutz gebührt dem Ungeborenen auch gegenüber seiner Mutter. Ein solcher Schutz ist nur möglich, wenn der Gesetzgeber ihr einen Schwangerschaftsabbruch grundsätzlich verbietet und ihr damit die grundsätzliche Rechtspflicht auferlegt, das Kind auszutragen. Das grundsätzliche Verbot des Schwangerschaftsabbruchs und die grundsätzliche Pflicht zum Austragen des Kindes sind zwei untrennbar verbundene Elemente des verfassungsrechtlich gebotenen Schutzes.
Der Schwangerschaftsabbruch muß für die ganze Dauer der Schwangerschaft grundsätzlich als Unrecht angesehen und demgemäß rechtlich verboten sein. Das Lebensrecht des Ungeborenen darf nicht, wenn auch nur für begrenzte Zeit, der freien, rechtlich nicht gebundenen Entscheidung eines Dritten, und sei es selbst der Mutter, überantwortet werden.
Die Reichweite der Schutzpflicht für das ungeborene menschliche Leben ist im Blick auf die Bedeutung und Schutzbedürftigkeit des zu schützenden Rechtsguts einerseits und damit kollidierender Rechtsgüter andererseits zu bestimmen. Als vom Lebensrecht des Ungeborenen berührte Rechtsgüter kommen dabei – ausgehend vom Anspruch der schwangeren Frau auf Schutz und Achtung ihrer Menschenwürde – vor allem ihr Recht auf Leben und körperliche Unversehrtheit sowie ihr Persönlichkeitsrecht in Betracht. Dagegen kann die Frau für die mit dem Schwangerschaftsabbruch einhergehende Tötung des Ungeborenen nicht eine grundrechtlich in Artikel 4, Absatz 1 Grundgesetz geschützte Rechtsposition in Anspruch nehmen.
Der Staat muß zur Erfüllung seiner Schutzpflicht ausreichende Maßnahmen normativer und tatsächlicher Art ergreifen, die dazu führen, daß ein – unter Berücksichtigung entgegenstehender Rechtsgüter – angemessener und als solcher wirksamer Schutz erreicht wird (Untermaßverbot). Dazu bedarf es eines Schutzkonzepts, das Elemente des präventiven wie des repressiven Schutzes miteinander verbindet.
Dem Gesetzgeber ist es verfassungsrechtlich grundsätzlich verwehrt, zu einem Konzept für den Schutz des ungeborenen Lebens überzugehen, das in der Frühphase der Schwangerschaft in Schwangerschaftskonflikten den Schwerpunkt auf die Beratung der schwangeren Frau legt, um sie für das Austragen des Kindes zu gewinnen, und dabei auf eine indikationsbestimmte Strafdrohung und die Feststellung von Indikationstatbeständen durch einen Dritten verzichtet.
Ein solches Beratungskonzept erfordert Rahmenbedingungen, die positive Voraussetzungen für ein Handeln der Frau zugunsten des ungeborenen Lebens schaffen. Der Staat trägt für die Durchführung des Beratungsverfahrens die volle Verantwortung.
Die staatliche Schutzpflicht erfordert es, daß die im Interesse der Frau notwendige Beteiligung des Arztes zugleich Schutz für das ungeborene Leben bewirkt ... Das Grundgesetz läßt es nicht zu, für die Vornahme eines Schwangerschaftsabbruchs, dessen Rechtmäßigkeit nicht festgestellt wird, einen Anspruch auf Leistungen der gesetzlichen Krankenversicherung zu gewähren. Die Gewährung von Sozialhilfe für nicht mit Strafe bedrohte Schwangerschaftsabbrüche nach der Beratungsregelung in Fällen wirtschaftlicher Bedürftigkeit ist demgegenüber ebensowenig verfassungsrechtlich zu beanstanden wie die Fortzahlung des Arbeitsentgeltes.«

Aus: Westfälische Nachrichten vom 29. Mai 1993

ZM 3: Tötung schwerstbehinderter Kinder (Peter Singer)

Bewußtes Leben

Es gibt viele Wesen, die bewußt und fähig sind, Lust und Schmerz zu erfahren, aber nicht selbstbewußt und vernunftbegabt und somit keine Personen. Viele nichtmenschliche Lebewesen gehören nahezu mit Sicherheit zu dieser Kategorie; das gilt auch für Neugeborene und einige Geisteskranke.
Im vorliegenden Abschnitt ist zu fragen, ob das Leben eines bewußten, aber nicht selbstbewußten Wesens einen Wert hat, und wenn ja, wie sich sein Wert mit dem Wert des Lebens einer Person vergleichen läßt.

Sollen wir bewußtes Leben als einen Wert achten?

Der offensichtlichste Grund dafür, das Leben eines Wesens, das Lust und Schmerz empfinden kann, als einen Wert zu achten, ist die Lust, die es empfinden kann. Achten wir unsere eigenen Lustgefühle als einen Wert – beim Essen, beim Sex, beim schnellen Laufen oder beim Schwimmen an einem heißen Tag –, dann verlangt der universale Aspekt des moralischen Urteils von uns, die positive Bewertung unserer eigenen Empfindungen von Lust auf ähnliche Empfindungen all derer auszudehnen, die solche haben können. Aber ein Wesen kann nicht Lust empfinden, wenn es tot ist. Daher besagt die Tatsache, daß ein Wesen künftig Lust empfinden wird, daß es falsch wäre, es zu töten. Natürlich führt ein ähnliches Argument bezüglich des Schmerzes in die entgegengesetzte Richtung, und nur wenn wir glauben, daß die Lust, die ein Wesen wahrscheinlich empfinden wird, den Schmerz aufwiegt, den es wahrscheinlich erleiden wird, zählt dieses Argument gegen das Töten. Es läuft darauf hinaus, daß wir ein lustvolles Leben nicht verkürzen sollten.
Es gibt zwei Wege, die Summe von Lust in der Welt zu steigern; der eine besteht darin, die Lust derjenigen zu vermehren, die jetzt existieren; der andere darin, die Zahl derjenigen zu erhöhen, die ein lustvolles Leben führen werden. Wenn das Töten derjenigen, die ein lustvolles Leben führen, schlecht ist wegen der Einbuße an Lust, dann wäre es wohl gut, die Zahl derjenigen zu erhöhen, die ein lustvolles Leben führen. Etwa, indem wir mehr Kinder in die Welt setzen, vorausgesetzt, wir können für sie vernünftigerweise ein lustvolles Leben erwarten, oder indem wir eine große Anzahl von Tieren unter Bedingungen aufziehen, die ihnen ein lustvolles Leben sichern. Aber wäre es wirklich gut, mehr Lust zu erzeugen, indem man mehr lustempfindende Wesen erzeugt?
Das Beste, was sich vielleicht sagen läßt – aber es ist nicht besonders gut – ist, daß es nicht *direkt* falsch ist, ein Kind zu zeugen, das unglücklich sein wird; aber wenn ein solches Kind einmal existiert, würden wir, weil sein Leben nichts als Elend sein kann, die Summe des Schmerzes in der Welt durch einen Akt der Euthanasie verringern. Aber Euthanasie ist für die Eltern und andere Beteiligte quälender als keine Empfängnis. Damit haben wir einen indirekten Grund dafür, kein Kind zu zeugen, das zu einem unglücklichen Leben verdammt ist.

Aus: Peter Singer, Praktische Ethik, S. 117–121 (stark gekürzt)

ZM 4: Fairer als fromme Sprüche

Während in der Bundesrepublik Deutschland die Sterbehilfe bei den politischen Parteien als Tabuthema von einer sachlichen Auseinandersetzung ausgegrenzt wird, hat Holland die mittelalterlich konservierten Denkmodelle mit dem frischen Wind der Aufklärung gelüftet: Schwerkranke, die in den Niederlanden final erkrankt sind, können sich mit ärztlicher Hilfe den Sterbeprozeß abkürzen lassen. Aktive Sterbehilfe hat das holländische Parlament gebilligt. »Euthanasie« sagt man dazu und hat keine Berührungsängste oder Denkblockaden.
Die derzeit heftig geschmähte *Deutsche Gesellschaft für Humanes Sterben* (DGHS) e.V. setzt sich schon seit Jahren für eine Liberalisierung der Sterbehilfe ein und kann die holländische Entwicklung nur begrüßen: Wie bei Fragen der Drogenbekämpfung und des Schwangerschaftsabbruchs wird auch bei Fragen der Sterbehilfe ein gesetzlich geregeltes, liberales Verfahren geeignet sein, Grauzonen und illegale Praktiken einzudämmen. Größere Ehrlichkeit im Umgang der Ärzte mit den Patienten wird die Folge sein. Wo heimliche Sterbehilfe nicht mehr dem Pflegepersonal – wie in Mainz, Wuppertal oder Gütersloh – »überlassen« wird und wo Schwerstkranke Ärzte um Sterbehilfe bitten dürfen, da wird Fremdbestimmung durch Selbstbestimmung ersetzt.
Diesem Ausgang des Menschen aus seiner kirchlich verordneten Unmündigkeit sollten jedoch dort Grenzen gesetzt werden, wo das Individuum handeln, also einen Sterbeverlängerungs- oder Leidensprozeß selbst, durch eigene Hand, abkürzen kann. Die tödliche Injektion des Arztes auf Wunsch des Patienten ist dort ethisch abzulehnen, wo sich ein Mitmensch noch durch Freitod den Qualen entziehen kann; es bleibt ein Kriterium des selbstbestimmten Entschlusses, wenn dort nicht aktive Sterbehilfe gefordert wird, wo ein Tod durch eigene Hand möglich ist.
Suizid (moralisierend »Selbst-Mord«) ist in Deutschland ebenso straffrei wie Beihilfe zum Freitod, wie passive oder wie indirekte Sterbehilfe. Aktive Sterbehilfe hingegen ist in der Bundesrepublik strafbewährt. Warum aber sollte ein Mitbürger, der unter schwersten Schmerzen leidet, aber aufgrund eigener Bewegungsunfähigkeit diesen Leidenszustand nicht beenden kann, benachteiligt sein gegenüber einem anderen Bürger, der ebenso leidet, jedoch noch den Finger am Abzugshahn der Pistole krümmen kann? Ist es nicht geradezu ein christliches Gebot, hier aktive Sterbehilfe zu leisten? Vom christlich-jüdischen Standpunkt aus ist die moralische Frage längst beantwortet, übrigens auch in anderen Kulturkreisen: »Der Tod ist besser als ein bitteres Leben«, heißt es bei Sirach 30,17. Die Herbeiführung des Todes auf Bitten des einen durch einen anderen findet sich auch in der Bibel (Buch der Richter 9,54) – ohne kirchliche oder gesetzliche Herabwürdigung!
Eine Repräsentativumfrage des Bielefelder EMNID-Instituts ergab bereits Mitte 1992 folgendes Bild: 74% aller Befragten in ganz Deutschland sind dafür, es zu erlauben, unheilbar Kranke, die dies ausdrücklich wünschen, von ihrem Leiden zu erlösen. 24% sind dagegen, 2% machen keine Angaben oder antworten mit »weiß nicht«. Erstaunlich dürfte bei dieser Umfrage sein, daß die Wähler aller im Bundestag vertretenen Parteien in ihrer Mehrheit sich dafür aussprechen, daß Sterbehilfe für unheilbar Kranke erlaubt sein möge, sich andererseits aber dieses Wählervotum nicht oder nur sehr gering im politischen Programm dieser Parteien findet. Im Gegenteil: Parteien wie die CDU oder CSU haben geradezu Willensfindungsphobien, sich dem Votum ihrer Wähler in Fragen der Sterbehilfe zu stellen.
Allein 15000 bis 30000 Mitmenschen pro Jahr, die in der Bundesrepublik an Krebs sterben, leiden zu viele Schmerzen. Wie in deutschen Krankenbetten gestorben werden muß, spottet oft jeglicher Humanität. Der holländische Weg ist zwar nicht die einzig mögliche Reaktion auf die Mißstände, aber doch fairer für die Betroffenen als »fromme« Sprüche.

Kurt F. Schobert, Deutsche Gesellschaft für Humanes Sterben, in: »Das Sonntagsblatt«, 1995

ZM 5: Ich wünsche mir holländische Verhältnisse

»Die Würde des Menschen ist unantastbar.« Artikel eins Grundgesetz. Kein Mensch käme auf die Idee, diesen Satz in Frage zu stellen. Und doch wird immerzu dagegen verstoßen. Was ist denn würdig an einem Menschen, der unheilbar krank an Maschinen angeschlossen ist? Der in den Phasen, wenn die Morphiumwirkung nachläßt, seine Schmerzen nur noch schreiend erträgt? Den Halluzinationen verfolgen, Nebenwirkungen der hirndurchblutenden Medikamente nach einem Schlaganfall! Wo bleibt die Menschenwürde bei den Alten, die fixiert im hohen Gitterbett in ihrem Kot liegen und um den Tod betteln?

Die unantastbare Würde endet dort, wo es um Hilfe zum Sterben geht. Da mag es in Kliniken und Heimen noch so würdelos zugehen – alles ist besser, als Kranken zum Tod zu verhelfen, mögen sie bei lebendigem Leib an Geschwüren verfaulen oder auf der Intensivstation künstlich beatmet werden. Daß solche Zustände nichts mehr mit Leben, allenfalls mit Dahinvegetieren zu tun haben, bestreiten auch Ärzte nicht. Aber die deutsche Vergangenheit hat Sterbehilfe zum Tabuthema gemacht; das »lebensunwerte Leben« aus dem »Tausendjährigen Reich« verhindert bis heute eine vernünftige Diskussion über ein selbstbestimmtes Sterben.

Wenn es denn stimmt, daß drei Viertel aller Deutschen die Möglichkeit, unerträgliches Leiden zu beenden, für wünschenswert halten, dann müssen die Vertreter des Volkes sich an das heiße Eisen heranwagen. Dann muß erlaubt sein, den Vergleich zwischen einem qualvoll dahinsiechenden Kranken und der Vernichtungsmaschinerie eines Adolf Hitler als das zu bezeichnen, was er ist: unzulässig. Die Einzelfälle von »Todesengeln« in Krankenhäusern und Pflegeheimen dürfen nicht dazu führen, ganze Berufsstände zu diffamieren: als ob Schwestern und Pfleger bei einem entsprechenden Gesetz in Serie die Giftspritzen aufzögen.

Statt dem niederländischen Modell auch bei uns eine Chance zu geben, überlassen wir das Feld einer *Gesellschaft für Humanes Sterben*, die sich in der Gestalt ihres Exchefs Hans Henning Atrott als kriminelle Vereinigung entpuppt, mehren die Beträge auf den Konten der Zyankalihändler und stellen nebenher fest, daß wir bei Atrott und Co. nicht human sterben, sondern tierisch verrecken.

Auch der Hinweis auf Gottes alleinige Entscheidung, Leben abzuberufen, gilt nicht mehr. Wir pfuschen ihm jeden Tag ins Handwerk – mit Spritzen, Antibiotika, Operationen, Herzschrittmachern, Transplantationen. Wer nur ein Gottesurteil akzeptiert, müßte auch auf alle lebensrettenden Mittel verzichten.

Es ist nicht mehr so einfach wie früher: Da blieben die Alten und Kranken im Kreis ihrer Familie, und wenn sie eines Tages nicht mehr aßen und tranken, hätte sie ganz gewiß niemand zwangsernährt. Sie legten sich – lebenssatt – zum Sterben nieder und taten das auch. Heute werden Menschen in der schwersten Phase ihres Seins einfach entmündigt und zum Leben verdammt.

Ich wünsche mir holländische Verhältnisse. Und ich wünsche mir, daß alle, die über Sterbehilfe zu befinden haben, vorher gezwungen werden, Menschen zu besuchen, die sterben wollen, aber nicht dürfen.

Barbara Kamprad, in: »Das Sonntagsblatt«, 1995

ZM 6: Der Begriff der Menschenrechte

Der Begriff der Menschenrechte hat einen politischen, juristischen und moralischen Aspekt. Zunächst stand er in einem revolutionären Programm, das sich gegen politische, soziale und kirchliche Herrschaftsformen richtete. Die bestehende öffentliche Ordnung sollte im Geiste der Freiheit, Gleichheit und Brüderlichkeit grundlegend umgestaltet werden. Bald hat sich der Wesenszug der Menschenrechte von Grund auf geändert. Das schwer zu umschreibende oder sogar zu beschreibende dynamische Ziel verwandelte sich in ein Element einer freien gesellschaftlichen und politischen Ordnung. So wurde es auch einer rechtlichen Erfassung zugänglich.
Unlängst gab Louis Henkin von der Columbia Universität folgende Definition:
Menschenrechte sind
- diejenigen Freiheiten, Immunitäten und Vorteile,
- welche nach gegenwärtigen Wertvorstellungen
- alle Menschenwesen
- von der Gesellschaft, in der sie leben,
- als eigene Rechte und von Rechts wegen fordern können sollten.

Folgende Merkmale werden für wichtig gehalten:
- Freiheiten und Immunitäten bezeichnen die *Eigenständigkeit und Unabhängigkeit*, ihnen sind jedoch auch Vorteile hinzugefügt, um *Gleichheit und Brüderlichkeit* einzuschließen:
- Gegenwärtige Wertvorstellungen, die allgemein bejaht werden, sind maßgebend. Diese Abgrenzung ist wichtig. Es handelt sich nicht um aus der Natur oder einer Offenbarung hergeleitete ewige Werte, die von einem bestimmten Kultur- oder Zivilisationszustand unabhängig sind. Da lauern Probleme.
- Menschenwesen stehen sie zu als einzelnen oder auch als Angehörigen einer natürlichen Gruppe der Gesellschaft wie einer Familie, nicht aber einer abstrakten Einheit wie eines Staates.
- Am schwierigsten ist das Merkmal, daß die Inhaber sie als eigene Rechte oder *von Rechts wegen* fordern können sollten.

Dazu ist folgendes zu bemerken: Die Inhaber des Rechts können von dem Staat und seinen Organen fordern, daß diese ihre persönliche Rechtssphäre achten und nicht in sie eindringen: Freiheit von Leben und Sicherheit, Freiheit vor willkürlicher Verhaftung, von Meinungen, auch des Glaubens und von Anschauungen. Bei solchen persönlichen Freiheiten kann also ein bestimmtes Ergebnis gefordert werden. Soweit aber vom Staat keine Unterlassung, sondern ein positives Tun verlangt werden kann – wie bei den sozialen oder wirtschaftlichen Rechten – kann kein bestimmtes Ergebnis, sondern lediglich Bemühungen der öffentlichen Organe, schrittweise ein Ziel zu erreichen, verlangt werden. So ist es mit dem Recht auf Ernährung, auf Arbeit oder einen angemessenen Lebensstandard im Rahmen der bestehenden Möglichkeiten. In beiden Fällen sind die öffentlichen Organe zu Leistungen verpflichtet. Je nach der Art der beiden Kategorien von Rechten bedarf es jedoch eines unterschiedlichen Schutzsystemes.

An der Stelle einer Zusammenfassung seien einige Fragen gestellt.
Können Religionsgemeinschaften sich damit abfinden,
- daß grundlegende Werte nicht ewig gelten, sondern sich mit der Entwicklung der Gesellschaft ändern?
- daß säkulare Lehren, die auf wissenschaftlicher Erkenntnis oder einer säkularen Philosophie beruhen, denselben Rang besitzen wie religiöse Überzeugungen?
- daß auf der menschlichen Würde beruhende Rechte nicht absolut gelten, sondern nach Kriterien säkularer Art eingeschränkt sind?
- daß sie zur Übung von Toleranz auch gegenüber aggressiven säkularen Lehren verpflichtet sind?
- daß jeder Gläubige jederzeit das Recht hat, seine Religionsgemeinschaft zu verlassen?

Karl Josef Partsch, Der Schutz religiöser Werte durch Menschenrechtsinstrumente,
in: H. Küng/K.-J. Kuschel (Hg.): Weltfrieden durch Religionsfrieden. © R. Piper GmbH & Co. KG, München 1993, S. 155–157.164

ZM 7: UN-Kinderkonvention

1989 verabschiedete die Generalversammlung der Vereinten Nationen die Konvention über die Rechte des Kindes. Bis Dezember 1993 sind 154 Staaten der Konvention beigetreten. Die Unterzeichnerstaaten haben sich verpflichtet, »alle geeigneten Gesetzgebungs-, Verwaltungs- und sonstigen Maßnahmen zur Verwirklichung der in diesem Übereinkommen anerkannten Rechte zu treffen«.

- Jedes Kind hat das Recht auf **Leben**.
- Jedes Kind hat das Recht auf einen eigenen **Namen**.
- Jedes Kind hat das Recht auf Geborgenheit in der **Familie**.
- Jedes Kind hat das Recht auf **Gesundheitsfürsorge**.
- Jedes Kind hat das Recht auf **Bildung**.
- Jedes Kind hat das Recht auf freie **Meinungsäußerung**.
- Jedes Kind hat das Recht auf freie Ausübung einer **Religion**.
- Jedes Kind hat das Recht auf Schutz vor **Mißhandlung**.
- Jedes Kind hat ein Recht auf Schutz vor **Ausbeutung**.
- Jedes Kind hat ein Recht auf Schutz vor sexuellem **Mißbrauch**.
- Jedes Kind hat ein Recht auf Schutz vor **Folter**.
- Jedes Kind hat ein Recht auf Schutz vor **Todesstrafe**.
- Jedes Kind hat ein Recht auf Schutz vor kriegerischer **Gewalt**.
- Jedes Kind hat ein Recht auf Schutz in **Flucht**situationen.

ZM 8: Leben, Liebe, Karriere

Die Kinder der wilden 68er-Eltern wollen zurück zu alten Werten. Die Wochenzeitschrift »Focus« sprach mit Schülern über die Sehnsucht nach Geborgenheit und Ehe.

Das Wort »Ehe« galt unter 68ern als Synonym für Spießigkeit, die Familie wollte man durch WGs und Kinderläden ersetzen, freier Sex war in nach dem Spruch: »Wer zweimal mit derselben pennt, gehört schon zum Establishment.«
Die Sprößlinge der 68er-Eltern allerdings geraten – zumindest nach alten Revoluzzer-Regeln – geradezu reaktionär:
Aline: Der Trend geht zu langen Partnerschaften. Früher wurde ich aufgezogen, weil ich seit sechs Jahren mit meinem Freund zusammen bin. Heute finden die anderen das toll.
Jane: Ich finde es wichtig, lange zusammenzubleiben. Man lernt den Partner besser kennen und macht so ganz andere, wichtige Erfahrungen.
Focus: Beneidet ihr eure Eltern um die sexuelle Freiheit der 60er und 70er Jahre?
Christian: Ich glaube eher, die Moral war damals in Wahrheit strenger. Heute hindert uns niemand daran, Beziehungen zu führen.
Focus: Wie ernst sind eure Beziehungen? Hat von euch schon mal jemand daran gedacht, den Partner eventuell auch zu heiraten?
Aline: Diese Idee ist schon da …
Julia: Wenn man lange eine glückliche Beziehung hat, dann ist das klar.
Focus: Findet ihr heiraten nicht furchtbar spießig?
Julia: Nee! Überhaupt nicht.
Christian: Wenn man den Partner wahnsinnig liebhat, dann ist es doch erstrebenswert zu heiraten. Das ist doch ganz logisch.
Focus: Haltet ihr diese Einstellung für normal unter Gleichaltrigen?
Katrin: Ja, und das erstaunt mich auch gar nicht.

Focus: Wer möchte gern Familie, Kinder haben?
Alle melden sich.
Katherina: Ich will aber nicht nur Hausfrau sein, sondern erst studieren und arbeiten.
Jasmin: Genau, denn ich habe Angst, irgendwann allein dazustehen. Deshalb will ich unabhängig sein.
Christine: Kinder will ich erst mit 30 – aber ich plan' das nicht groß.
Focus: Wer will schon früher eine Familie gründen?
Viktoria: Ich, weil ich mich jetzt schon so darauf freue. Ich stell' mir das wirklich schön vor, so zu Hause zu sein, einen Mann zu haben und Kinder. Einfach gemütlich und schön.
Carolina: Ich möchte vorher ins Ausland, weil das schwer geht, wenn man Familie hat. Aber dann will ich bald eine eigene Familie gründen, einfach, weil das für mich Erfüllung bedeutet. Familie ist das, wo ich mich verwirklicht sehen könnte.
Christine: Aber lieber nicht zu früh, sonst denkt man, daß man etwas verpaßt hat.
Florian: Ob die Ehe gutgeht, läßt sich doch nicht durchs Alter festlegen. Es gibt welche, die heiraten mit 19 – und es klappt. Genausogut kann es mit 30 schiefgehen.
Ich möchte sehr gern eigene Kinder haben – aber dazu muß ich nicht unbedingt heiraten.
Focus: Wie stellt ihr Jungs euch das vor – seht ihr euch in der klassischen Ernährerrolle?
Florian: Nein, nein, auf gar keinen Fall. Es gibt ja auch den Erziehungsurlaub für Männer. Ich halte es für sehr wichtig, sich abzuwechseln, weil das sonst zu stressig für die Frau wird.
Focus: Sieht der Rest der Jungs das auch so?
Alex: Klar. Wie sonst?
Focus: Wie ist es bei euren Eltern – sind beide berufstätig?
Bei acht Schülern arbeiten beide Eltern, bei den übrigen bleibt die Mutter zu Hause. Nur zwei aus der Runde kommen aus einer geschiedenen Ehe. »Das ist aber nicht repräsentativ«, sagt Julia. »Normalerweise sind es viel mehr.«
Jasmin: Ich finde es gut, daß meine beiden Eltern arbeiten. Man sollte es aber nicht übertreiben. Meine Eltern, die sehen sich so selten – und man sollte sich doch wenigstens am Wochenende mal sehen.
Focus: Woher kommt eure Sehnsucht nach festen Beziehungen?
Aline: Wir brauchen eben unbedingt den anderen. Meine beste Freundin, sogar meine Schwester könnten für mich niemals meinen Freund ersetzen.
Katherina: Der Wunsch nach einer langen Beziehung kommt oft dadurch, daß man Geborgenheit in der Familie vermißt – das ist die Sehnsucht nach einer Bezugsperson.
Jasmin: Viele wünschen sich auch eine lange Beziehung, wenn das Elternhaus kaputt ist.
Focus: Wird es unter euch akzeptiert, wenn jemand seine sexuelle Freiheit auslebt?
Christian: Das ist unterschiedlich. Die einen sagen: Wow. Die anderen sagen: Der geht ja mit jeder ins Bett.
Focus: Ist Treue für euch wichtig?
Carolina: Ja. Absolut.
Christian: Eines würde ich gern von den Mädchen wissen: Würdet ihr eurem Freund verzeihen, wenn er mal untreu wäre?
Carolina: Das kann man nicht pauschal beantworten – man muß eben sehen, ob es etwas Gravierendes war. Und ob man damit klarkommt.
Katherina: Es kommt auch darauf an, wie eifersüchtig man ist. Ich bin sehr eifersüchtig und könnte es nicht ertragen. Ich würde Schluß machen.
Viktoria: Wenn man es über Dritte und nicht von ihm selbst erfährt, dann muß man wahrscheinlich die Konsequenzen ziehen und Schluß machen. Dann ist man hintergangen worden.
Christian: Ich halte Treue auch für wichtig. Trotzdem kann es doch mal passieren.
Jane: Das ist der männliche Trieb …
Focus: Wer von den Mädchen hat schon mal seinen Partner betrogen?
Jasmin: Mir ist das passiert. Aber ich habe daraus gelernt, es nicht mehr wiederzutun. Denn das hat meinen Freund sehr verletzt – das hat mir dann wiederum sehr weh getan.
Focus: Gibt es jemanden unter euch, der eine lockere Beziehung führt?

Christine: Man hört ja immer, auch im Fernsehen, daß es das gibt. Aber ich glaube, dann ist es keine echte Liebe.
Katherina: Das wäre für mich der Indikator dafür, daß die Beziehung nicht gut läuft. Dann muß man entweder etwas ändern oder Schluß machen.
Focus: Wie sieht für euch der Idealpartner aus?
Jasmin: Humor ist superwichtig. Und miteinander reden zu können.
Eva: Für mich ist es wichtig, daß er anders ist als die anderen.
Florian: Mir ist das Aussehen nicht wichtig. Wenn man jemanden mag, dann findet man ihn schön.
Aus: Focus 32/1994

ZM 9: Kirche in der mittelalterlichen Welt

Schon 740 wandte sich Papst Gregor III. an den selbstbewußten Hausmeier (oberster Hofbeamter) Karl Martell aus dem Geschlecht der Karolinger und bat um Hilfe im Kampf gegen die Langobarden. Karl Martell und nach ihm seine Söhne Pippin und Karlmann schützten das Frankenreich, vergrößerten es und suchten dem Christentum zum Sieg zu verhelfen. Sie waren die eigentlichen Könige – die Könige aus dem Geschlecht der Merowinger führten dagegen nur ein Schattendasein. Schließlich wählte eine fränkische Heeresversammlung Pippin zum König, und Bonifatius salbte ihn mit heiligem Öl. Auch der Papst kam eigens über die Alpen und wiederholte im Sommer 754 demonstrativ die Salbung Pippins und seiner Söhne Karl und Karlmann. So bekamen die fränkischen Hausmeier neben der Macht auch die kirchliche Weihe. Zugleich erhob der Papst Pippin zum *Schutzherrn der Römer*.
Für diese *Sakralisierung des fränkischen Reiches* erwarteten die Päpste entsprechenden Dank. Als Gegenleistung versprach Pippin dem Papst Hilfe gegen die Langobarden, zog über die Alpen und befreite Rom aus der Bedrängnis. Die Gebiete um Rom übergab er dem Papst zum ewigen Besitz: Diese *Pippinische Schenkung* von 756 begründete die Anfänge des Kirchenstaates.
Im Jahre 800 näherten sich Kirche und Franken einander weiter an. König Karl war nach Rom gekommen, um Papst Leo III. im Streit mit dem römischen Adel zu helfen. Da setzte ihm der Papst während der Weihnachtsmesse eine Krone aufs Haupt und beugte huldigend die Knie. Zur Bestätigung riefen Geistliche und römisches Volk: *»Karl, dem Erhabenen (Augustus), dem von Gott gekrönten, großen und friedenschaffenden Kaiser der Römer, Heil und Sieg!«* Nach dem Bericht Einhards, dem Geschichtsschreiber Karls, fühlte sich der König durch dieses Vorgehen überrumpelt. Es war der Eindruck entstanden, Karl sei der Kaiser von Papstes Gnaden.

Aus: Herbert Gutschera, Joachim Maier, Jörg Thierfelder: Geschichte der Kirchen. Ein ökumenisches Sachbuch in Bildern, Matthias-Grünewald-Verlag, Mainz/Quell-Verlag, Stuttgart 1992

ZM 10: Wie wird Frieden?

Durch ein System von politischen Verträgen? Durch Investierung internationalen Kapitals in den verschiedenen Ländern, d.h. durch die Großbanken, durch das Geld? Oder gar durch eine allseitige friedliche Aufrüstung zum Zweck der Sicherstellung des Friedens? Nein, durch dieses alles aus dem einen Grunde nicht, weil hier überall *Friede* und *Sicherheit* verwechselt wird. Es gibt keinen Weg zum Frieden auf dem Weg der Sicherheit. Denn Friede muß gewagt werden, ist das eine große Wagnis, und läßt sich nie und nimmer sichern. Friede ist das Gegenteil von Sicherung. Sicherheiten fordern heißt Mißtrauen haben, und dieses Mißtrauen gebiert wiederum Krieg. Sicherheiten suchen heißt sich selber schützen wollen. Friede heißt sich gänzlich ausliefern dem Gebot Gottes, keine Sicherung wollen, sondern in Glaube und Gehorsam dem allmächtigen Gott die Geschichte der Völker in die Hand legen und nicht selbstsüchtig über sie verfügen wollen. Kämpfe werden nicht mit Waffen gewonnen, sondern mit Gott.

Sie werden auch dort noch gewonnen, wo der Weg ans Kreuz führt. Wer von uns darf dann sagen, daß er wüßte, was es für die Welt bedeuten könnte, wenn ein Volk – statt mit der Waffe in der Hand – betend und wehrlos und darum gerade bewaffnet mit der allein guten Wehr und Waffe den Angreifer empfinge? Wie wird Friede? Wer ruft zum Frieden, daß die Welt es hört, zu hören gezwungen ist, daß alle Völker darüber froh werden müssen?
Nur das eine *große ökumenische Konzil* der *Heiligen Kirche Christi* aus aller Welt kann es so sagen, daß die Welt zähneknirschend das Wort vom Frieden vernehmen muß und daß die Völker froh werden, weil diese Kirche Christi ihren Söhnen im Namen Christi die Waffen aus der Hand nimmt und ihnen den Krieg verbietet und den Frieden Christi ausruft über die rasende Welt.
Das ökumenische Konzil ist versammelt, es kann diesen radikalen Ruf zum Frieden an die Christusgläubigen ausgehen lassen. Die Völker warten darauf im Osten und Westen. Sollten wir die einzelnen, die ihr Leben an diese Botschaft wagen, allein lassen? Die Stunde eilt – die Welt erstarrt in Waffen und furchtbar schaut das Mißtrauen aus allen Augen, die Kriegsfanfare kann morgen geblasen werden – worauf warten wir noch? Wollen wir selbst mitschuldig werden wie nie zuvor?
Wir wollen reden zu dieser Welt, kein halbes, sondern ein ganzes Wort, ein mutiges Wort, ein christliches Wort. Wir wollen beten, daß uns dieses Wort gegeben werde – heute noch – wer weiß, ob wir uns im nächsten Jahr noch wiederfinden?

Dietrich Bonhoeffer: Aus der Friedenspredigt auf der ökumenischen Konferenz in Fanö, 1934

ZM 11: Brief Mahatma Gandhis an Adolf Hitler

Mein lieber Freund! *Weihnachten 1941*
Daß ich Sie mit Freund anrede, ist keine Förmlichkeit. Ich habe keine Feinde. Meine Lebensaufgabe bestand während 33 Jahren darin, um die Freundschaft der gesamten Menschheit zu werben und alle Menschen miteinander zu befreunden, ohne Unterschied der Rasse, der Farbe und des Glaubens.
Wir bezweifeln durchaus nicht Ihre Unerschrockenheit und Ihre Liebe zu Ihrem Vaterland. Auch glauben wir nicht, daß Sie das Ungeheuer sind, als das Ihre Gegner Sie hinstellen. Aber Ihre eigenen Schriften und Reden sowie diejenigen Ihrer Freunde und Bewunderer lassen keinen Zweifel darüber, daß viele Ihrer Handlungen widernatürlich sind und nicht der menschlichen Würde entsprechen. Besonders Menschen wie ich, die an eine allgemeine Verbrüderung der Menschheit glauben, denken so. Ich habe dabei die Demütigung der Tschechoslowakei, den Raub Polens und die Verschlingung Dänemarks im Auge. Ich weiß wohl, daß nach Ihrer Auffassung derartige Gewalttaten lobenswerte Handlungen darstellen. Wir dagegen haben von Kind auf gelernt, sie als die Würde der Menschheit verletzend anzusehen. Daher können wir auch Ihren Waffen nicht den Sieg wünschen. Und dabei befinden wir uns in einer ganz ähnlichen Lage wie Sie. Unsere Empörung gegen die britische Herrschaft ist eine unbewaffnete. Aber ganz gleich, ob wir die Engländer bekehren oder nicht, wir sind fest entschlossen, ihrer Herrschaft ein Ende zu machen durch gewaltlose Nichtmitarbeit. Das ist eine Methode, die in ihrer Art unbesiegbar ist. Sie beruht auf dem Wissen, daß kein Eroberer sein Ziel erreichen kann ohne ein gewisses Maß freiwilliger oder erzwungender Mitarbeit seitens des Opfers. In der Absage an die Gewalt haben wir eine Kraft ausfindig gemacht, die, wenn sie organisiert ist, der Vereinigung selbst der stärksten Gewalt der Welt zweifellos widerstehen kann. Bei der gewaltlosen Technik, wie ich sie bezeichne, gibt es nicht so etwas wie Niederlage. Es geht dabei um Sein oder Nichtsein ohne Töten und Verwunden. Sie kann praktisch ohne alles Geld ausgeübt werden und ohne jede Hilfe durch die Wissenschaft der Zerstörung, die Sie zu solcher Vollendung gebracht haben. Deshalb beschwöre ich Sie im Namen der Menschlichkeit: Halten Sie ein mit dem Krieg! Sie werden dadurch nichts aufgeben, wenn Sie alle Zwistigkeiten zwischen Ihnen und Großbritannien einem unter Ihrer Mitwirkung zusammengesetzten internationalen Gerichtshof vorlegen. Dadurch, daß Sie im Krieg Erfolge erzielen, haben Sie noch nicht bewiesen, daß Sie auch im Recht sind … (Quelle unbekannt)

ZM 12

Schalom

- ist Wohlergehen, das Gott schenkt.
- wird, indem wir auf dieses Wohlergeben aller achten.
- ist Heil, das in Christus zu uns kommt.
- wird, indem wir sein Heil verkündigen und heilend wirken.
- ist Segen, den Gott auf uns legt.
- wird, indem wir diese heilvollen Kräfte einsetzen gegen die zerstörenden Kräfte in unserer Welt.
- ist Gerechtigkeit, die wir in Christus empfangen.
- wird, indem wir uns gegen Ungerechtigkeit einsetzen und anderen zu ihrem Recht verhelfen.
- ist Versöhnung, weil Gott uns Versöhnung angeboten hat.
- wird, indem wir diese Versöhnung leben und den Geist der Versöhnung ausbreiten (persönlich und national)
- ist Freiheit, weil Gott uns zur Freiheit berufen hat.
- wird, wenn wir in dieser Freiheit bestehen.
- ist Hoffnung, weil Gott uns eine »lebendige Hoffnung« gibt.
- wird, indem wir den Hoffnungslosen Zeichen der Hoffnung sind und geben.
- wird, weil der Gott des Friedens Ursprung und Vollender allen Friedens ist, nicht aus uns, aber durch uns.

Die Bibel – das gesellige Buch

1 Zielsetzung, Aufbau und Probleme des Kapitels

1.1 Grundsätzliches

Die Bibel als »Urkunde des Glaubens« (Ebeling) hat im Religionsunterricht einen zentralen Stellenwert, der – so das Vorwort zu den Lehrplänen von 1994 für Baden-Württemberg – Schülerinnen und Schüler anleitet, »Beziehungen zwischen der biblischen Botschaft und heutiger Welt- und Lebenserfahrung herzustellen.«
Zumal der evangelische Religionsunterricht, der den Bekenntnissen der Reformation verpflichtet ist, die auf dem Prinzip »sola scriptura« (allein die Schrift) basieren, wird der Bibel den gebührenden Platz im Religionsunterricht einräumen. Die Lehrpläne sehen für die Grundschule vor allem die Behandlung zusammenhängender biblischer Erzählkomplexe wie z.B. der Josefsgeschichte oder der Abrahamsgeschichten vor. In der Sekundarstufe I werden vielfältig explizit Probleme und Erfahrungen der Schüler/innen und biblische Texte aufeinander bezogen. Im 5. Schuljahr beschäftigt sich in den meisten Lehrplänen eine UE ausführlich mit der Entstehung, dem Aufbau und der Übersetzung der Bibel. In vertiefender Weise geschieht dies im 11. Schuljahr. Hier werden die Schüler/innen u.a. auch in die verschiedenen Ansätze der Auslegung biblischer Texte eingeführt. Ziel muß sein, daß die Schüler/innen – jedenfalls ansatzweise – über das Rüstzeug verfügen, biblische Texte selbst auszulegen. Dies gehört zu jenem von der Reformation betonten Grundsatz, daß jeder Christ in der Lage sein muß, über seinen Glauben Auskunft geben zu können.

1.2 Schüler/innensituation

Die Bibel ist für einen Teil der Schüler/innen der gymnasialen Oberstufe häufig ein Buch mit sieben Siegeln, das sich ihnen nur schwer erschließt. Sie haben den Eindruck, daß dieses alte Dokument mit ihrer Lebenswirklichkeit nichts oder nur wenig zu tun hat. Nicht wenige von ihnen waren schon in der Sekundarstufe I gerne bereit, mit den Lehrkräften über ihre Probleme und Erfahrungen zu diskutieren. Beim Auftauchen von Bibeltexten zeigten sie jedoch eher Vermeidungstendenzen.
Häufig wird die Auslegung biblischer Texte durch Kirche und Theologie von ihnen als willkürlich empfunden. Jede/r kann in die alten Texte hineininterpretieren, was er/sie gerne möchte. Damit verliert die Bibel von vornherein an Verbindlichkeit. Fraglos können die verschiedenen Zugänge zur Bibel (vgl. S. 138f.) diesen Eindruck bei den Schülern noch fördern. Es wird darum gerade hier darauf ankommen, zu zeigen, wie diese verschiedenen Zugänge sich gegenseitig ergänzen.
Andererseits staunen Schüler/innen, wenn sie im Gespräch mit eher evangelikal ausgerichteten Schülerinnen und Schülern entdecken, welchen großen Stellenwert die Bibel für diese hat. Solche Schüler/innen können, wenn sie sich nicht fundamentalistisch verschließen, anregend für eine Arbeit mit der Bibel sein.
Wichtig ist bei dieser Ausgangslage, daß die Schüler/innen nicht den Eindruck gewinnen, nun würde alles, was man in der Sekundarstufe I behandelt hat, erneut wiederholt werden. Es geht im vorliegenden Kapitel daher in mehrfacher Hinsicht um einen Neuansatz: Zum einen kreist die Behandlung der UE um das Freiheitsthema, das in verschiedenster Art und Weise ein zentrales Thema für die Schüler/innen der Klasse 11 ist. Zum andern werden die Schüler/innen auch insofern ganz ernst genommen, daß sie mit den Verfahren und Ergebnissen heutiger Bibelwissenschaft konfrontiert werden. Dies ist sicher für Schüler/innen, die vielfach in einem positivistischen Weltbild befangen sind, eine Provokation, aber

reizt vielleicht auch ihre Neugier. Gerade biographische Zugänge (vgl. S. 142), die in der UE immer wieder begegnen, wollen signalisieren, daß die Bibel nicht nur etwas für geistige und geistliche Hinterwäldler ist, sondern auch von großer Bedeutung für Menschen sein kann, die gleichsam mit beiden Beinen im Leben stehen.

1.3 Aufbau des Kapitels

Die UE im Buch folgt dem Thema Freiheit, das sich als roter Faden durch die Bücher der Bibel zieht. Dadurch wird den Schülerinnen und Schülern ein Leitfaden an die Hand gegeben, mit dessen Hilfe sie sich im vielstimmigen Chor der biblischen Bücher zurechtfinden können. Dieser rote Faden soll zur Motivation der Schüler/innen beitragen, damit sie nicht angesichts der verwirrenden Vielfalt der Stimmen der Bibel von vornherein aufgeben. Durch das Thema »Freiheit« ist auch ein möglicher Anknüpfungspunkt gegeben, der deutlich macht, daß biblische Texte in die Lebenswirklichkeit heutiger Menschen hineinsprechen. Dies gilt für Schüler/innen der 11. Klasse trotz der Tatsache, daß heutige Schüler/innen, sich eher nach Sicherheit und Geborgenheit statt nach »unsicherer« Freiheit sehnen.

Das Kapitel enthält vier Hauptabschnitte:

1. Die Bibel als Buch (S. 141–145)
   - Texte zum Einstieg und zur Motivation
2. Das Alte Testament (S. 146–161)
   - Aufbruch in die Freiheit
3. Das Neue Testament (S. 162–182)
   - Befreiung von Sünde, Krankheit und Tod
   - Befreiung von Krankheit und Tod – die Wundergeschichten
   - Befreiung von Zwängen – Der Apostel Paulus
   - Die Freiheit von Götzen – Die Offenbarung des Johannes
4. Zum Verhältnis Altes und Neues Testament (S. 183–186)

Die Texte, Bilder und Aufgaben zum Alten Testament ranken sich alle um das Thema »Exodus«, Aufbruch in die Freiheit. Im Neuen Testament sind es die Themen Befreiung durch Jesus von Krankheit, Sünde und Gesetz. Freiheit von Götzen ist das Thema der Offenbarung, die auf Schüler/innen wegen ihrer tiefgründigen Bilder häufig eine große Faszination ausübt. Diese Faszination hat ihre Ursache u.a. darin, daß die Schüler/innen angesichts ihrer eigenen Zukunftsängste empfänglich sind für die Schreckensbilder einer Endzeit, die die Johannesapokalypse zeichnet. Hier wird es darauf ankommen, daß der Trostcharakter dieses letzten Buches der Bibel einsichtig wird.
Die Einleitungsfragen von AT und NT, also Fragen über die Entstehung, den Aufbau und die literarische Gattung der Texte und Bücher, finden durchaus ihren Platz, treten aber hinter der inhaltlichen Ausrichtung der UE auf das Thema Freiheit zurück. Im Unterricht kann je nach der Situation und dem Interesse der Klasse dieses Thema jedoch stärker gewichtet werden. Hierzu stehen neben Unterrichtsmaterialien, auf die in der Literaturliste verwiesen wird, auch Zusatzmaterialien in diesem Lehrerhandbuch zur Verfügung.
Fast völlig verzichtet wird im Schülerbuch auf die Darstellung der Übersetzungsproblematik; sie ist nur in der Aufgabenstellung Seite 172 kurz angesprochen.

2 Literatur- und Medienangaben

Bamberger, Selig: Erzählung von dem Auszuge Israels aus Ägypten für die beiden ersten Pessachabende, neu übersetzt von Rabbiner Dr. Selig Bamberger, Frankfurt, [9]1935

Becker, Jürgen: Paulus – Der Apostel der Völker, Tübingen [2]1992

Berg, Horst Klaus: Ein Wort wie Feuer, München/Stuttgart 1991

Bornkamm, Günther: Paulus, Stuttgart u.a. [7]1993

Christen und Juden. Eine Studie des Rates der Evangelischen Kirche in Deutschland, hg. vom Kirchenamt der EKD, Gütersloh 1975

Christen und Juden II. Eine Studie der Evangelischen Kirche in Deutschland, hg. vom Kirchenamt der EKD, Gütersloh 1995

Dauth, Martin / Jakob, Ben (Hg.): Bibel – Das Magazin zum Buch, Stuttgart 1992

Goldmann, Christoph: Ursprungssituationen biblischen Glaubens. Eine Einführung in das Alte Testament für die religionspädagogische Praxis, Göttingen/Zürich [2]1976

Jentsch, Werner u.a. (Hg.): Evangelischer Erwachsenenkatechismus, Gütersloh [5]1989

Knörzer, Wolfgang; Was wir von Jesus wissen, Stuttgart [4]1977 (abgek.: Knörzer)

Lohrbächer, Albrecht (Hg.): Was Christen vom Judentum lernen können, Freiburg i. Br. [3]1995

Lohse, Eduard: Die Offenbarung des Johannes, NTD 11, Göttingen 1984

Marti, Kurt: Die gesellige Gottheit. Ein Diskurs, Stuttgart 1989

Niederer, Otto u.a.: Arbeitsfolien Religion. Teil 1: Geschichte Israels, Zeit Jesu, Frühe Kirche, Stuttgart/München [2]1989

Niederer, Otto u.a.: Arbeitsfolien Religion. Teil 2: Kirchengeschichte, Stuttgart/München 1989

Petri, Dieter / Thierfelder, Jörg (Hg.): Robert Hammerstiel / Detlef Willand, Holzschnitte zur Bibel, Bietigheim-Bissingen 1992

Dies.: Arbeitsfolien Religion, Teil 3: Judentum (erscheint 1997)

Rahlwes, F.: Die Bücher der Bibel. Mit Zeichnungen von Ephraim Moses Lilien: Überlieferung und Gesetz, Braunschweig 1908; Die Liederdichtung, Braunschweig 1909; Die Lehrdichtung, Braunschweig 1923

Rendtorff, Rolf (Hg.): Arbeitsbuch Christen und Juden, Gütersloh 1979

Röhm, Eberhard / Thierfelder, Jörg: Die evangelische Kirche zwischen Kreuz und Hakenkreuz, Stuttgart [4]1990

Schmidt, Werner H.: Einführung in das Alte Testament, Berlin u.a. [5]1995

Smend, Rudolf / Luz, Ulrich: Gesetz, Stuttgart 1981

Theißen, Gerd: Der Schatten des Galiläers. Historische Jesusforschung in erzählender Form, München [2]1987 (abgek.: Theißen)

Ders.: Urchristliche Wundergeschichten, Gütersloh 1974 (abgek.: Theißen, Wunder)

Weiser, Alfons: Was die Bibel Wunder nennt, Stuttgart [7]1988

Westermann, Claus / Gloege, Gerhard: Tausend Jahre und ein Tag. Einführung in die Bibel, Stuttgart [3]1982 (für Schüler geeignet)

Wolff, Hans Walter: Bibel – Das Alte Testament, Themen der Theologie Band 7, Stuttgart [2]1975

3 Didaktisch-methodische Hinweise zu den einzelnen Unterrichtselementen

3.1 Die Bibel als Buch

Das gesellige Buch (Kurt Marti)

Den Auftakt der UE bildet das *Gedicht von Kurt Marti »Das gesellige Buch«*. Marti zeigt hier, wie angesichts der vielen, oft verwirrend erscheinenden Stimmen und Dissonanzen sich in der Bibel eine Einheit durchhält: die Bibel, ein Buch, in dem die verläßliche Stimme des Gottes spricht, der nicht allein sein möchte, sondern sich den Menschen als sein Ebenbild, als sein Gegenüber erschaffen hat. Seite 141

Das *Bild* zeigt einen Schüler mit Walkman, versunken in die Lektüre der Bibel. Dieses Bild trifft ganz

sicher nicht die Situation der meisten Jugendlichen diesen Alters. Es spielt aber zum einen darauf an, daß es in jeder 11. Klasse junge Menschen gibt, für die die regelmäßige Lektüre in der Bibel wichtig ist. Zum andern darauf, daß es unter Jugendlichen bei aller Skepsis gegenüber der Bibel eine positive Neugier gibt, ob an diesem weit verbreiteten Buch nicht doch etwas »dran« sein könnte.
Der Marti-Text kann erfahrungsgemäß nur dann am Anfang der UE besprochen werden, wenn ein entsprechendes Vorwissen der Schüler/innen zu Inhalten und Aufbau der Bibel gegeben ist bzw. wenn dieses Wissen im Laufe des Unterrichts erarbeitet wurde.
Wird dieses Gedicht am Anfang besprochen, so wird vieles unverständlich bleiben, das erst durch konkrete Arbeit an biblischen Themen verständlich werden kann. Dabei kann es bei entsprechenden Klassen durchaus sinnvoll sein, Unklarheiten stehen zu lassen und sie dann sukzessive während der Arbeit am Thema Bibel zu klären. So wird dieses Gedicht zu einem Leitfaden, auf den man während der UE immer wieder zurückkommen kann.
Das Bild kann Anlaß zu einem Unterrichtsgespräch über die Frage sein, welche Bedeutung die Bibel für das Leben der Schüler/innen hat, ob und gegebenfalls welche Erfahrungen sie gemacht haben und welche Assoziationen sich beim Thema Bibel bei ihnen einstellen.

3.1.1 Warum mir die Bibel wichtig ist

Der Brief von Georg an Andy und Statements

Seite 142

Der *Brief* schildert Erlebnisse mit der Bibel, wie sie durchaus in vielen Familien heute noch gegeben sind.
Die beigefügten Arbeitsaufgaben können die Schüler/innen dazu motivieren, das Thema Bedeutung der Bibel in ihrem Bekanntenkreis anzusprechen. Die Ergebnisse sind Grundlage für ein Unterrichtsgespräch.
Die *Statements*[1] zeigen, welche Bedeutung die Bibel im Leben von prominenten Sportlern und Schauspielern hat. ZM 1 bringt weitere Stimmen. Die Schüler/innen kennen vielleicht Stimmen anderer prominenter Persönlichkeiten.

3.1.2 Bibelquiz

Das Bibelquiz kann helfen, das Vorwissen der Schüler/innen zu erheben. Er kann in Einzel- oder Partnerarbeit bearbeitet werden. Die angeführten biblischen Texte helfen bei der Lösung der Aufgaben. Im Blick auf 1i) ist noch die Stelle aus dem apokryphen Buch Tobit Kapitel 4, Vers 16 hinzuzufügen. Dort steht (Lutherbibel) wörtlich: »*Was du nicht willst, daß man dir tu, das füg auch keinem andern zu.*« Im Neuen Testament ist dieselbe Aussage in der Bergpredigt so formuliert: »*Alles nun, was ihr wollt, daß euch die Leute tun sollen, das tut ihnen auch! Das ist das Gesetz und die Propheten*« (Mt 7,12).
Erfahrungsgemäß bilden die Fragen Anlaß zu interessanten Erörterungen unter den Schülerinnen und Schülern. Man kann das Quiz auch zum Anlaß nehmen, um auf das eine oder andere biblische Buch (z.B. Jona oder Ruth) oder die eine oder andere biblische Geschichte (z.B. David) näher einzugehen.
Je nach Gesprächssituation der Klasse kann das Quiz (im Zusammenhang mit der Frage, an welche biblische Geschichte sich die Schüler/innen gerne erinnern, Seite 142) Anlaß dazu sein, einen kurzen Überblick über die Bücher des AT und ihre Inhalte zu bieten.
Die Schüler/innen können sich auch (einzeln oder in Gruppen) einen Einblick in ein biblisches Buch oder eine Gruppe von biblischen Büchern verschaffen und die Ergebnisse vor der Klasse referieren.
ZM 2 bietet die Auflösung des Bibelquiz.
ZM 3 bietet einen gerafften Überblick über Einteilung und Inhalte des AT.

1 Die Statements sind Martin Dauth, Ben Jakob (Hg.): Bibel – Das Magazin zum Buch, S. 4 ff. entnommen.

3.1.3 Durchblick – Ausblick – Überblick

Dieser Überblick über das, was im Schulbuch zum Thema Bibel angeboten wird, soll zu einem selbständigen Umgang mit der UE helfen. Angesprochen werden sollte in diesem Zusammenhang unbedingt die Frage, was den Schülerinnen und Schülern gegebenenfalls fehlt und worauf (noch) eingegangen werden sollte, was ihren Interessen entspricht.

Abbildung

Seite 144

Das Bild stammt aus einer Missionszeitschrift des 19. Jahrhunderts. Der weiße Missionar, der die Schwarzafrikaner unterrichtet, steht im Zentrum des Bildes. Das Bild zeigt einerseits die angebliche Überlegenheit der Weißen gegenüber den Schwarzafrikanern. Zum anderen zeigt es, wie die weißen Missionare durch ihren Unterricht – der weit mehr als ein Religionsunterricht anhand der Bibel war – den Schwarzafrikanern Bildungschancen eröffneten, die auf lange Sicht die Chance zur Unabhängigkeit beinhalteten.
Die Ambivalenz der Missionstätigkeit wird hier deutlich. Sie kommt auch im Zitat des afrikanischen Politikers zur Sprache, das im Schülerbuch verkürzt wiedergegeben ist:
Daraufhin erwiderte der zweite: »Als Europäer unser Land nahmen, bekämpften wir sie mit unseren Speeren. Sie besiegten uns mit ihren besseren Waffen. So wurde die Kolonialmacht sehr gegen unseren Willen errichtet. Aber siehe, der Missionar kam zur rechten Zeit und legte Sprengladungen an. Die Bibel tut jetzt das, was wir mit unseren Speeren nicht konnten.«

Abbildung

Seite 145

Der Schriftzug ist die Wiedergabe der Titelseite der ersten Druckausgabe von Luthers Übersetzung des Neuen Testaments, die im September 1522 herauskam (»Septembertestament«).

3.2 Das Alte Testament

Von Seite 146 bis 161 werden Themen des Alten Testaments – unter dem Stichwort »Freiheit« – angesprochen.
Es ist sinnvoll, die UE »Bibel« mit dem AT zu beginnen. Erfahrungsgemäß lassen sich am AT leichter Fragen der Literarkritik oder auch der Wunderproblematik vermitteln, da für Schüler/innen, die bei solchen Fragen Anstoß nehmen könnten, die Schriften des AT nicht so sehr im Zentrum stehen.
Folgende unterrichtliche Struktur für diese Seiten ist sinnvoll:

3.2.1 Aufbruch – eine menschliche Grunderfahrung (S. 146f.)
- eigene Erfahrungen (S. 146)
- Die Erfahrungen der Israeliten (S. 147)

3.2.2 Das Passahfest – das Fest der Befreiten (S. 148)
3.2.3 Israels Erfahrungen im babylonischen Exil (S. 149)
3.2.4 Die Wirklichkeit des Exodus heute – Die Wahrheit biblischer Texte (S. 150–159)

Aufbruch (Franz Kafka) und **Tor des Lebens (Wolfgang Poeplau)**

Seite 146

Der *Text von Kafka* hat die Haltung »Der Weg ist das Ziel« zum Inhalt: Das Aufbrechen, das Unterwegssein trägt seinen Sinn in sich selber. Kafka variiert dieses Thema, indem er zeigt, daß es ihm um das Weggehen geht.
Auch in dem *Gedicht von Wolfgang Poeplau* gelangt der Sprechende nicht zum »Tor des Lebens«, sondern der erste Schritt ist wichtig, auch wenn Umwege und Irrwege folgen werden.

Franz Kafka (1883–1924) wurde in Prag als Sohn einer jüdischen Kaufmannsfamilie geboren. Die Umwelt des ehemaligen Ghettos spiegelt sich auch in seinen Romanen und Erzählungen wider.
Kafka arbeitete als Rechtsanwalt bei der Prager »Arbeiter-Unfall-Versicherungs-Anstalt«; deshalb war ihm auch die moderne Bürokratie mit ihren Aktenvorgängen und Fehlentscheidungen gegenüber Menschen sehr vertraut. Seine knappe Sprache erinnert an die eines Juristen, die Inhalte sind oft surreal und alptraumartig. In seinen Erzählungen und Romanen zeigt Kafka die Verlorenheit des Menschen in einer unüberschaubaren Welt: die Einsamkeit, die bittere Ferne Gottes, das Ausgeliefertsein an unbewußte und gesellschaftliche Mächte.
Auch wenn Schüler/innen sich heute eher nach Geborgenheit und Sicherheit sehnen, so gibt es in ihrem Leben immer wieder Situationen, wo sie aufbrechen oder gar ausbrechen wollen und einen Neubeginn suchen.
Die *Aufgabenstellung* (»Schreiben Sie ...«) kann Schüler/innen dazu anhalten, Stationen des eigenen Lebens zu reflektieren und dabei im Rückblick Aufbruchssituationen zu entdecken, die versäumt oder wahrgenommen wurden.
Das *Bild* symbolisiert Aufbruchsituationen, freilich in ambivalenter Weise: Einerseits bricht der abgebildete Mann auf, andererseits geht er mit seinem gepackten Koffer auf vorgegebenen Gleisen.
Für Schüler/innen stellt sich die Frage: Welche Gleise sind vorgegeben? Läßt sich aus diesen Gleisen ausbrechen?

3.2.1 Aufbruch in die Freiheit

Exodus

Seite 147

Der Auszug aus Ägypten ist die Befreiungserfahrung, die dem Judentum durch die Jahrhunderte angesichts immer wieder einsetzender Verfolgungen und Bedrohungen bis heute Hoffnung und Halt gegeben hat.
2. Mose 12,29–34 schildert den Auszug, zu dem die Israeliten unmittelbar nach der 10. Plage (Tötung der Erstgeburt der Ägypter) von den Ägyptern gedrängt werden. Dabei wird deutlich, daß der Aufbruch so eilig geschehen mußte, daß sie das ungesäuerte (ohne Hefe bzw. Sauerteig) Brot mitnahmen. Dies findet bis heute seinen Ausdruck darin, daß die Juden während des einwöchigen Passahfestes nur ungesäuertes Brot (Mazzen, Mazzot) essen.
Anhand dieses Textes kann auch die Bedeutung des Wortes Pessach (Passah = vorübergehen, überschreiten) erklärt werden: Man kann dies am englischen Wort für Passa deutlich machen: »Passover«.
Es empfiehlt sich in diesem Zusammenhang, die Schüler/innen auch die Verse 1–28 lesen zu lassen.

Zwei Aspekte des Aufbruchs zeigen sich:
- Der Aufbruch aus der Unfreiheit sowie
- Die Bedrohung und die Rettung am Schilfmeer (2. Mose 14,1–15).

Beide Aspekte sprechen mit den Stichworten Aufbruch aus der Unterdrückung und Bedrohung der Freiheit heutige Erfahrungen an. Dem tragen die Impulse Rechnung.
Im Blick auf den ersten Aspekt ist es das Ziel des Unterrichts, nachzuvollziehen, welche inneren und äußeren Probleme ein endgültiger, übereilter Aufbruch mit sich bringen kann.

Folgender Unterrichtsverlauf ist denkbar:

1. Darstellung der Situation
Hier können sich die Schüler/innen mit Hilfe des Impulses »Stellen Sie sich vor, Sie sollten in einer Stunde aufbrechen, um in ein anderes Land zu ziehen« (s. u.) in die Situation der Israeliten hineindenken.

Die Schüler/innen schreiben als Vorbereitung für das Klassengespräch ihre Überlegungen in Einzelarbeit auf Zettel; sie haben dazu 5 Minuten Zeit.

2. Klassengespräch
Leitfaden für das Klassengespräch kann sein:
- Was würde ich mitnehmen?
- Was ist wichtig für mein Leben?

3. 2. Mose 12,1–15 wird laut vorgelesen
Für die Erarbeitung dieses Textes kann folgendes Arbeitsblatt (und/oder Tafelanschrieb) helfen:

Was soll gegessen werden?	
Was sollen die Israeliten mit dem Blut des Lammes machen?	
Welche Funktion hat das Blut?	
Welchen Sinn haben diese Weisungen?	

Im Unterrichtsgespräch wird die Frage geklärt, welchen wichtigen Sinn die Weisungen haben (Erinnern!).

4. 2. Mose 12, 21–34 wird gelesen
Dabei können folgende Arbeitsaufträge gestellt werden:
a) *Schreiben Sie einen Tagebucheintrag über das Erlebte*
- aus der Sicht eines Ägypters / einer Ägypterin
- aus der Sicht eines Israeliten / einer Israelitin

Einige Ergebnisse werden in der Klasse vorgelesen. Dieser Auftrag kann auch als Hausaufgabe gestellt werden.
Deutlich werden kann dabei, daß die Befreiung der Unterdrückten auch für Unschuldige aus dem Volk der Unterdrücker schlimme Folgen hat.

b) *Überlegen Sie, wie man dieses Lied (»Wir ziehen aus …«) gestalten kann*
Durch die Gestaltung des Liedes mit Pantomime und Tanz kann der Auszug von der Unfreiheit in die Freiheit, von der Brotlosigkeit in die Fülle, vom Dunkel der Mutlosigkeit ins Licht der Hoffnung nacherlebt werden. Pantomime und Lied können durch Rhythmusinstrumente unterstützt werden.
Man kann dabei eine Karawane bilden, indem jede/r seine Hände auf die Schultern der Vorderfrau / des Vordermannes legt. Dabei ist wichtig, daß die Klasse – dem Text entsprechend – in Bewegung kommt. Man kann dieses Lied auch in Kreisform tanzen.

c) *Lesen Sie die Geschichte vom Durchzug durchs Schilfmeer (2. Mose 14,1–15) in Ihrer Bibel.*
Im Blick auf die Bedrohung der Freiheit ermöglichen die im Schülerbuch vorgeschlagene Arbeitsaufgaben, sich in die verzweifelte Situation der Israeliten hineinzuversetzen. In die Besprechung in den Gruppen und den Austausch der Ergebnisse können die Schüler/innen eigene Erfahrungen mit Bedrohungssituationen einbringen.

Das Passahfest – das Fest der Befreiung

Das jüdische Passahfest ist das Fest der Befreiung. Entscheidend ist dabei, daß es sich bei diesem Fest nicht einfach darum handelt, ein vergangenes Geschehen zu feiern, sondern dieses Geschehen zu vergegenwärtigen, sich zu erinnern! Seite 148

In der Pessach-Haggada, die die Ordnung der Seder-Feier bildet, wird mehrfach diese Vergegenwärtigung direkt angesprochen, z.B. nach dem Essen des Bitterkrauts: »In jedem Zeitalter ist der Mensch verpflichtet, sich zu betrachten, als sei er selbst aus Ägypten gezogen ... Nicht unsere Väter allein hat der Heilige, gelobt sei er, erlöst, sondern auch uns hat er mit ihnen erlöst ...« (Bamberger S. 29).

Bild »Red Sea« (David Wander)

Seite 148

Auf die Aktualisierung des Exodusgeschehens weist auch das Bild »Red Sea« von David Wander hin. Es stammt aus einer Holocaust-Haggada. Schon ihr Name sagt, daß das Geschehen der Unterdrückung und Befreiung auf den Holocaust bezogen wird. Die Bilder in dieser Haggada haben dieses Thema zum Inhalt. Das abgedruckte Bild zeigt Mauern und Pyramiden, die in einem roten Wellenmeer versinken. Die Wellen, die an züngelnde Flammen erinnern, und die grellen Blitze lassen an die alliierten Bombenangriffe denken, die letztlich zur Befreiung vom Terrorregime der Nazis geführt haben.
Der im Buch abgedruckte Auszug aus der Pessach-Haggada kann nur einen sehr bescheidenen Eindruck von der Seder-Feier vermitteln. Bei entsprechender Bereitschaft der Schüler/innen empfiehlt es sich, das Sedermahl nachzufeiern.

Neuer Exodus

Seite 149

Das Beispiel des babylonischen Exils zeigt, wie die Erinnerung an die Befreiung aus Ägypten den Israeliten im Lauf ihrer Geschichte immer wieder in Situationen der Unterdrückung Trost und Hoffnung gab.

Neuer Exodus und Psalmen

Seite 149

Psalm 137 macht die verzweifelte Lage der Judäer in Babylonien anschaulich. Man kann diesen Text sehr gut mit Hilfe von Instrumenten sprachlich inszenieren. Die Haltung der Trauernden auf dem (Jugendstil-) Bild von E. M. Lilien kann hier Anregungen geben. Man kann die Situation auch mit Standbildern gestalten.
In dem Psalm lehnen die Judäer das Ansinnen ihrer Aufseher in Babylonien empört ab, ein Lied vom Zion, ein Zionslied, zu singen. Zionslieder sind Psalmen, die die Erwählung Jerusalems und die Hilfe Gottes, die er Jerusalem (erbaut auf dem Zion) versprochen hat, preisen. Dieser Schutz wurde häufig als absolute Garantie der äußeren Sicherheit Jerusalems mißverstanden. Diese trügerische Hoffnung zerbrach mit dem Exil. Es ist verständlich, daß die Israeliten in Babylon das Singen eines Liedes vom Zion als Zumutung zurückweisen; sie würden sich selbst damit verhöhnen. Bereits der Prophet Jeremia geht z.B. in seiner Tempelrede Jer 7,1–9 – wie andere Propheten des AT – gegen dieses Sicherheitsdenken vor.
Es ist sinnvoll, mit den Schülerinnen und Schülern ein solches Zionslied zu lesen, um deutlich zu machen, warum die gefangenen Israeliten diese Lieder in Babylonien nicht singen können. Hier eignen sich z.B. die Psalmen 46 und 48.
Die Gruppe Boney M. hat den englischen Text von Psalm 137 musikalisch gestaltet: »By the rivers of Babylon ...«
Der Prophet der Hoffnung im babylonischen Exil ist der uns mit Namen unbekannte Prophet, dessen Reden wir in *Jesaja 40–55* finden und den wir Deuterojesaja (zweiter Jesaja) nennen.
Es empfiehlt sich, mit den Schülern Texte aus dem Deuterojesaja zu lesen. Neben dem im Buch angegebenen sehr bekannten Text Jes 40,1–5 kommen vor allem folgende Textstellen in Frage: Jesaja 43,1–7; in Jesaja 43,13–21 wird auf die Befreiung aus Ägypten (Verse 16 und 17) Bezug genommen.
Psalm 126 drückt diese Hoffnung der Gefangenen auf Befreiung aus.

Illustration (E. M. Lilien)

Das Bild zu Psalm 137 stammt von dem jüdischen Künstler Ephraim Moses Lilien. Lilien wurde am 23. Mai 1874 in Drohabbycz/Galizien geboren (gest. 1925 in Braunschweig). Er wirkte als Maler, Graphiker und Illustrator in Deutschland und Palästina. Seine zahlreichen Illustrationen – meist zu biblischen Themen – sind im Jugendstil gehalten. U.a. zeichnete er die Illustrationen zu dem dreibändigen Werk »Die Bücher der Bibel«, herausgegeben von F. Rahlwes. Es erschienen drei Bände »Überlieferung und Gesetz« (1908), »Die Liederdichtung« (1909) und »Die Lehrdichtung (1923). Die Abbildung auf Seite 149 stammt aus dem dritten Band. Lilien war einer der ersten Lehrer der Jerusalemer Kunstschule »Bezalel« und gehört zu den wichtigsten Lehrern jüdischer Graphiker. In Deutschland war er Mitarbeiter der Münchner Zeitschrift »Jugend«, in der der Jugendstil gepflegt wurde. Seite 149

Lilien ist auch als Photograph hervorgetreten und hat vor allem Menschen in Jerusalem und Palästina photographiert. Viele seiner Zeichnungen zu den Büchern der Bibel schuf er nach seinen Photographien.

Folgende Unterrichtsschritte bieten sich an:

1. Der literarische Charakter von 2. Mose 14 (S. 152/153)
2. Das Mirjamlied: von der mündlichen zur schriftlichen Überlieferung (S. 155, oben)
3. Historische Aussagen und/oder Glaubensaussagen.
   a) Text: Historische Aussagen und Glaubensaussagen (S. 155, unten)
   b) Das Manna- und Wachtelwunder (S. 156)
4. Die Auslegung biblischer Texte:
   a) 2. Mose 14 aus feministischer Sicht (S. 157 und 158: Feministische Bibelauslegung)
   b) Die befreiende Kraft des Exodus (S. 150): das Thema Befreiung für die amerikanischen Negersklaven.
   Seite 159: Unmittelbarer Zugang (zu biblischen Texten)
   c) Mißbrauch biblischer Texte: Die andere Seite (S. 151)
5. Reflexion
   a) Biblische Texte heute verstehen (S. 158f.)
   b) Der Streit um die Bibel; S. 159 unten
6. Die Kanonisierung der alttestamentlichen Schriften (S. 160f.)

Die befreiende Kraft des Exodus

Das Lied »When Israel was in Egyptland« hat die Befreiung für die amerikanischen Negersklaven zum Thema. In dieser Auslegung des Exodusgeschehens kann man einerseits den unmittelbaren Zugang erkennen; die Betroffenen beziehen unreflektiert das Geschehen in Ägypten auf ihre eigene Situation. Andererseits spielen hier auch Gesichtspunkte einer sozialgeschichtlichen Bibelauslegung (s. Seite 158) eine Rolle. Diese Fragestellung hilft bei der Beantwortung der Frage, ob es berechtigt ist, den Text auf die Situation in Amerika zu beziehen. Seite 150

Berechtigt ist diese Auslegung dann, wenn sich die soziale Situation, in die hinein der Text ursprünglich gesprochen wurde – die Situation der Israeliten in Ägypten – mit der Situation der Negersklaven in Amerika vergleichen läßt.

»Die andere Seite«

Auch hier wird der Bibeltext unmittelbar auf die eigene Situation bezogen. Auch hier ist zu fragen: Läßt sich die eigene Situation mit der der Israeliten in Ägypten vergleichen? Wer sind die Unterdrücker und wer die Unterdrückten? Diese spannende Frage zeigt, daß die Übertragung biblischer Texte auf heute nicht immer unproblematisch ist. Anfangs waren die Buren durchaus verfolgt und unterdrückt. Später, Seite 151 als sie selbst Unterdrücker waren, behielten sie jedoch dieselbe Argumentation bei, um ihre Vorherrschaft in Südafrika zu legitimieren.

Durchzug durchs Schilfmeer – Der literarische Charakter von 2. Mose 14

Seite 152f.

Ziel: Die Schüler/innen sollen nachvollziehen, daß in den 5 Büchern Mose verschiedene Quellen verarbeitet sind. Sie sollen erkennen, daß die Aussagen der Bibel nicht in erster Linie Aussagen über historische Fakten, sondern Glaubensaussagen sind. Sie sollen erkennen, daß J und P jeweils in ihre Zeit hineinsprechen.
Das Schülerbuch enthält auf Seite 153 die notwendigen Angaben zu den Quellenschriften des Jahwisten und Elohisten sowie zur Priesterschrift.
In der Frage der Entstehung der Quellenschriften basiert die Darstellung im Schülerbuch auf W. H. Schmidt, Einführung in das Alte Testament.
Danach ist die jahwistische Quellenschrift zur Zeit des Großreiches Salomos in Juda entstanden.
ZM 4 bietet die drei Quellenschriften in verschiedenen Schriftarten in der redaktionellen Zusammenstellung:
Die folgenden Ausführungen bieten eine Zusammenfassung nach Chr. Goldmann, Ursprungssituationen biblischen Glaubens.

Zusammenfassung zu 2. Mose 14

1. Der priesterschriftliche Bericht
Besonderheiten der Darstellung:
a) pedantische Genauigkeit der Ortsangabe.
b) Wiederholungen: Es wird des öfteren dreimal in fast denselben Worten berichtet:
Befehl Jahwes, Vorgang und Rückblick. (vgl. zu dieser Stileigentümlichkeit: 1. Mose 1).
c) Darstellung des Wunders: Mose spaltet das Meer mit seinem Stab.
d) Jahwe verstockt das Herz des Pharao.
e) Sinn der Predigt von P gegenüber den Verbannten in Babylon: Trost für die Verzweifelten.

Dies wird an zwei Punkten deutlich:
1. Jahwe (bzw. Mose) der Meerspalter im Gegenüber zum Meerspalter Marduk.
2. Jahwe verstockt das Herz des Pharao: Kein König – weder der ägyptische noch der babylonische – kann Jahwes Plan durchkreuzen; er bleibt der Herr des Geschehens.

»Nicht dem Marduk verdankt Israel sein Leben, sondern Jahwe, der schon im priesterschriftlichen Schöpferbericht sich als Herr über die »Urflut Thiamat« erwiesen hatte, hat den Befehl gegeben. Mose soll das Meer spalten, so daß Israel auf dem Trockenen gerettet werden könne. Auch Israel kennt einen Meerspalter, einen Retter – aber der, der für Israel das Meer spaltet, der Israel rettet, der hat einen anderen Namen, der will als Jahwe angerufen werden« (Goldmann S. 54f.).

2. Der jahwistische Bericht
Besonderheit der Darstellung
a) Vernünftig wirkende meteorologische Erklärung des Wunders Ostwind
b) Wolken- und Feuersäule
c) Jahwe wird für euch streiten; ihr werdet euch ruhig verhalten (V. 13f.)
d) Panik der Ägypter (V. 24)
e) … so errettet Jahwe … (V. 30)

Die Punkte c) und d) sind typische Motive aus den Schilderungen der sogenannten Jahwekriege.

Die historische Situation, in die hinein der Jahwist seine Darstellung von der Errettung am Meer erzählt, ist die Situation des Großreiches Salomos. Man hatte fremde Völker unterworfen und sie für die rege Bautätigkeit zum Frondienst verpflichtet. Ziel dieser Politik: Glanz, Großmachtstreben, sich einen Namen machen.
»Die Israeliten unter Salomo sprechen im Tempel zwar das Credo und bekennen, daß Jahwe in die Freiheit, durch die Wüste, zum Leben führt. Aber ihr Verhalten, die Art und Weise, wie sie alle integrierten Völker zu Sklaven erniedrigen, die zur größeren Ehre des Jahwevolkes fronen müssen, die zum Beispiel aus den Steinbrüchen die Unmengen von Steinen brechen und transportieren müssen, die Salomo (wie einst der Pharao) für sein »goldenes« Jerusalem braucht, zeigt ihr wahres von ihren eigenen militärischen und wirtschaftlichen Leistungen unter David und Salomo her bestimmtes Selbstverständnis und ihren Wunsch, dem Jahwevolk einen Namen unter den Großreichen der Erde zu machen« (Goldmann S. 54).
Dem hält der Jahwist entgegen: Israel verdankt sich allein Gott. Jahwe hat die Freiheit geschenkt; das verpflichtet dazu, sich auch gegenüber den anderen entsprechend zu verhalten. So ist es zu verstehen, daß der jahwistische Bericht betont, daß Jahwe allein gehandelt hat, Israel sich aber ruhig verhielt.
Der Jahwist hält seinen Zeitgenossen vor: Ihr tut so, als ob ihr euch durch eigene Kraft die Freiheit verschafft hättet. Ihr handelt gegenüber den Fremden so, wie Pharao an euch gehandelt hat.
Ähnlich ist die Darstellung der Vätergeschichten bei J zu verstehen (vgl. 1. Mose 12,1ff.):
Israel ist dazu bestimmt, den Völkern zum Segen zu werden. Die politische Wirklichkeit: Israel ist den Völkern zum Fluch geworden; in seinem Namen segnet man sich nicht, sondern flucht man.
Nur kurz erwähnt werden im Schülerbuch die elohistische und die deuteronomistische Quellenschrift bzw. das deuteronomistische Geschichtswerk.
Die Geschichte vom Durchzug durchs Schilfmeer ist aus mehreren Gründen gewählt:
1. Zum einen ist es eine Geschichte, die in den Zusammenhang des Exodus gehört.
2. Zum anderen ergeben J und P je für sich eine in sich geschlossene, jeweils unterschiedliche Fassung der Geschichte; E ist nur fragmentarisch erhalten.
3. Zum dritten kann man an der jeweiligen Fassung der Geschichte herausarbeiten, warum die Geschichte genau so für die Menschen der jeweiligen Zeit erzählt wurde. Das Schülerbuch enthält die notwendigen Angaben, um dies herauszuarbeiten.

Zum Unterrichtsverlauf

1. Erheben des Vorwissens – Unterrichtsgespräch
Die Schüler/innen erzählen, was sie über den Durchzug des Volkes durchs Schilfmeer wissen. Dabei zeigt sich erfahrungsgemäß, daß sowohl die Fassung mit dem Ostwind, als auch die Version mit den zur Rechten und Linken stehenden Wassermauern von den Schülerinnen und Schülern vorgebracht wird.

2. Bearbeitung des Puzzles
Die Schüler/innen erhalten (vergrößert) eine Kopie von Seite 152. Sie bearbeiten in Einzel- oder Partnerarbeit das Puzzle. Um die Unterschiede der beiden (bzw. drei) Fassungen noch intensiver zu erkennen, können die Schüler/innen zu der jeweiligen Fassung Comics zeichnen. Außerdem kann man die Aufgabe stellen, aus den drei Fassungen *eine* Fassung zu gestalten und diese dann mit dem Bibeltext zu vergleichen. So vollziehen die Schüler/innen die Arbeit des (deuteronomistischen) Redaktors nach. Vgl. hierzu ZM 4, wo der Bibeltext von 2. Mose 14 als ganzer abgedruckt ist, jedoch so, daß sich die Quellenschriften am Schriftbild unterscheiden lassen.

3. Unterrichtsgespräch
Die Entdeckung, daß 2. Mose 14 zwei vollständige, sich teilweise widersprechende Fassungen der Geschichte enthält, bildet den Ausgangspunkt für ein Unterrichtsgespräch zu den Fragen:
– Wie war es wirklich?
– Warum wurde jeweils anders erzählt?

Bei der ersten Frage neigen die Schüler/innen häufig zur Version des Jahwisten (Ostwind), weil ihnen die Fassung von P zu mirakulös erscheint. Es wird dabei aber zu zeigen sein, daß auch die Fassung von J nicht einfach ein Naturphänomen schildert, sondern daß es gerade auch bei J um Gottes Handeln geht: dies zeigt sich insbesondere bei der Funktion der Wolkensäule und dem Schrecken, den Jahwe über die Ägypter bringt.
Weiterführen kann die Frage nach den Gründen der unterschiedlichen Fassungen. Hierzu werden die Informationen zu J und P auf Seite 153 gelesen.

Geschichte Israels

Seite 154

Zur zeitlichen Einordnung der Quellenschriften hilft die Kurzübersicht über die Geschichte Israels und die alttestamentlichen Schriften.

Der historisch-kritische Zugang zu biblischen Texten

2. Mose 14 eignet sich als Beispiel, an dem man die Berechtigung des historisch-kritischen Zugangs zu biblischen Texten zeigen kann; vgl. Seite 158f.

Von der mündlichen zur schriftlichen Überlieferung

Seite 155

Der Abschnitt über die mündliche und schriftliche Tradition (am Beispiel des *Mirjamliedes*) hilft, tiefer in die überlieferungsgeschichtlichen Zusammenhänge einzudringen.
Das Bild zeigt, wie die Ägypter in den Wellen des Schilfmeeres untergehen. Es stammt aus einer Pessach-Haggadah.
Das Mirjamlied und der entsprechende Abschnitt *»Historische Aussagen und Glaubensaussagen«* bilden die Grundlage für ein Unterrichtsgespräch über die Frage nach Sinn und Ziel biblischer Texte (Glaubensaussagen); dabei kann an diesem Beispiel gezeigt werden, wie hier historische und Glaubensaussagen ineinander verwoben sind.

Das Manna- und Wachtelwunder

Seite 156

Je nach Situation der Klasse kann diese Frage am Beispiel des Manna- und Wachtelwunders noch vertieft werden.

Aus der Sicht einer Frau

Seite 157

Die Bibelarbeit, gehalten im Forum »Frauen bewegen die Kirche« auf dem 19. Kirchentag in Hamburg 1981 von Elisabeth Moltmann-Wendel, Heidemarie Langer und Herta Leistner, zeigt ein Beispiel feministischer Bibelauslegung (vgl. Beschreibung »feministischer Bibelauslegung« Seite 158 unten).
Folgender Unterrichtsimpuls ist sinnvoll: »Was bedeutet Befreiung für eine Frau heute?« Erfahrungsgemäß entsteht hier eine lebhafte Diskussion, an der sich nicht nur die Schülerinnen beteiligen. Anschließend wird die Auslegung vom Hamburger Kirchentag und die Kurzdefinition auf Seite 158 unter der Fragestellung »Ist diese Auslegung berechtigt?« gelesen.

3.2.2 Unterschiedliche Zugänge zu biblischen Texten

Bisher wurden bereits die historisch-kritische, die sozialgeschichtliche und die feministische Bibelauslegung an konkreten Beispielen angesprochen, ebenso der unmittelbare Zugang zu biblischen Texten.
Zur tiefenpsychologischen Betrachtungsweise vgl. auch »Das wunderbare Erwachen der Freiheit« von Eugen Drewermann (S. 69f.) und »Die Geschichte von der Versuchung Jesu« von Erich Fromm (S. 82).

Streit um die Bibel

Dieser Abschnitt kann hier zum Unterrichtsgespräch herangezogen werden. Die Impulse im Schülerbuch bieten dazu Hilfen an. Seite 159

3.2.3 Der Kanon der Schriften

Eine knappe Übersicht über die unterschiedliche Einteilung des jüdischen und des christlichen Kanons zeigt ZM 5. Seite 160f.

Im Zusammenhang mit der Frage der Kanonbildung der jüdischen Schriften kann folgender Tafelanschrieb/Hefteintrag entstehen:

Entstehung des jüdischen Kanons **Gesetz** = die 5 Bücher Mose Hebr.: Tora	 Nehemia 8,1: Esra liest aus dem Buch des Gesetzes des Mose. Schlußfolgerung: nach dem Exil war die Sammlung der 5 Bücher Mose (einschließlich »P«) abgeschlossen.
Propheten hebr.: Nebiim	 Die »Geschichtsbücher« Josua, Richter, Samuel und die Königsbücher gehören zu den Prophetenbüchern. Begründung: Sie seien von den Propheten verfaßt worden. Daniel (entstanden um 165 v. Chr.) gehört zu den »Schriften«. Schlußfolgerung: Die Sammlung der Prophetenbücher war um 200 v. Chr. bereits abgeschlossen.
Schriften hebr.: Chebutim	 Zwischen 100 v. Chr. und 100 n. Chr. wird die jüdische Kanonbildung abgeschlossen. Umstritten waren bis zum Schluß: Prediger und Hoheslied. Zur Begründung vgl. Prediger 11, 9 und 10 und Hoheslied 4,1–7
Mögliche Impulse: Häufig wird im NT vom Gesetz und den Propheten geredet. Lesen Sie Mt 7,12 und Lk 24,44	
Im Judentum heißt die Sammlung aller Schriften der Bibel Tenach. Warum?	

3.3 Das Neue Testament (S. 162–182)

Die Seiten 162 bis 182 stehen unter dem Leitgedanken Befreiung von Sünde, Krankheit und Tod:
1. Befreiung von Krankheit und Tod – die Wundergeschichten
2. Die Befreiung von Zwängen – der Apostel Paulus
3. Die Freiheit von Götzen – die Offenbarung des Johannes

Zur Erschließung der Texte zum Neuen Testament ist folgender *Unterrichtsaufbau* möglich:

1. Was ich vom NT weiß – Erhebung des Vorwissens
2. Von Herodes bis Bar Kochba – zur neutestamentlichen Zeitgeschichte (hierzu bietet das Schulbuch keine Materialien. Der Lehrer/die Lehrerin kann z. B. die Arbeitsfolien Religion heranziehen).
3. Die Wunder Jesu
4. Der Apostel Paulus
5. Die Offenbarung des Johannes

3.3.1 Das Neue Testament – Übersicht

Übersicht

Seite 162 f.

Diese beiden Seiten bieten einen Kurzüberblick über die Bücher des Neuen Testaments, über ihre Inhalte und ihre Entstehungszeit.
Dieser Überblick kann helfen, daß die Schüler/innen ihr Vorwissen über die Bücher des Neuen Testaments ordnen.
Es ist sinnvoll, mit einem Klassengespräch über das NT einzusteigen. Dabei kann man auf das Quiz von Seite 143 zurückgreifen. Da dieses Quiz jedoch überwiegend Fakten zum AT verarbeitet, kann es – je nach Klassensituation und Unterrichtsplanung – sinnvoll sein, ein eigenes Quiz zum NT zu entwickeln. Im folgenden stehen einige Vorschläge für Quizfragen, die leicht mit Hilfe des Vorwissens und Überblicks beantwortet werden können. Die Schüler/innen versuchen zunächst, diese Fragen mit Hilfe ihres Vorwissens zu beantworten, und überprüfen bzw. ergänzen dann ihre Ergebnisse mit Hilfe der Übersicht.

1. Welches ist die älteste Schrift des Neuen Testaments?
2. Welches ist die jüngste Schrift des Neuen Testaments?
3. In welchem Jahr ist die jüngste Schrift des Neuen Testaments entstanden?
4. In welchem Jahr entstand die älteste Schrift des Neuen Testaments?
5. Wie lauten die vier Evangelien in der Reihenfolge, wie sie im Neuen Testament stehen?
6. Welche Symbole gehören zu den vier Evangelien?
7. Im Philemonbrief des Apostels Paulus geht es um einen christlichen Sklaven. Wie, denken Sie, nimmt der Apostel Paulus hier zur Sklavenfrage Stellung?
8. Wovon erzählt die Apostelgeschichte?
9. Wieviele kluge und törichte Jungfrauen spielen in einem Gleichnis Jesu eine Rolle?
10. Welches ist die erste christliche Gemeinde, die Paulus in Europa gründete?

3.3.2 Wunder

Wundergeschichten

Seite 164 und 165

Mk 2,1–12 ist zusammen mit einigen Hinweisen zum Aufbau einer hellenistischen Wundergeschichte abgedruckt. Auf Seite 165 unten wird die tiefenpsychologische Deutung dieser Geschichte durch Eugen Drewermann angesprochen.
An Mk 2,1–12 kann man erkennen, wie einerseits die Wundergeschichten, die von Jesus erzählt werden, sich an der Struktur der hellenistischen Wundergeschichten orientieren, andererseits jedoch von ihr immer wieder auch in wesentlichen Punkten abweichen. Ein ganz wesentlicher Unterschied der Wundergeschichten, die von Jesus erzählt werden, besteht darin, daß nicht das wunderhafte Geschehen als solches im Mittelpunkt steht. Zentral ist der Hinweischarakter der Wunder: Sie weisen hin auf das nahe Reich Gottes, das mit der Person Jesu, seinem Reden und Tun anbricht.
Der erkennbare Unterschied in Mk 2, auf den der Impuls hinweist, besteht in der Verbindung der Krankenheilung mit der Sündenvergebung; dies wird durch den Einschub (Streitgespräch mit den Schriftgelehrten) über die Vollmacht zur Sündenvergebung noch unterstrichen. (Vgl. Text von A. Weiser, S. 165). Damit ist angesprochen: das Wunder ist Zeichen für die anbrechende Gottesherrschaft, in der die gestörte Verbindung Gott – Mensch wieder in Ordnung kommt.

Bild: Jesus heilt den Blinden (Robert Hammerstiel)

Seite 165

Man kann die Schüler das Bild im Buch betrachten lassen. Effektvoller ist es, daß die Schüler/innen das Buch geschlossen halten. Das Bild wird mit einer Farbfolie projiziert; dabei werden jeweils bestimmte Personen abgedeckt, so daß die Blicke auf bestimmte Teile des Bildes gelenkt werden; die Schüler/innen äußern sich dazu spontan:

1. *Eine bunte, fröhliche, farbige Welt*
   - Frauen bei der Ernte
   - Bäume mit bunten Früchten und Blüten
   - Eine glückliche Familie unterwegs
   - Der helle Himmel, der sich über diese bunte Welt spannt

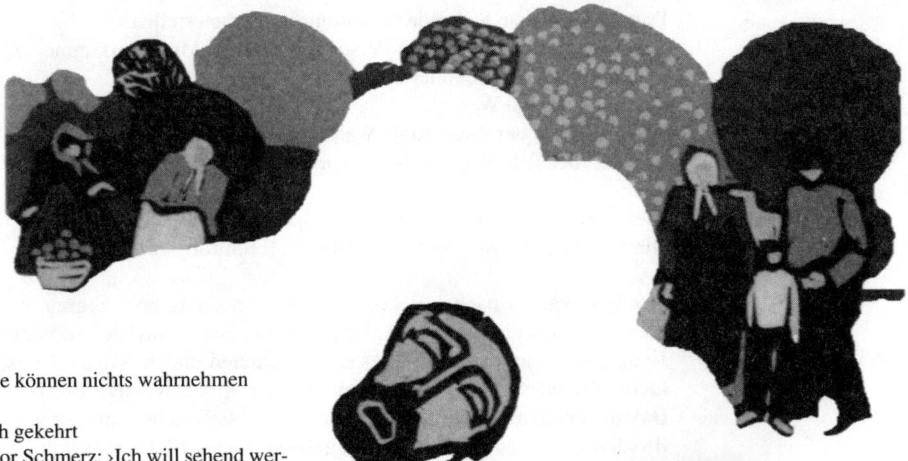

2. *Der Blinde*
   - Seine leeren, hohlen Augen – sie können nichts wahrnehmen von der frohen Welt
   - Sein Gesicht: ausgezehrt, in sich gekehrt
   - Der Mund geöffnet: stöhnend vor Schmerz: ›Ich will sehend werden!‹

3. *Die Gestalt Jesu*
   - Zum Blinden hingebeugt
   - Wie ein schützender Mantel ihn umhüllend: »Was willst du, daß ich für dich tun soll?«
   - Die Farbe Rot steht für Freude, Helle, Licht, das in die Dunkelheit hineinstrahlt

4. *Der Blinde in seiner Beziehung zu Jesus*
   - Sein Gesicht ist an Jesus geschmiegt
   - Die Hände klammern sich an Jesus
   - Jesus bringt Licht in das Dunkel dieses Menschen

5. *Das ganze Bild*
   - Es überwiegt das freundliche Rot
   - Die bunte Vielfalt des Lebens, die dem Blinden bisher verschlossen war, erschließt sich ihm in der Person Jesu: Und sogleich wurde er sehend und folgte ihm nach auf dem Wege: hinein in die Welt der Menschen und der Farben, seinen Gott und Jesus lobend.

Danach kann man folgende Gestaltungsaufgaben stellen:
Stellen Sie zu den einzelnen Personen(gruppen) Musik zusammen. Gestalten Sie eine mit Musik untermalte Meditation (mit oder ohne Worte):

a) Bunte, farbige Welt
b) Der Blinde, der diese bunte Welt nicht sehen kann
c) Jesus, der sich dem Verzweifelten zuwendet (und ihm die Augen öffnet)

Hier kann man auch die im Bild angesprochende Geschichte von Bartimäus besprechen.
Hinweis zum Umgang mit Mk 10,46–52 (erfahrungsorientiert):

»Und sie kamen nach Jericho. Und als er aus Jericho wegging, er und seine Jünger und eine große Menge, da saß ein blinder Bettler am Wege, Bartimäus, der Sohn des Timäus. Und als er hörte, daß es Jesus von Nazareth war, fing er an, zu schreien und zu sagen: **Jesus, du Sohn Davids, erbarme dich meiner!** Und viele fuhren ihn an, er solle stillschweigen. Er aber schrie noch viel mehr: **Du Sohn Davids, erbarme dich meiner!** Und Jesus blieb stehen und sprach: **Ruft ihn her!** Und sie riefen den Blinden und sprachen zu ihm: **Sei getrost, steh auf! Er ruft dich!** Da warf er seinen Mantel von sich, sprang auf und kam zu Jesus. Und Jesus antwortete und sprach zu ihm: **Was willst du, daß ich für dich tun soll?** Der Blinde sprach zu ihm: **Rabbuni, daß ich sehend werde.** Jesus aber sprach zu ihm: **Geh hin, dein Glaube hat dir geholfen.** Und sogleich wurde er sehend und folgte ihm nach auf dem Wege.«

Mögliche Gestaltungsaufgaben

- Diese Geschichte ist eine Weggeschichte. Gestalten Sie auf einem Plakat mit Fäden und Farben die Wege der drei Personen(gruppen): 1. Bartimäus; 2. die Zuschauer; 3. Jesus (und seine Jünger).
- Gestalten Sie eine Collage (nach der Kleistermethode) zu einem der fettgedruckten Sätze der Geschichte. Verwenden Sie dazu den Holzschnitt »Jesus heilt den Blinden«.
- Gestalten Sie die Geschichte oder einen Satz aus der Geschichte mit Farben.
- Gestalten Sie eine Szene mit Ton: 1. Bartimäus; 2. die Zuschauer; 3. Jesus (und seine Jünger).

Bewährt hat sich insbesondere der erfahrungsorientierte Ansatz. Der folgende Vorschlag zeigt, wie man ausgehend von den Erfahrungen der Schüler/innen diese Wundergeschichte erschließen kann.

1. Schritt: Die (Dialog-)Texte (s.u.) aus der Wundergeschichte werden auf den Boden gelegt:
   a) Wählen Sie einen Text aus, mit dem Sie etwas Persönliches verbindet.
   b) Erzählen Sie einander, warum Sie diesen Text gewählt haben.
   c) Bringen Sie die Texte in eine sinnvolle Reihenfolge.
2. Schritt: Die Wundergeschichte wird gelesen; Unterrichtsgespräch.

Texte:

Hilf mir!	**Er ruft dich.**
Hilf mir!	**Was soll ich für dich tun?**
Sei still!	**Ich will gesund werden!**
Ruft ihn her!	**Ich will durchblicken.**
Sei getrost!	**Geh hin!**
Steh auf!	**Dein Glaube hat dir geholfen.**

Wunder – eine Zumutung?

Der Text ist als Ausgangspunkt für ein Unterrichtsgespräch gedacht. Die Schüler/innen lesen je für sich den Text durch. Fragen und Anmerkungen werden gesammelt. Seite 166f.
Je nach Klassensituation empfiehlt es sich, diesen Text erst nach der Behandlung des Theißen-Textes zu besprechen.

Der Schatten des Galiläers (Wie Wunder wirken)

Der Text ist ein stark gekürzter Auszug aus G. Theißens Buch »Der Schatten des Galiläers«. Seite 168–171
Hier sind zwei Themenkomplexe ineinandergearbeitet, das Problem der Wundergeschichten und das Problem des Gesetzesverständnisses Jesu. Insofern bildet dieser Text die Brücke zum nächsten Abschnitt »Freiheit bei Paulus«.

In der Erzählung von G.Theißen wird der junge Jude Andreas, von Beruf Olivenhändler, wird von Pilatus dazu gezwungen, Material über die Jesusbewegung zu sammeln. Andreas gerät in Galiläa in die Gefangenschaft von Zeloten. Bei seiner Freilassung wird er von dem Zeloten Mattathias gebeten, seinen Eltern und Geschwistern in Kapernaum einen Brief und Geld zu überbringen; Mattathias ist wegen der erdrückenden Armut zuhause zu den Zeloten gegangen.
In Kapernaum findet Andreas die Familie des Mattathias – sie wohnt in einem kleinen Fischerhaus am See – in gedrückter Stimmung vor; die 12jährige Mirjam ist sehr krank; Eltern und Geschwister befürchten, daß sie stirbt. Mirjam hat den Wunsch, Jesus, den einige für den Messias halten, möge kommen und sie heilen. Die Mutter erzählt ihrer Tochter von Heilungen durch Jesus.
Andreas kennt den griechischen Arzt Hippokrates in Tiberias; er ist bereit, für die Arztkosten aufzukommen. Einer der älteren Söhne fährt zusammen mit den zwei Begleitern des Andreas mit dem Schiff nach Tiberias, um Hippokrates zu holen; für einen Weg benötigen sie rund vier Stunden. Am Abend, eine Stunde vor Beginn des Sabbats fahren sie los; in Tiberias wollen sie am Strand übernachten, um am nächsten Morgen Hippokrates abzuholen.
Inzwischen kommen Gamaliel und der jüngere Daniel, zwei Schriftgelehrte, um sich bei dem Vater Mattathias darüber zu beschweren, daß sein Sohn am Sabbat zum Fischen ausgefahren sei.
Aus diesem Mißverständnis entspinnt sich ein Gespräch über die Frage der Heilung am Sabbat: Ein heilender Eingriff ist nur bei Todesgefahr statthaft. Sie erörtern das Beispiel des in den Brunnen gefallenen Schafes. Gamaliel, der Pharisäer, vertritt die Meinung, daß in diesem Fall eine Rettung am Sabbat zulässig ist. Der Essener Andreas argumentiert härter: Wenn Gott will, daß das Schaf gerettet wird, dann wird er es retten. Auch die Haltung Jesu zu den Sabbatgeboten kommt zur Sprache; Andreas hat Sympathien für die Einstellung Jesu.
Über die Frage, ob es berechtigt war, den griechischen Arzt Hippokrates zu schicken, kommt es zu weiteren Diskussionen über das Sabbatgebot und die Reinheitsgesetze sowie Jesu Stellung zu diesen Vorschriften. Mattathias kann schließlich die ihm reichlich spitzfindig erscheinende Diskussion angesichts seiner totkranken Tochter nicht mehr ertragen; er zitiert Jesusworte gegen die Schriftgelehrten und Pharisäer und bedeutet den beiden Schriftgelehrten damit, daß sie sein Haus verlassen sollen. Mirjam wird ruhiger und schläft ein.
Am Sabbatmorgen besucht Andreas den Synagogengottesdienst; nach dem Gottesdienst unterhält er sich mit dem Schriftgelehrten Gamaliel über den gestrigen Abend: Gamaliel versucht, ihm seine konsequente Haltung zum Sabbat noch einmal zu erklären; dabei kommen sie wiederum auf Jesu Haltung zum Sabbatgebot und allgemein zum Gesetz zu sprechen. Gamaliel kann Jesu Meinungen wohl verstehen; er hat an Jesus allerdings zu kritisieren, daß er die Konsequenzen seiner Haltung nicht genügend bedenkt. Sie kehren in die Hütte des Mattathias zurück, der Streit vom Vorabend wird begraben. Der Arzt Hippokrates trifft ein. Er stellt fest, daß es Mirjam besser geht; sie hat das Schlimmste überstanden.
ZM 6 bietet eine ausführliche Fassung mit den entsprechenden Aufgaben.

Erarbeitung der Problemkreise

Der Lehrer bzw. die Lehrerin führt in das Buch ein (vgl. dazu die Besprechung des Buches in entwurf 3/86, S. 84). Durch Schüler- oder Lehrerreferat wird der Ablauf des Kapitels dargestellt. Die oben abgedruckte Einführung ist so konzipiert, daß sie auch als Unterrichtsmaterial zur Einführung in die Textauszüge verwendet werden kann.
An vier Textbeispielen kann entweder die Wunderproblematik und/oder das Problem der Stellung Jesu zum Gesetz erarbeitet werden.

1. Wunderproblematik

Andreas begegnet Jesus selbst nie; obwohl er immer wieder hofft, ihn persönlich zu treffen, lernt er ihn nur aus Erzählungen kennen. Auch eine Heilung durch Jesus erlebt er also nicht; im vorliegenden Kapitel lernt er Heilungsgeschichten und ihre Wirkung kennen. Damit trägt Theißen dem Sachverhalt Rechnung, daß auch uns die Wunder Jesu immer nur als Texte, als Wundergeschichten begegnen.
Am Ende des Kapitels stellt der Arzt Hippokrates – ohne daß er selbst heilend eingegriffen hätte – fest, daß sich Mirjam auf dem Weg der Besserung befindet.
»Da wurde es wieder hell in der kleinen Hütte, als finge das Leben noch einmal von vorne an« (Theißen S. 152).
Wundergeschichten sind Hoffnungsgeschichten – das verdeutlicht Theißen mit seiner Erzählung. Der Jude Andreas reflektiert: »Ich merkte: in diesen Geschichten lag die ganze Hoffnung dieser armen Leute. Ich hörte aus ihnen ihr Aufbegehren gegen Leid und Tod. Ich spürte: Solange diese Geschichten erzählt wurden, würden sie sich nicht damit abfinden, daß Menschen hungern und dürsten, daß sie verstümmelt und behindert, daß sie krank und hilflos sind. Solange sie diese Geschichten hatten, würden sie Hoffnung haben« (S. 141). Andreas fragt sich, ob die Mutter Hanna nicht einige Wundergeschichten selbst erfand, um Mirjam damit zu trösten, und er kommt zu dem Schluß: »Ich glaube, wenn ihr die Geschichten ausgegangen wären, ich hätte mich selbst hingesetzt und einige hinzu erfunden« (S. 141).
Damit führt Theißen aus der Sackgasse heraus, in die die einseitige Frage nach der Historizität der Wunder Jesu hineinführen kann.
Allerdings wird sich die Frage nach der Faktizität der Wunder Jesu weder in Sekundarstufe I noch in Sekundarstufe II umgehen lassen. Diese Frage kann hier nicht breit erörtert werden. Einige Hinweise mögen genügen: Die Wundertradition ist mit der Jesustradition so eng verbunden und in zweifellos vorösterlichen Texten verankert, daß man zu dem Urteil kommen muß, »daß Jesus von Dämonen Geknechtete aus ihren Fesseln löste und Kranke heilte« (Knörzer S. 32).
Allerdings ist mit dieser Feststellung weder das Wesen der Wunder Jesu noch der Wundergeschichten erfaßt. Theißen formuliert in seinem Buch über die urchristlichen Wundergeschichten (1979) so:
»Zweifellos hat Jesus Wunder getan, Kranke geheilt und Dämonen ausgetrieben. Die Wundergeschichten geben diese historischen Ereignisse jedoch in einer gesteigerten Gestalt wieder. Diese Steigerung des Historischen und Faktischen beginnt jedoch bei Jesus selbst. Auch für Jesus selbst waren diese Wundertaten keine normalen Vorgänge, sondern Momente eines mythischen Dramas: In ihnen realisierte sich die wunderbare Verwandlung der ganzen Welt zur Basileia Theou« (Theißen Wunder, S. 274).
Verkündigung des Anbruchs der Gottesherrschaft und Wunder gehören also bei Jesus unmittelbar zusammen: in jedem Wunder, in jedem Exorzismus, in jeder Heilung wird die Herrschaft des Widergöttlichen schon ein Stück gebrochen, beginnt schon jetzt die Herrschaft Gottes, das Reich Gottes. So sind die Wunder nicht nur bei Johannes »Zeichen«, Vorboten.
»Sie sind Zeichen für den Anbruch der Neuen Zeit, in der Gott seine Verheißungen einlöst, die Tränen aus den Augen der Menschen wischt (Jes 25,8), und über denen, die im Land des Dunkels wohnen, ein großes Licht aufstrahlt (Jes 9,2)« (Knörzer, S. 33).
Deutlich wird dies in der Antwort Jesu an die Jünger des Johannes (Mt 11,4–6).
Auch wenn in den Wundergeschichten die konkreten Geschehnisse über sich hinausweisen, so darf das nicht dazu verleiten, die Wunder rein symbolisch zu verstehen, etwa als die Befreiung von geistiger

Blindheit; allerdings ist dies durchaus immer mitgemeint. Das Heil, das Jesus den Menschen bringt, das Reich Gottes, betrifft nicht nur das Geistige, sondern den ganzen Menschen.
»Ihren Intentionen nach wollen urchristliche Wundergeschichten existentielle Grenzsituationen durch Zeugnis von Offenbarung bewältigen: Sie zeugen vom Handeln einer göttlichen Gestalt, von dem »Heiligen Gottes« (Mk 1,24), der Krankheit und Not wenden kann« (Theißen Wunder, S. 44).
In Theißens Erzählung stehen die kleine Mirjam und ihre Eltern für den Wunsch, der gegen die Realität rebelliert und darauf besteht, »daß sie sich in ihrer ganzen Handgreiflichkeit ändert, daß Kranke gesund, Hungernde satt, Blinde sehend werden« (Theißen Wunder, S. 286).
Für die Behandlung im Unterricht kann die Einsicht Theißens hilfreich sein, daß wir »heute Wundergeschichten nicht mehr als Zeugnisse göttlichen Eingreifens in den normalen Gang der Dinge verstehen« können (Theißen Wunder, S. 45). Nach wie vor können wir aber auch heute nachvollziehen, daß die Wundergeschichten »von einer Offenbarung des Heiligen, von seiner Macht, das normale Weltgeschehen zu durchbrechen« zeugen (Theißen Wunder, S. 287).
Wundergeschichten vermitteln diese Begegnung mit Jesus, in der das Reich Gottes immer wieder neu »schon jetzt« Wirklichkeit wird, so wie es in der kleinen Fischerhütte am See Genezareth Wirklichkeit wurde, wo es wieder hell wurde, wo das Leben noch einmal von vorne anfing (Theißen S. 152).

Zu Textauszug A von ZM 6

Textauszug A ist nicht dazu geeignet, die gesamte Wunderproblematik aufzuarbeiten; er kann aber als Einstieg in die Erörterung der Wunderproblematik dienen.
Folgende Fragen können im Anschluß an das Lesen des Textes besprochen werden:
Wie denkt Andreas über die Wirkung der Wundergeschichten?
Was wird über die »historische Wahrheit« solcher Geschichten gesagt?

Folgende Fragen können im Anschluß an das Lesen des Textes besprochen werden:
1. Wie denkt Andreas über »Wahrheitsgehalt«, Bedeutung und Wirkung der Wundergeschichten?
2. In welcher Absicht und für wen (Zielgruppe) hat wohl der Verfasser diesen Text geschrieben?

Mit der zweiten Frage – die in Klasse 13 eines Gymnasiums gestellt wurde – sollte angesprochen werden, ob Theißen sein Buch mehr für Kinder oder eher für Erwachsene geschrieben hat. Die Antworten zeigten, daß die Befürchtung, der Text werde von Schülern der Sekundarstufe II als zu kindlich empfunden, nicht berechtigt war. Schülerinnen und Schüler nannten als Zielgruppe Kranke und Hilflose und Menschen, die am Glauben und seinen Wirkungen zweifeln. Der Text solle hier Mut machen und Zweifel ausräumen.

2. Jesu Stellung zum Gesetz
Auch die Haltung Jesu zum Gesetz erlebt Andreas nicht selbst mit; er lernt sie kennen im Spiegel der Erzählungen über Jesus.
Die Auseinandersetzung um die Auslegung des Sabbatgebots (Textauszüge B und D) und der Speisegebote (Textauszug C) kann Anlaß dazu sein, über den Sinn solcher oder ähnlicher Normen heute nachzudenken. Bei den Textauszügen B und D drängt sich die aktuelle Diskussion um die Flexibilisierung der Arbeitszeit auf. Die Frage ist hier, ob nicht heute »um des Menschen willen« wieder eine strengere Auslegung des Sabbatgebotes geboten ist.
Im Zusammenhang mit den Speisegeboten kann die Frage nach der Funktion von Normen und Riten für das gesellschaftliche Zusammenleben erörtert werden. Dazu kann man die Auseinandersetzungen um das Essen des Götzenopferfleisches bei den ersten Christen heranziehen. Hierfür eignen sich folgende Bibeltexte:
a) Die grundsätzlicheren Ausführungen des Paulus in 1. Kor 10,23ff.
b) Der Streit zwischen Paulus und Petrus in Gal 2,11–21.
c) Die unterschiedliche Darstellung der Ergebnisse des Apostelkonvents in Apg 15 und Gal 2,1–10.

Vor der Lektüre dieses Textauszuges sollte Mk 2,23–3,6 gelesen und besprochen werden. An dem hier abgedruckten Textauszug kann man die verschiedenen Positionen erarbeiten.
In der Person des Schriftgelehrten Gamaliel begegnet uns die Haltung der Pharisäer zum Sabbat, in der Person des jüngeren Daniel, die rigorosere Haltung der Essener.
Hanna, in Sorge um ihre kranke Tochter Mirjam, vertritt die Position Jesu.
Die verschiedenen Positionen, insbesondere von Gamaliel und Daniel zeigen, wie unterschiedlich innerhalb des Judentums zur Zeit Jesu die Frage der Gesetzestreue gesehen wurde. Bei aller Vielfalt bleibt jedoch unbestritten, daß es gilt, Gesetzestreue zu bewahren; umstritten ist nur, was dies im konkreten Fall heißt.
Textauszug B kann in Sek. II entfallen; die darin verhandelten Sachverhalte lassen sich unmittelbar aus den angesprochenen Bibelstellen erarbeiten.

Zu Textauszug C von ZM 6

Hier geht es um die grundsätzliche Haltung dem Gesetz gegenüber; insbesondere kommen die Speisegebote zur Sprache. Der Anlaß zur Diskussion bildet in der Geschichte der Vermittlungsversuch des Andreas, der meint, hier im komkreten Fall der kranken Mirjam sei Hilfe am Sabbat erlaubt; er hat deshalb ja nach dem griechischen Arzt Hippokrates geschickt.
In den Schlußfolgerungen des Olivenhändlers Andreas ist angedeutet, warum viele Pharisäer Angst haben, die Vorschriften zu lockern: Wo würde eine solche Freizügigkeit hinführen? Würden dann nicht z.B. Geschäftsinteressen zum Schluß im Vordergrund stehen? An dieser Stelle ist allerdings Vorsicht geboten: Durch die Äußerung des Andreas könnte das unselige Klischee vom jüdischen Händler als »Krämerseele« wiederbelebt werden. Wer das Buch Theißens als Ganzes nimmt, weiß, daß dieser Vorwurf gegen das Buch unberechtigt wäre, im Gegenteil, er ist an einer Revision des christlich verfälschten Bildes vom Pharisäer interessiert. An unserer Stelle zeigen die Überlegungen des Olivenhändlers Andreas, daß von solchen Entscheidungen, wie das Gesetz auszulegen sei, alltägliche, oft lebenswichtige Fragen abhingen.

Zu Textauszug D von ZM 6

Textauszug D zeigt, was das eigentliche Anliegen der Pharisäer ist: Es geht ihnen nicht darum, mit irgendwelchen kleinlichen Geboten oder Verboten die Menschen unter das Joch unsinniger Vorschriften zu zwingen. Ihre Haltung ist vielmehr von der Sorge geleitet, Freiheit vom Gesetz könne dazu führen, daß alle Dämme brechen – eine durchaus moderne Problematik.
Dieser Abschnitt kann sehr hilfreich sein, um das übliche Schwarz-Weiß-Denken »hier die heuchlerischen Pharisäer – dort der menschenfreundliche Jesus« zu durchbrechen. In seinem Brief an den fiktiven Kollegen Kratzinger unterstreicht Theißen (S. 153f.) noch einmal , daß es ihm sehr auf eine Revision des oft verzerrten Pharisäerbildes ankommt.

Die Entstehung der ersten drei Evangelien
Die Zweiquellentheorie

Seite 172 Die Frage: »Wie sind die Evangelien entstanden?« kann sowohl im Zusammenhang mit der Wunder-
Seite 173 frage erörtert werden als auch am Anfang der Beschäftigung mit dem NT stehen. Ausgangspunkt kann etwa die Frage nach der ältesten Schrift des NT sein.
Das Vorwort des Lukas (Lk 1,1–4) kann im Unterrichtsgespräch oder in Gruppenarbeit auf seine Aussagen zur Entstehung der Evangelien hin befragt werden.
Bei Gruppenarbeit ist der im Buch gegebene Impuls »Welche Schlußfolgerungen …?« näher zu differenzieren:
- Haben die Augenzeugen selbst Evangelien verfaßt?
- Hat Lukas nach seinen eigenen Angaben die Augenzeugen gekannt?

- War Lukas selbst Augenzeuge?
- Warum schreibt Lukas sein Evangelium? Was will er damit erreichen?

Mögliche Schlußfolgerungen aus Lk 1,1–4:
1. Schon vor dem Lukasevangelium hat es *viele* Evangelien gegeben.
2. Die Schreiber dieser Evangelien hatten ihre Informationen von den Augenzeugen.
3. Lukas hat bei der Abfassung seines Evangeliums die »vielen« Evangelien benutzt.
4. Lukas möchte ein »besseres« Evangelium schreiben (»der Reihe nach»).
5. Theophilus, dem er sein Evangelium widmet, und die anderen Leser seines Evangeliums sollen die Zuverlässigkeit der Botschaft erkennen.

Bei den fünf Aussagen zur Zweiquellentheorie im Schulbuch sollen die Schüler/innen Schlußfolgerungen ziehen. Hier die Lösung:

Zu 1. Mt und Lk haben Mk gekannt und in ihr Evangelium übernommen.

Zu 2. Lk hat Mt nicht gekannt; sonst hätte er die genannten wichtigen Abschnitte zumindest teilweise in sein Evangelium übernommen.

Zu 3. Mt und Lk haben sich gegenseitig nicht gekannt und unabhängig voneinander Mk bei der Abfassung ihrer Evangelien benutzt.

Zu 4. Mt und Lk haben bei der Abfassung ihrer Evangelien eine weitere schriftliche Quelle benutzt. Diese Quelle können wir aus dem Vergleich von Mt und Lk erschließen; da in ihr hauptsächlich Worte (Logien) Jesu enthalten waren, nennt man diese Quelle auch Logienquelle oder Spruchquelle, abgekürzt: Q.

Um die Schüler/innen an die Inhalte der Evangelien heranzuführen, kann man folgende (spielerische) Aufgabe stellen: Texte, Bilder und Bibelstellen von biblischen Geschichten sollen einander zugeordnet werden. Die Geschichten sind so ausgewählt, daß an ihnen auch die Zwei-Quellen-Theorie (s. Seite 173) verdeutlicht werden kann. Als Hilfsmittel kann ZM 7 ausgeteilt werden.

1. Geschichten und Texte, die sowohl bei Mk, Lk und Mt vorkommen. Als Beispiele wurden ausgewählt: Die Taufe Jesu (Mk 1,9–11; Mt 3,13,13–17; Lk 3,12–22; Bild von Merian) und die Heilung des Gelähmten (Mk 2,1–12; Mt 9,1–8; Lk 5,17–26; Bild von Merian).
2. Geschichten und Texte, die nur bei Mt vorkommen. Als Beispiele wurden ausgewählt: die Flucht nach Ägypten (Mt 2,13–15; Bild von Schnorr von Carolsfeld) und das Gleichnis von den Arbeitern im Weinberg (Mt 20, 1–16; Bild von Merian).
3. Geschichten und Texte, die nur bei Lk vorkommen. Als Beispiele wurden ausgewählt: das Gleichnis vom barmherzigen Samariter (Lk 10,25–37; Bild von Schnorr von Carolsfeld) und die Geschichte von Zachäus (Lk 10,25–37; Bild von Merian).
4. Geschichten und Texte, die bei Mt und Lk vorkommen, nicht jedoch bei Mk. Als Beispiele wurden ausgewählt: Texte aus der Bergpredigt (Vaterunser: Mt 6,9–13 und Lk 11,1–4; Seligpreisungen: Mt 5,3–12 und Lk 6,20–23; Bild von Schnorr von Carolsfeld) und das Gleichnis vom großen Abendmahl (Mt 22,1–10 und Lk 14,15–24; Bild von Merian).

Die Aufgabenstellung lautet:
Ordnen Sie die folgenden Bilder, Texte und Bibelstellen einander zu. Ordnen Sie sie nach den Gesichtspunkten 1.–4.

Der Text ist so aufgebaut, daß die Schüler/innen durch eigenes Folgern die Zwei-Quellentheorie eruieren können.

3.3.3 Freiheit bei Paulus

Zur Einführung:
Gerade für den Apostel Paulus, sicher der bedeutendste Theologe des Urchristentums, stand zeit seines Lebens das Thema Freiheit im Mittelpunkt des theologischen Denkens. Von ihm kann man lernen, was »Freiheit von ...« und »Freiheit für ...« heißen kann. Vor allem im Galaterbrief geht es um die Freiheit vom Gesetz. Gegenüber der galatischen Gemeinde, die einst von Paulus begründet wurde und die Paulus nun unter dem Einfluß von Irrlehrern sieht, die erneut gegen diese Freiheit predigen, expliziert er ausführlich sein Verständnis vom Gesetz und der Freiheit vom Gesetz. Sein Kerngedanke ist, daß für die Christen durch Jesu Heilstat das Gesetz als Heilsweg abgetan ist und allein der Glaube uns vor Gott rechtfertigt. Freilich heißt Freiheit vom Gesetz bei Paulus nicht schrankenloses Ausleben der eigenen Bedürfnisse. Freiheit vom Gesetz bei Paulus wird konkret in der Freiheit zur Liebe zum Nächsten. So kann Paulus in Römer 13,10 sagen: »Die Liebe ist des Gesetzes Erfüllung« (vgl. auch Gal 5,14).
Eine Schwierigkeit für jeden christlichen Religionsunterricht, der die jüdischen Gesprächspartner ernst nimmt, besteht heute darin, daß Paulus ein rein negatives Gesetzesverständnis zu haben scheint. Dies widerspricht dem überaus positiven Verständnis des Gesetzes im Judentum, das sich beispielsweise in dem jüdischen Fest »Simchat Tora« (Freude am Gesetz) äußert.
Hier ist zunächst darauf hinzuweisen, daß Paulus unablässig darum ringt, daß das Gesetz als Gesetz Gottes verstanden werden kann (R. Smend / U. Luz, Gesetz, S. 93). Weiter gilt, daß für Paulus zwar das Gesetz als Heilsweg abgetan ist, daß aber nach seiner Meinung »von Christus und seinem Tod her ... die Mosetora in ihrem tiefsten Anliegen und in ihrer eigentlichen Mitte aufgenommen und bejaht« wird (a.a.O. S. 108).

Die Materialien zu Paulus stehen jeweils unter dem Stichwort »Konflikte«.

Der *Unterrichtsverlauf* kann der Abfolge der Kapitel im Schülerbuch folgen:
- Einführung in das Leben und Wirken des Apostels Paulus.
- Konflikt in Jerusalem
- Konflikt in Antiochia
- Konflikt in Korinth

Leben des Apostels

Seite 174

Der Abschnitt muß durch Lehrervortrag ergänzt werden.
Dabei sollte u.a. der Unterschied zwischen dem hellenistischen Judentum und dem Jerusalemer Judentum herausgearbeitet werden.[2]

Konflikt in Jerusalem

Seite 174–176

Zur Aufgabenstellung auf Seite 176 (oben):
Die Schüler können zum einen herausarbeiten, daß und wie das Interview versucht, das Geschehen von damals zu aktualisieren. Zum andern können sie herausstellen, daß und in welcher Weise sich der Bericht der Apostelgeschichte von der Darstellung des Paulus unterscheidet. Die Apg spiegelt eine (zeitweilige) damalige Praxis wider: Auch für nichtjüdische Christen gelten noch die noachitischen Gebote, die nach jüdischer Auffassung für die ganze Menschheit verbindlich sind.
Paulus erwähnt nicht, daß ihm solche Auflagen gemacht wurden. Im Gegenteil, er bestreitet ausdrücklich in Gal 2,26, daß ihm irgendwelche Auflagen gemacht wurden. Wahrscheinlich wurde diese Bestimmung auch auf dem Apostelkonvent gar nicht getroffen; sie stellt eher die Kompromißformel dar, die

2 Hierzu sei vor allem auf die Paulusstudien von Bornkamm und Becker verwiesen.

nach dem Streit in Antiochien (s.u.) gefunden wurde, um die Tischgemeinschaft wiederherzustellen; diese Bestimmung wurde nachträglich auf den Apostelkonvent übertragen.
In der christlichen Tradition hat sich jedoch die Verpflichtung zur Einhaltung der noachitischen Gebote nicht durchgesetzt.
Damit ist die christliche Tradition von der Linie, wie sie in der Apostelgeschichte vorgezeichnet wurde, abgewichen und auf die radikalere (aber auf lange Sicht auch praktikablere) Linie des Paulus eingeschwenkt.
Das sogenannte Aposteldekret enthält vier Vorschriften, die nach 3. Mose 17,7–16; 18 auch für Nichtjuden galten, die im israelitischen Siedlungsgebiet lebten. Der Hintergrund war der, daß so auch Juden mit Nichtjuden zusammenleben konnten, ohne sich zu verunreinigen.
Die Christen sollen sich enthalten: 1. vom Götzenopferfleisch; 2. vom Blut; 3. vom Erstickten; 4. von Unzucht.
Bei diesen vier Geboten geht es darum, daß Juden und Nichtjuden in Gemeinschaft miteinander leben können. Dafür sollen Nichtjuden die Grundregeln jüdischen Lebens kennen und achten, wie z.B. das Verbot, Blut zu essen.
Auch wenn diese Vorschriften für die Christen wohl nur zeitweilig verpflichtend waren, so verbirgt sich dennoch ein tieferer Sinn dahinter.

1. Sich enthalten vom Götzenopferfleisch.
   Dieses Verbot zielt auf die Beziehung zwischen Mensch und Gott. Der Götzendienst ist verboten. Hier geht es um die Einhaltung des – auch für uns Christen entscheidende – ersten Gebots vgl. dazu Luthers Erklärung zum 1. Gebot.
2. Sich vom Blut enthalten
   Dieses Verbot zielt auf das Verhältnis des Menschen zur Kreatur. Der Mensch kann über das Leben (auch der Tiere), das nach jüdischer Auffassung im Blut ist, nicht willkürlich verfügen. Nach 1. Mose 9,3 ist zwar das Töten von Tieren als Nahrung (im Unterschied zu 1. Mose 1) erlaubt, aber das willkürliche Töten von Tieren ist widergöttlich (1. Mose 9,4).
3. Sich enthalten von Ersticktem
   Bei der Schlachtung von Tieren und bei ihrer Haltung dürfen Tiere nicht gequält und verletzt werden!
4. Sich enthalten von Unzucht
   Jeder Mensch ist Ebenbild Gottes und muß als solches geachtet werden. Unzucht meint hier den Gebrauch eines Menschen unter Verletzung seiner Menschenwürde.

Die folgende Aufstellung kann bei der Erstellung eines Tafelanschriebs oder der Erstellung eines Arbeitsblattes helfen.

Apostelgeschichte 15,29:
»... daß ihr auch enthaltet vom Götzenopfer
und vom Blut
und vom Erstickten
und von Unzucht.
Wenn ihr euch davor bewahrt, tut ihr recht.

Wortlaut des Gebots nach Apg 15: Ihr sollt euch enthalten	*Bibelstelle*	*Bedeutung im Judentum*	*praktische Auswirkung heute Auslegung*
vom Götzenopfer	Exodus 20,3: Du sollst keine anderen Götter haben neben mir.	Auf Gotteslästerung und Götzendienst stand die Todesstrafe	M. Luther: Woran du nun dein Herz hängst, das ist dein Gott
vom Blut	1. Mose 9,4: esset das Fleisch nicht mit seinem Blut, in dem sein Leben ist!	Es darf nur Fleisch von geschächteten Tieren gegessen werden, d. h. von Tieren, die voll ausgeblutet sind	Der Mensch darf nicht willkürlich über das Leben der Tiere verfügen.
vom Erstickten	3. Mose 11,39: Wenn eins von den Tieren stirbt, die euch zur Speise dienen: wer ihr Aas anrührt, wird unrein bis zum Abend	Neben dem Fleisch von gestorbenen oder durch wilde Tiere gerissenen Tieren gilt das Fleisch, das nicht nach jüdischem Ritus geschlachtet wurde, als Ersticktes (= Aas)	Bei der Schlachtung von Tieren und bei ihrer Haltung dürfen Tiere nicht gequält und verletzt werden!
von Unzucht	3. Mose 20,14: wenn jemand eine Frau nimmt und ihre Mutter dazu, der hat eine Schandtat begangen; man soll ihn mit Feuer verbrennen und die beiden Frauen auch, damit keine Schandtat unter euch sei.	Im AT z. B. im 3. Buch Mose Kapitel 18 und 20 werden viele Situationen aufgezählt, in denen Geschlechtsverkehr verboten ist.	Jeder Mensch ist Ebenbild Gottes und muß als solches geachtet werden. Unzucht meint hier den Gebrauch eines Menschen unter Verletzung seiner Menschenwürde.

Konflikt in Antiochia

Seite 176–178

Der Konflikt in Antiochia zeigt, daß mit dem Apostelkonvent in Jerusalem die Streitigkeiten keineswegs beseitigt waren. Man hatte zwar eine Lösung gefunden, wie Christen jüdischer Herkunft und Christen griechischer Herkunft zu leben hätten. Was aber geschah, wenn in einer Gemeinde beide zusammenlebten? Wahrscheinlich war der Kompromiß, den Apostelgeschichte 15,29 aufzeigt, das Ergebnis des Streites in Antiochien (s.o.). Man kann davon ausgehen, daß sich Paulus damals nicht durchsetzte; sonst hätte er dies im Galaterbrief gewiß geschrieben. Aber der Kompromiß galt nur für eine gewisse Zeit. Auf lange Sicht setzte sich die weitergehende paulinische Lösung durch, nicht zuletzt deshalb, weil in den christlichen Gemeinden nur noch Heidenchristen lebten und ein Kompromiß mit Judenchristen nicht mehr nötig schien. Man darf freilich auch fragen, ob der Verzicht auf die noachitischen Gebote nicht auch der bequemere Weg war.
Für die Schüler/innen ist das vorgeschlagene Rollenspiel gewiß nicht einfach. Sie werden berechtigterweise nach der Aktualität fragen. Hinzuweisen ist in diesem Zusammenhang darauf, welch positive Bedeutung die Tora im heutigen Judentum hat. Andererseits kann auch heute in der Begegnung zwischen Juden und Christen sich der jüdische Gesprächspartner dadurch verletzt fühlen, daß sein Toragehorsam von christlicher Seite als starre Gesetzlichkeit mißverstanden wird. Hier kann die Erinnerung an die Regelungen der Apostelgeschichte zu einer größeren Sensibilität helfen.

Konflikt in Korinth

Seite 179

Das Thema ist hier erneut das Zusammenleben von Christen unterschiedlicher Einstellung: Für die »Starken« – und Paulus zählt sich zu ihnen – gilt: Den Göttern der Heiden kommt keine Macht und keine Bedeutung zu; daher stellt das Essen von Götzenopferfleisch kein Problem dar. Für die »Schwachen« ist das Essen von Götzenopferfleisch der Verehrung der fremden Götter gleichzustellen.
Der Anlaß ist für heutige Schüler/innen sicher gar nicht so einfach zu begreifen. Darum werden im Schülerbuch die beiden Positionen differenziert geschildert. Doch die paulinische Antwort auf das Problem bleibt aktuell. Paulus wendet sich dagegen, seine Freiheit auf Kosten des anderen auszuleben. Seite 179 unten stellt den Versuch einer Aktualisierung dar. Ein anderer wäre:
Steffi ist in einem Supermarkt. Sie kauft Getränke für die Party am nächsten Abend. Was für Getränke soll sie einkaufen? Sie weiß, Thomas und Annette trinken gerne Bier. Sie weiß aber auch, daß Michael kommt, der keinen Alkohol trinken darf. Er war Alkoholiker und kam erst von einer Entziehungskur zurück. Soll sie alkoholische Getränke kaufen oder nicht?
Es ist sinnvoll, die drei Konflikte in arbeitsteiliger Gruppenarbeit zu bearbeiten. Jede Gruppe beschäftigt sich mit »ihrem« Konflikt. Hintergründe und Ergebnisse der Konflikte werden dann vor der Klasse vorgetragen. Im Unterrichtsgespräch wird dann geklärt, was es mit dem Freiheitsbegriff bei Paulus auf sich hat und ob und inwiefern diese Konflikte für heute etwas austragen können.
Zur Aufarbeitung der drei Konflikte ist es wichtig, die vier Verbote der Apostelgeschichte auf ihren Hintergrund (Sinn) zu befragen (s.o.).

3.3.4 Die Offenbarung des Johannes

Erfahrungsgemäß übt die Offenbarung des Johannes auf heutige junge Menschen angesichts einer ungewissen und ihnen oft als bedrohlich erscheinenden Zukunft eine eigenartige Faszination aus. Die farbigen Bilder, mit denen die Offenbarung die bedrohliche Zukunft malt, gewinnen angesichts der durch den Menschen bedrohten Welt eine neue Realität.
Unter dem Gesichtspunkt »Freiheit von Götzen« werden einige Aspekte der Offenbarung aufgearbeitet. Dabei wird gezeigt, daß es sich bei dem Buch der Offenbarung nicht um ein Buch handelt, das eine düstere Zukunft malt, sondern um ein Trostbuch, das angesichts der antichristlichen Mächte im römischen Reich Mut zum Durchhalten machen will.
Die Christen verhalten sich durchaus loyal zur Obrigkeit, wie es Paulus etwa in Röm 13,1ff. fordert. Doch die Probleme treten auf, wo sich der Kaiser göttlich verehren läßt. Hier muß es zum Konflikt kommen. Getreu dem Jesuswort »Gebt dem Kaiser, was des Kaisers ist und Gott, was Gottes ist« (Mt 22,21) können die Christen sich nur verweigern. Diese Situation war in besonderer Weise in der Zeit von Kaiser Domitian gegeben. Das Sendschreiben an Pergamon bezeugt, daß die Gemeinde offensichtlich grundsätzlich an dieser klaren Linie festgehalten hat. Es werden aber auch von einzelnen faule Kompromisse praktiziert.
Bei den Anhängern Bileams und den genannten Nikolaiten handelt es sich um dieselbe Gruppe. Die Nikolaiten berufen sich auf Bileam, den Seher, der in 4. Mose 22–24 das Volk Israel im Auftrag des Moabiterkönigs Balak verfluchen sollte und es dann doch im Auftrag Gottes segnete. Im späteren Judentum galt Bileam als Anstifter zum Götzendienst. Die Nikolaiten vertraten offensichtlich die Auffassung, daß sich die Christen in ihrer äußeren Lebensführung nicht von der heidnischen Umwelt unterscheiden müßten. Ihre libertinistische Ethik hat ihren Ursprung in der Lehre der dualistischen Gnosis, nach der das äußere Verhalten des Menschen, das Tun des Leibes, den inneren Menschen, das eigentliche Ich, nicht tangiert.[3]

3 Vgl. Eduard Lohse, Die Offenbarung des Johannes, S. 29f.

Ermutigung für Pergamon

Seite 180

Der Burgberg der Stadt Pergamon in der heutigen Türkei liegt etwa 25 km von der ägäischen Küste entfernt. Der Name Pergamon (Burg) ist vorgriechisch, es ist jedoch nicht klar, wann und von wem Pergamon zum ersten Mal besiedelt wurde. In Pergamon wurden vor allem Zeus und Apollo als Gottheiten verehrt.

Aus dem Sendschreiben der Offenbarung (2,12–17) an die Gemeinde in Pergamon geht hervor, daß es bereits in frühchristlicher Zeit in Pergamon eine christliche Gemeinde gab. Später wurde Pergamon Bischofssitz.

Der *Zeusaltar*, der originalgetreu im Pergamon-Museum in Berlin aufgebaut ist, war in der Antike aufgrund seiner beherrschenden Lage und seines reichen Figurenschmucks das Wahrzeichen von Pergamon. Obwohl heute nur noch die untersten Stufen des mächtigen Zeus-Altars erhalten sind (siehe *Bild* Seite 181), vermitteln diese Reste auch heute noch etwas von der die Ebene beherrschenden Lage des Altars, der weithin sichtbar ist.

Dieser Zeusaltar ist wohl gemeint, wenn in Offb 2,13 vom »Thron des Satans« die Rede ist. Er wurde zerstört, als Pergamon im 4. Jahrhundert christlich wurde.

Zur Erklärung von Offenbarung 13,1–10

Seite 181

Aus dem Mittelmeer steigt von Westen her das schreckliche, gottfeindliche Tier auf; es wird in Anlehnung an Daniel 7 beschrieben. Mit dem Tier ist das Weltreich Rom gemeint, mit den sieben Häuptern sieben Herrscher. Mit den gotteslästerlichen Namen wird auf den Kaiserkult angespielt; gemeint sind Kaisertitel wie: der Erhabene, der Göttliche, der Sohn Gottes, Herr und Gott, der Heiland u.a. Wenn einem Menschen solche Titel, die nur Gott zukommen, beigelegt werden, so wird damit Gott gelästert. Der Seher wendet sich damit nicht gegen den Staat schlechthin, sondern gegen einen Staat, der von seinen Bürgern göttliche Verehrung (des Kaisers) verlangt. Mit dem Haupt, das zu Tode getroffen ist, dessen Todeswunde aber wieder geheilt wird, wird wahrscheinlich auf Kaiser Nero angespielt. Bald nach dessen Tod erzählte man sich von ihm die Legende, er sei gar nicht wirklich gestorben, sondern nach Osten geflohen. Von dort werde er an der Spitze der Partherheere wieder zurückkehren. Später wurde diese Legende abgewandelt: Er sei zwar gestorben, werde aber bald aus dem Totenreich zurückkehren. Vielleicht wird hier auch auf Domitian angespielt.

Der Trostcharakter dieses Textes besteht zum einen darin, daß die Situation der Verfolgung als im Plan Gottes vorgesehen beschrieben wird. Zum andern wird der, der durchhält – das ist die Botschaft der gesamten Offenbarung des Johannes – am baldigen Sieg des Lamms teilhaben. So endet die Offenbarung (22,20) mit den Worten: »Es spricht, der dies bezeugt: Ja, ich komme bald. – Amen, ja, komm, Herr Jesus.«

Sportpalastkundgebung

Seite 182

Für nicht wenige Christen wurde die Offenbarung des Johannes wieder aktuell, als im Dritten Reich Adolf Hitler in einer Art Führerkultur gleichsam religiös verehrt wurde. Beispiel für diesen Kult ist das Gedicht von Baldur von Schirach, der als Reichsjugendführer Führer der gesamten Hitler-Jugend war.

Im Unterricht kann die religiöse Sprache des Gedichts herausgearbeitet werden: »falteten die Hände«, »Gesetz«, »Glaube«, »Weg und Ziel«.[4]

Einen Führerkult betrieben in ihrer Weise auch die Deutschen Christen. Sie suchten eine Verbindung zwischen Nationalsozialismus und Christentum herzustellen und stellten vielfach Christus und Hitler

4 Weitere Beispiele für Führerkult finden sich in Eberhard Röhm/Jörg Thierfelder. Evangelische Kirche zwischen Kreuz und Hakenkreuz. Der Film von Klaus Figge »Die SA Jesu Christi« bringt eine Passage aus einem Film von Leni Riefenstahl über den Reichsparteitag 1934, in der Hitler wie ein Messias im Flugzeug vom Himmel zu seinen Anhängern herabschwebt, die ihre Hände nach ihm ausstrecken.

bzw. die nationalsozialistische Ideologie auf eine Stufe. Besonders deutlich zeigte sich die Irrlehre der Deutschen auf der Sportpalastkundgebung vom 13. November 1933, wo 20000 Anwesende bei einer Gegenstimme eine Erklärung verabschiedeten, in der es u.a. heißt: »Wir bekennen, daß der einzige wirkliche Gottesdienst für uns der Dienst an unseren Volksgenossen ist, und fühlen uns als Kampfgemeinschaft von unserem Gott verpflichtet, mitzubauen an einer wehrhaften völkischen Kirche, in der wir die Vollendung der deutschen Reformation Martin Luthers erblicken, und die allein dem Totalitätsanspruch des nationalsozialistischen Staates gerecht wird« (zitiert nach: Röhm/Thierfelder: Evangelische Kirche zwischen Kreuz und Hakenkreuz« S. 40).
Zu allen Zeiten wurde versucht, Diktatoren durch »religiöse« Verehrung zu erhöhen. Beispiele wie Stalin und Mao Tse Tung können aus Geschichtsbüchern entnommen werden.

3.4 Zum Verhältnis von Altem und Neuem Testament

Auf Seite 184 wird dargestellt, wie von christlicher Seite das AT immer wieder mißverstanden wurde.

Mißverständnis Nr. 1

Zwar ist die Anschauung, daß das AT für Christen keinerlei Bedeutung habe, heute kaum noch zu finden. Die Ansicht, daß das AT für Christen weniger wichtig sei, ist jedoch weit verbreitet. Im Schülerbuch werden Bibelstellen angeführt, die deutlich machen, daß der Gott des Alten Bundes auch der Gott des Neuen Bundes ist. Seite 184

Mißverständnis Nr. 2

Unser Altes Testament war die Bibel der ersten Christen: In ihr sahen sie das Geschehen um Jesus, den Christus, vorausgesagt. Dies schlägt sich u.a. in den sogenannten Erfüllungszitaten vor allem des Matthäusevangeliums nieder (vg. z.B. Mt 1,22f.): Was im AT vorausgesagt wurde, ist in Christus in Erfüllung gegangen. Dies hat zu dem Mißverständnis geführt, das AT enthalte ausschließlich Verheißungen, das NT berichte ausschließlich von der Erfüllung dieser Verheißungen. Demgegenüber wird im Schülerbuch darauf hingewiesen, daß AT und NT Bücher der Verheißung *und* der Erfüllung sind. Dies kann mit Hilfe der im Schülerbuch angegebenen Bibelstellen erhoben werden. Seite 184
Mit Hilfe der Texte auf Seite 185f. kann dieser Sachverhalt vertieft werden.

Eine mögliche Konsequenz dieses Mißverständnisses war die auch heute weit verbreitete Meinung, daß das Alte Testament weniger »wert« sei als das Neue Testament.
Die Erklärung der badischen Synode von 1984 (S. 186 o.) geht auf diesen Sachverhalt ein.

3.4.1 Das Alte Testament weist über sich hinaus

Jüdisch-christlicher Dialog

Bis in die Zeit nach der Shoa kennzeichnete mit wenigen Ausnahmen Feindschaft das Verhältnis zwischen Christen und Juden, selbst dort, wo ihre Theologen miteinander im Gespräch standen. Seite 186

Die Feindschaft zwischen Christen und Juden findet im Mittelalter ihren bildhaften Ausdruck in der unterschiedlichen Darstellung von Kirche (Ecclesia) und Synagoge.

In der Zeit der Aufklärung zollten viele Gelehrte (z.B. der Dichter Gotthold Ephraim Lessing) dem jüdischen Glauben und den gebildeten Juden ihrer Zeit interessierten Respekt.

Eine ausgesprochen judenfreundliche Haltung zeigte der Pietismus. Speners »Beitrag zur Judenfrage lag in der Verbindung von Judenrespekt und Judenmission als bewegende Kräfte für den christlichen Umgang mit dieser eigentümlichen, zugleich fremden und verwandten, zugleich fernen und nahen Gruppe von Menschen, die augenscheinlich unter einer besonderen geschichtlichen und heilsgeschichtlichen Führung stand« (Martin Schmidt).

Am Vorabend des Dritten Reiches fanden in Deutschland erste zaghafte religiöse Gespräche zwischen christlichen Theologen und jüdischen Gelehrten statt. Den stärksten Anstoß gab Martin Buber mit der Gründung eines jüdischen Lehrhauses in Frankfurt und Stuttgart. Am 14. Januar 1933 fand in Stuttgart das letzte öffentliche Gespräch mit dem ev. Theologen Karl Ludwig Schmidt statt. Martin Buber sagte dort:
»Die Gottestore sind offen für alle. Der Christ braucht nicht durch das Judentum, der Jude nicht durchs Christentum zu gehen, um zu Gott zu kommen.«
Nach 1945 wurde mehrfach in offiziellen Verlautbarungen evangelischer Kirchen das Ziel der Judenmission aufgegeben.

In der katholischen Kirche stellt das Zweite Vatikanische Konzil (1962–1965) einen Wendepunkt in der Einstellung zum Judentum dar: »Die Juden sind nach dem Zeugnis der Apostel immer noch von Gott geliebt um der Väter willen.«

Auf evangelischer Seite gibt es seit dem Deutschen Evangelischen Kirchentag in Berlin 1961 eine Arbeitsgruppe »Juden und Christen«, in der Juden gleichberechtigt mitarbeiten. Aus der Gründungserklärung: »Juden und Christen sind unlösbar verbunden. Aus der Leugnung dieser Zusammengehörigkeit entstand die Judenfeindschaft in der Christenheit.«
Die 1958 auf der EKG-Synode gegründete Aktion Sühnezeichen sucht durch Freiwilligeneinsätze einen Weg des »Friedens durch Versöhnung« zu gehen. Seit 1969 sind auch Freiwillige der Aktion in Israel im Einsatz.
1979 wurde die Hochschule für jüdische Studien in Heidelberg gegründet. An ihr studieren christliche und jüdische Studenten gemeinsam Fragen des Judentums.

Wichtige Marksteine des jüdisch-christlichen Dialogs sind auch die beiden Studien der Evangelischen Kirche in Deutschland (EKD), Christen und Juden I (Gütersloh 1975) und Christen und Juden II (Gütersloh 1991). Die beiden Studien zeigen die Fortschritte im Gespräch.

Als Beispiel eines solchen Fortschritts seien hier einige Sätze aus der Studie II zum Thema Judenmission zitiert:
»Aus dieser Einsicht heraus (daß nämlich Gott der eigentlich Missionierende ist) sind Christen verpflichtet, ihr Zeugnis und ihren Dienst mit der Achtung vor Überzeugung und Glauben der jüdischen Gesprächspartner zu verbinden.
Eine in solcher Haltung sich vollziehende Begegnung ist für beide Partner immer sowohl mit dem Risiko als auch mit der Chance verbunden, von dem Zeugnis des anderen überzeugt zu werden oder den anderen zu überzeugen. Jedoch darf diese Möglichkeit nicht zum eigentlichen Ziel und Inhalt der Begegnung gemacht werden« (S. 58).

4 Zusatzmaterialien

ZM 1: Statements – Warum mir die Bibel wichtig ist

Rudolf Kirschläger, Österreichischer Bundespräsident a.D.:
Als ich vor rund einem Vierteljahrhundert erlebte, wie sehr die Christen jenseits des ehemaligen Eisernen Vorhangs nach der Bibel in ihrer Muttersprache Ausschau hielten, ist mir erst so recht zum Bewußtsein gekommen, welche Kraft doch von der Heiligen Schrift ausgeht. Seither hat die Bibel auch in mir oft den Glauben gestärkt und in aufgeregten Zeiten durch den Blick auf das Wesentliche Ruhe und Gleichmut vermittelt.

Bernhard Langer, Golfspieler:
Meine Frau und ich nehmen seit einiger Zeit an einem Bibelgesprächskreis teil. Wir alle profitieren vom gemeinsamen Erfahrungsaustausch in zwangloser Atmosphäre. Da haben wir die Möglichkeit, mehr über Gott, die Bibel, uns selbst und unsere Mitmenschen zu lernen. Denn die Bibel ist wie eine Gebrauchsanweisung für unser Leben, die in jedem Alter, in allen Lebensfragen und Lebenslagen verwendbar ist.

Peter Horton, Sänger:
Die Bibel gehört ebenso wenig den Kirchen wie ein Fluß dem Landwirtschaftsministerium oder Sonnenschein den Meteorologen. Die Kirchen waren aber stets ihre Anwälte, Pfleger und Schützer – paradoxerweise aber ebensooft ihre Kerkermeister. Mit ihren offenen und ihren verschlüsselten Botschaften ist sie für mich ein Schlüssel zum Über-Leben. Die Bibel ist – in ökonomischen Worten – ein uns geschenktes, wundersames Bankkonto der Unendlichkeit: Je verschwenderischer wir davon »abheben« und es seelisch verwerten, desto größer wird unser geistiges Vermögen werden.

Dieter Stolte, Intendant des ZDF:
Zu den Bibelstellen, die mein Denken und Handeln seit langem begleiten, gehört ein Wort des Propheten Jesaja aus dem Alten Testament (Jesaja, Kapitel 11, Vers 6): »Dann wohnt der Wolf beim Lamm, der Panther liegt beim Böcklein. Kalb und Löwe weiden zusammen, ein kleiner Knabe kann sie hüten.« Ich verstehe dieses Bild als Vision eines universalen Friedensreiches und lese es als Aufforderung zu einem humaneren Menschsein. Zwar bin ich davon überzeugt, daß der Mensch allein und aus eigener Kraft diesen Zustand nicht herbeiführen kann, es dazu vielmehr der helfenden Hand Gottes bedarf, andererseits sehe ich darin aber auch eine Aufgabe, die uns gestellt ist: alles in unseren Kräften Stehende zu tun, damit dieses Friedensreich, nach dem wir uns im Innern alle sehnen, wirklich wird.

Petra Schürmann, TV-Moderatorin:
Die Bibel ist eine jahrtausendealte Sammlung menschlicher Gedanken und Erfahrungen. Hätten wir Christen besser auf sie gehört, wäre der Menschheit im Lauf ihrer Geschichte manches erspart geblieben.

Hanns Dieter Hüsch, Kabarettist:
Die Bibel ist für mich wie ein täglich Brot. Mit der Bibel an meiner Seite, das heißt mit Gott in meiner Nähe, wenn nicht gar direkt neben mir – als Freund, als Schutz und Zuversicht – bin ich meinem Kommen und Gehen, meinem Leben und Sterben verwandter, gebundener, bin ich gestärkter und getrösteter. Die Bibel ist mehr als ein Buch, weil sie das Kunstwerk der Kunstwerke ist – zeitlos und frei, nicht abzuhaken, nicht abzuheften. Sie ist klassisch und avantgardistisch, altmodisch und revolutionär. Sie bringt nicht für jeden etwas, sondern alles für jeden Menschen.

ZM 2: Auflösung des Bibelquiz

1. Goethe oder die Bibel?
   Welche der folgenden Sätze stehen nicht in der Bibel?
   a) Es war alles eitel und Haschen nach Wind.
      Prediger 1,14: *Ich sah an alles Tun, das unter der Sonne geschieht, und siehe, es war alles eitel und Haschen nach Wind.*
   b) Wer das Schwert nimmt, wird durch das Schwert umkommen.
      Matthäus 26,52: *Da sprach Jesus zu ihm: Stecke dein Schwert an seinen Ort! Denn wer das Schwert nimmt, der soll durchs Schwert umkommen.*
   c) Ein lebender Hund ist besser als ein toter Löwe.
      Prediger 9,4: *Denn wer noch bei den Lebenden weilt, der hat Hoffnung; denn ein lebender Hund ist besser als ein toter Löwe.*
   d) Meinem Freund gehöre ich, und nach mir steht sein Verlangen. Komm, mein Freund, laß uns aufs Feld hinausgehen. Da will ich dir meine Liebe schenken.
      Hoheslied 7,11–13: *11 Meinem Freund gehöre ich, und nach mir steht sein Verlangen. 12 Komm, mein Freund, laß uns aufs Feld hinausgehen und unter Zyperblumen die Nacht verbringen, 13 daß wir früh aufbrechen zu den Weinbergen und sehen, ob der Weinstock sproßt und seine Blüten aufgehen, ob die Granatbäume blühen. Da will ich dir meine Liebe schenken.*
   e) Tue Recht und scheue niemand!
      Redensart
   f) Was ist des Menschen Klugheit, wenn sie nicht auf jener Willen droben achtend lauscht.
      Goethe
   g) Wer immer strebend sich bemüht, den können wir erlösen.
      Goethe, Faust
   h) Der Krug geht so lange zum Brunnen, bis er bricht.
      Sprichwort
   i) Was du nicht willst, daß man dir tu, das füg auch keinem andern zu.
      Tobias 4,16: *Was du nicht willst, daß man dir tu, das füg auch keinem andern zu.*
      Vgl. dazu: Matthäus 7,12: *Alles nun, was ihr wollt, daß euch die Leute tun sollen, das tut ihnen auch! Das ist das Gesetz und die Propheten.*
   j) Mehr Licht!
      Goethe (auf dem Sterbebett)

2. Wie heißt der Berg, auf dem Jerusalem erbaut ist?
   a) Berg Sinai
   b) Ölberg
   c) Berg Zion
   d) Berg Karmel
   e) Berg Tabor

   2. Samuel 5,6.7:
   David erobert Jerusalem. 6 Und der König zog mit seinen Männern vor Jerusalem gegen die Jebusiter, die im Lande wohnten. Sie aber sprachen zu David: Du wirst nicht hier hereinkommen, sondern Blinde und Lahme werden dich abwehren. Damit meinten sie, daß David nicht dort hineinkommen könnte. 7 David aber eroberte die Burg Zion; das ist Davids Stadt.

3. Aus wieviel Stämmen bestand das Volk Israel?
   a) 9, b) 10, *c) 12*, d) 15

   2. Mose 1,1–5:
   Die Namen der 12 Söhne Israels:
   1 Dies sind die Namen der Söhne Israels, die mit Jakob nach Ägypten kamen; ein jeder kam mit seinem Hause: 2 Ruben, Simeon, Levi, Juda, 3 Issachar, Sebulon, Benjamin, 4 Dan, Naftali, Gad, Asser. 5 Und alle leiblichen Nachkommen Jakobs zusammen waren siebzig an Zahl. Josef aber war schon vorher in Ägypten.

4. Was gehört nicht hierher?
   a) Jesaja
   b) Jeremia
   c) Juda
   d) Joel

   Jesaja, Jeremia und Joel sind alttestamentliche Propheten(bücher); Juda ist der Name für einen der 12 Stämme Israels.

   A) Thessaloniki
   B) Korinth
   C) Rom
   D) Athen

   Im NT sind Briefe des Paulus an die Gemeinden von Thessaloniki, von Korinth und Rom überliefert, nicht jedoch an die Gemeinde von Athen.

5. Wer erhob Jerusalem zur Königsstadt?
   a) Abraham
   b) David
   c) Saul
   d) Salomo

   Samuel 5,6.7: David erobert Jerusalem.
   6 Und der König zog mit seinen Männern vor Jerusalem gegen die Jebusiter, die im Lande wohnten. Sie aber sprachen zu David: Du wirst nicht hier hereinkommen, sondern Blinde und Lahme werden dich abwehren. Damit meinten sie, daß David nicht dort hineinkommen könnte. 7 David aber eroberte die Burg Zion; das ist Davids Stadt.

6. Welche Gebote stehen nicht in den 10 Geboten?
   a) Du sollst nicht stehlen
   b) Du sollt nicht lügen
   c) Du sollst nicht richten
   d) Du sollst nicht ehebrechen
   e) Du sollst nicht begehren deines Nächsten Haus
   f) Du sollst nicht schwören
   Vgl. 2. Mose 20,1ff.

7. Warum feiern die Juden das Passafest? Zur Erinnerung an …
   a) den Tempelbau
   b) den Tod Jesu
   c) den Auszug aus Ägypten
   d) die Einwanderung ins Land Kanaan

   2. Mose 12: Einsetzung des Passafestes.

8. Wer hat den jüdischen Tempel bauen lassen?
   a) Mose
   b) David
   c) Salomo
   d) Paulus

   1. Könige 6: 1 Im vierhundertundachtzigsten Jahr nach dem Auszug Israels aus Ägyptenland, im vierten Jahr der Herrschaft Salomos über Israel, im Monat Siw, das ist der zweite Monat, wurde das Haus dem HERRN gebaut. 2 Das Haus aber, das der König Salomo dem HERRN baute, war sechzig Ellen lang, zwanzig Ellen breit und dreißig Ellen hoch.
   1. Könige 8:1 Da versammelte der König Salomo zu sich die Ältesten in Israel, alle Häupter der Stämme und Obersten der Sippen in Israel nach Jerusalem, um die Lade des Bundes des HERRN heraufzubringen aus der Stadt Davids, das ist Zion.

9. War der Jünger Petrus verheiratet?
   a) Ja
   b) Ist nicht bekannt

   Markus 1,29–31: Heilung der Schwiegermutter des Petrus
   29 Und alsbald gingen sie aus der Synagoge und kamen in das Haus des Simon und Andreas mit Jakobus und Johannes. 30 Und die Schwiegermutter Simons lag darnieder und hatte das Fieber; und alsbald sagten sie ihm von ihr. 31 Da trat er zu ihr, faßte sie bei der Hand und richtete sie auf; und das Fieber verließ sie, und sie diente ihnen.

10. Unter Tora versteht man
   a) Die 5 Bücher Mose
   b) Das Alte Testament
   c) Die jüdischen Gesetze im Talmud
   d) Die 10 Gebote

11. In welchem Buch der Bibel spielt der Rhizinusstrauch eine wichtige Rolle?
   a) Im Buch Ruth
   b) Im Buch Jona
   c) In der Apostelgeschichte
   d) In den Klageliedern Jeremias

   Jona 4,6 Gott der Herr aber ließ eine (Rhizinus-)Staude wachsen; die wuchs über Jona, daß sie Schatten gäbe seinem Haupt und ihm hülfe von seinem Unmut. Und Jona freute sich sehr über die Staude. 7 Aber am Morgen, als die Morgenröte anbrach, ließ Gott einen Wurm kommen; der stach die Staude, daß sie verdorrte.

12. Die Urgroßmutter des Königs David war eine Ausländerin. Sie hieß:
   a) Ester
   b) Rut
   c) Mirjam
   d) Sara
   e) Rebekka
   f) Batseba

   Rut 4,13ff.: *So nahm Boas die Rut, daß sie seine Frau wurde. Und als er zu ihr einging, gab ihr der Herr, daß sie schwanger ward, und sie gebar einen Sohn … 17 und sie nannten ihn (a) Obed. Der ist der Vater Isais, welcher Davids Vater ist.*

ZM 3: Überblick über die Bücher des AT

Das Alte Testament
als Sammlung von Schriften, die von den Erfahrungen Israels mit seinem Gott erzählen

Einteilung d. Alten Testaments			*Bücher*	*Themen*
nach Luther	*jüdische Einteilung*	*wissenschaftl. Bezeichnung*		
Geschichts-bücher	**Tora**	**Pentateuch**	Genesis 1. Mose	Urgeschichte, Vätergeschichten
			Exodus 2. Mose	Auszug aus Ägypten, Wüstenwanderung Offenbarung der 10 Gebote und anderer Gesetze am Berg Sinai
			Levitikus 3. Mose	Gesetze (insbesondere über Opfer und Priester)
			Numeri 4. Mose	Zahl der auswandernden Israeliten (Kap. 1 u. 2), Gesetze, Eroberung des Ostjordanlandes
			Deuteronomium 5. Mose	Gesetze (einschl. der 10 Gebote) im Rahmen einer Moserede (Rückblick und Vorblick)
	Propheten	**Deuterono-mistisches Geschichts-werk**	Josua	Eroberung des Ostjordanlandes
			Richter	(teilweise) Eroberung Kanaans Kämpfe im Westjordanland unter Führung der »Richter«
			(Rut)*	(Erzählung von Rut, einer Vorfahrin des Königs David, spielt in der Richterzeit)
			1. Samuel	Samuel, Saul, David
			2. Samuel	David
			1. Könige	Salomo, Teilung des Reiches, die Geschichte der beiden Reiche
			2. Könige	Geschichte von Nord- und Südreich bis zum Untergang des Nordreiches – Geschichte des Südreichs bis zum Untergang Judas

* Die Anordnung der Bücher in der 4. Spalte entspricht der Lutherbibel. Die in Klammern gesetzten Bücher sind bei der jüdischen Einteilung noch einmal aufgeführt.

Einteilung d. Alten Testaments *nach Luther*	*jüdische Einteilung*	*wissenschaftl. Bezeichnung*	*Bücher*	*Themen*
		Chronistisches Geschichts-werk	(1. Chronik)	Von Adam bis Saul, David
			(2. Chronik)	Salomo, von Salomos Tod bis zum Exil
			(Esra) (Nehemia)	Rückkehr aus dem Exil, Wirken Esras und Nehemias beim Wiederaufbau des Landes (Jerusalem und Tempel)
			(Ester)	die persische Königin Ester, eine Jüdin, verhindert eine geplante Judenverfolgung
Propheten-bücher	**Propheten**		Jesaja	(Kap. 1–39) Gerichtsworte an die Völker und an Israel, Heilsworte an Israel
		Deuterojesaja		(Kap. 40–55) Heilsworte an die Wegge-fährten in Babylon
		Tritojesaja		(Kap. 56–66) Worte nach der Rückkehr aus dem Exil: Klage, Gericht, erneute Heilszusage
			Jeremia	(Gerichts-)Worte Jeremias an das eigene Volk Gerichtsworte über die Völker, Leidens-geschichte Jeremias
Erzählungen von Männern, die dem Volk in konkreten Situationen den Willen Gottes ver-kündigen			(Klagelieder Jeremias)	Klagepsalmen derer, die nach der Zer-störung Jerusalems im Lande geblieben waren
			Hesekiel	Gerichtsworte über Juda und die Völker, Schau des neuen Tempels und des neuen Gottesdienstes
			(Daniel)	(Kap. 1–6) Geschichten über Daniel am babylonischen Königshof zur Zeit des Exils (Kap. 7–12) Gesichte Daniels, in denen die Zukunft enthüllt wird
	Die Zwölf Kleinen Propheten		Hosea	*Nordreich, Periode Jesajas*
			Joel	*nachexilisch*
			Amos	*Nordreich, Periode Jesajas*
			Obadja	*nachexilisch*
			Jona	*nachexilisch*
			Micha	*Südreich, Periode Jesajas*
			Nahum	*Juda, Periode Jeremias*
			Habakuk	*Juda, Periode Jeremias*
			Zefania	*Juda, Periode Jeremias*
			Haggai	*nachexilisch*
			Sacharja	*nachexilisch*
			Maleachi	*nachexilisch*

Einteilung d. Alten Testaments			*Bücher*	*Themen*
nach Luther	*jüdische Einteilung*	*wissenschaftl. Bezeichnung*		
Poetische Bücher	**Schriften**		Hiob (2)	im Rahmen der Erzählung vom Leiden und der Bewährung des frommen Hiob: Hiobs Klagen, Gottreden, Reden der Freunde
			Psalmen (1)	Antworten der Menschen auf Gottes Worte und Taten in Klage und Lob
			Sprüche	Weisheitsgedichte und Weisheitssprüche
		Rut		
			Prediger	skeptische Weltbetrachtung eines Weisheitslehrers: »Es ist alles ganz eitel.«
			Hoheslied	Sammlung von Liebesliedern
	Klagelieder			
	Ester			
	1. Chronik			
	2. Chronik			
	Esra			
	Nehemia			
	Daniel			

ZM 4: Die drei Quellenschriften in 2. Mose 14

Darauf sprach Jahwe zu Mose: Rede zu den Israeliten und sprich, daß sie umkehren und sich lagern bei Pihachiroth zwischen Migdol und dem Meer, vor Baal Zephon; diesem gegenüber sollt ihr euch lagern. Der Pharao aber wird sagen von den Israeliten: Sie haben sich verirrt im Lande; die Wüste hat sie eingeschlossen. Und ich will sein Herz verstocken, daß er ihnen nachjagen, und will meine Herrlichkeit erweisen an dem Pharao und aller seiner Macht, und die Ägypter sollen innewerden, daß ich Jahwe bin. Und sie taten so.

Da wurde dem König von Ägypten gemeldet, daß das Volk geflohen sei.

Da wandelte sich das Herz des Pharao und seiner Diener und sie sagten: Was haben wir da getan, daß wir Israel aus unserem Dienst entlassen haben! So ließ er denn seine Streitwagen anspannen, und sein Kriegsvolk nahm er mit sich.

Er nahm 600 auserlesene Streitwagen und alle sonstigen Streitwagen Ägyptens mit einer Dreimannbesatzung auf ihnen allen.

Und Jahwe verstockte das Herz des Pharao, des Königs von Ägypten, daß er den Israeliten nachjagte, während die Israeliten unter dem Schutz einer erhobenen Hand auszogen.

Die Ägypter verfolgten sie;

Und sie holten sie ein, als sie am Meer lagerten (alle Streitwagenpferde und Streitwagenfahrer des Pharao und seine ganze Kriegsmacht) bei Pihachiroth vor Baal Zephon. Als nun der Pharao nahe herangekommen war,

da erhoben die Israeliten ihre Augen und sahen, daß die Ägypter hinter ihnen her unterwegs waren, und sie fürchteten sich sehr.

da schrien die Israeliten zu Jahwe um Hilfe.

Und sie sagten zu Mose: Waren nicht Gräber in Ägypten, daß du uns wegführen mußtest, damit wir in der Wüste sterben? Warum hast du uns das angetan, daß du uns aus Ägypten geführt hast? Haben wirs dir nicht schon in Ägypten gesagt: Laß uns in Ruhe, wir wollen den Ägyptern dienen? Es wäre besser für uns, den Ägyptern zu dienen, als in der Wüste zu sterben.

Da sprach Mose zu dem Volk: Fürchtet euch nicht, steht fest und seht zu, was für ein Heil Jahwe heute an euch tun wird. Denn wie ihr die Ägypter heute seht, werdet ihr sie niemals wiedersehen. Jahwe wird für euch streiten, ihr aber werdet euch still verhalten.

Darauf sagte Jahwe zu Mose: Warum schreist du zu mir? Sage den Israeliten, daß sie weiterziehen. Du aber hebe deinen Stab auf und recke deine Hand über das Meer und teile es mitten durch, so daß die Israeliten auf dem Trockenen mitten durch das Meer gehen. Siehe, ich will das Herz der Ägypter verstocken, daß sie hinter euch herziehen, und ich will meine Herrlichkeit erweisen an dem Pharao und aller seiner Macht, an seinen Wagen und Männern, und die Ägypter sollen innewerden, daß ich Jahwe bin, wenn ich meine Herrlichkeit erweise an dem Pharao und an seinen Wagen und Männern.

Da erhob sich der Engel Gottes, der vor dem Heer Israels her zog, und stellte sich hinter sie.

Und die Wolkensäule vor ihnen erhob sich und trat hinter sie. Und kam zwischen das Heer der Ägypter und das Heer Israels. Und dort war die Wolke finster, und hier erleuchtete sie die Nacht, und so kamen die Heere die ganze Nacht nicht näher.

Da reckte Mose seine Hand aus über das Meer.

Jahwe aber ließ durch einen starken Ostwind die ganze Nacht hindurch das Meer hinweggehen und machte so das Meer zu trockenem Land.

Und die Wasser teilten sich. Und die Israeliten gingen hinein mitten ins Meer auf dem Trockenen, und das Wasser war ihnen eine Mauer zur Rechten und Linken. Und die Ägypter folgten und zogen hinein ihnen nach, alle Rosse des Pharao, seine Wagen und Männer, mitten ins Meer.

Als nun die Zeit der Morgenwache kam, schaute Jahwe auf das Heer der Ägypter aus der Feuersäule und der Wolke und brachte einen Schrecken über ihr Heer.

Er hemmte die Räder ihrer Wagen und machte, daß sie nur schwer vorwärts kamen.

Da sprachen die Ägypter: Laßt uns fliehen vor Israel; denn Jahwe selber streitet für sie wider Ägypten.

Da sprach Jahwe zu Mose: Recke deine Hand aus über das Meer, daß das Wasser zurückkehrt über die Ägypter, über ihre Wagen und Männer. Da reckte Mose seine Hand aus über das Meer.
Da kehrte das Meer beim Anbruch des Morgens in sein gewöhnliches Bett zurück, während die Ägypter gerade ihm entgegen flohen. So stürzte Jahwe mitten ins Meer.
Da kam das Wasser wieder und bedeckte Wagen und Männer, das ganze Heer des Pharao, das ihnen nachgefolgt war ins Meer, so daß nicht einer von ihnen übrigblieb. Die Israeliten aber waren auf dem trockenen Boden mitten durch das Meer hindurchgegangen, und das Wasser war ihnen eine Mauer zur Rechten und zur Linken gewesen.
So errettete Jahwe an jenem Tag Israel aus der Hand der Ägypter. Und sie sahen die Ägypter tot am Ufer des Meeres liegen. So sah Israel die mächtige Hand, mit der Jahwe an den Ägyptern gehandelt hatte. Und das Volk fürchtete Jahwe, und sie glaubten ihm und seinem Knecht Mose.

ZM 5: Jüdischer Kanon

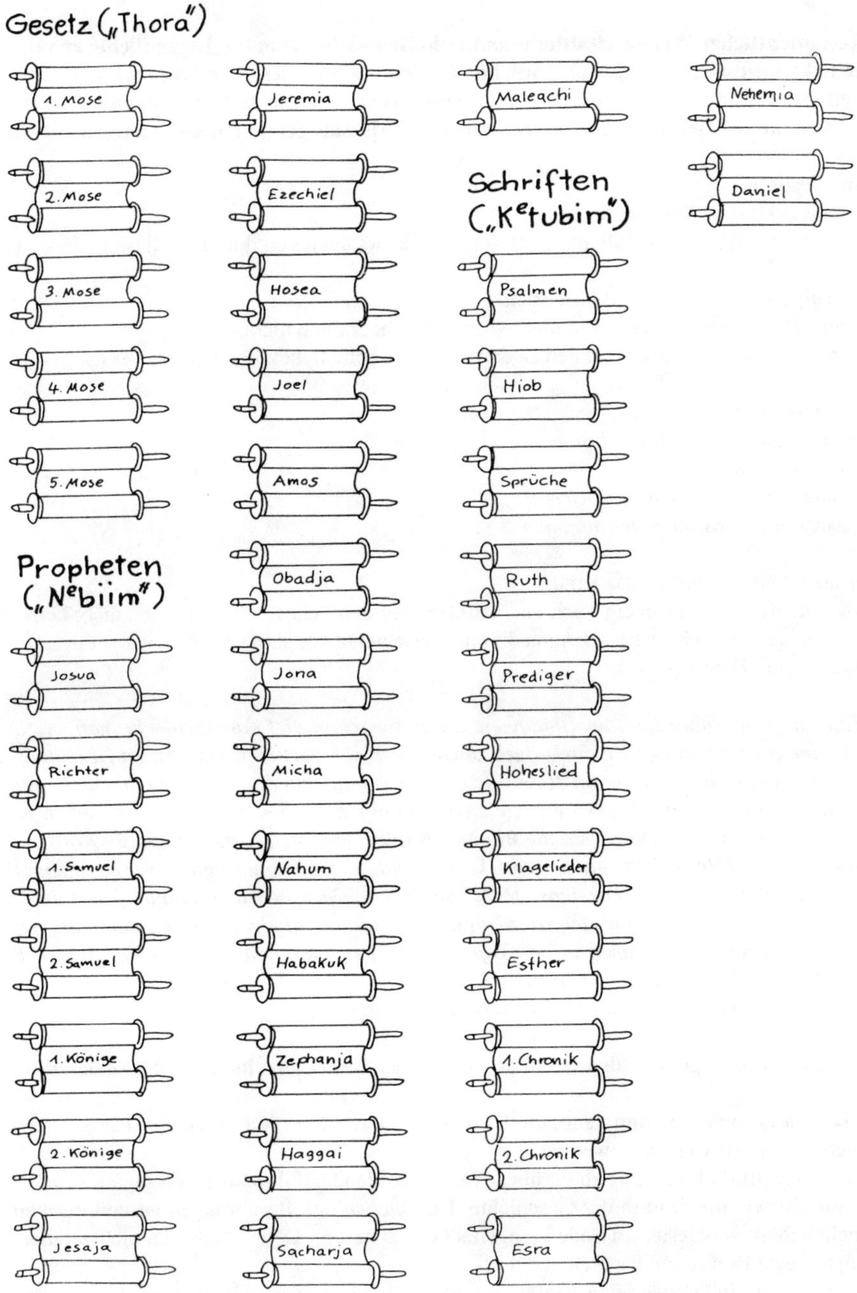

ZM 6

Textauszug A

Ein neutestamentlicher Wissenschaftler erzählt die Geschichte Jesu für Jugendliche; er verarbeitet darin die Erkenntnisse der neutestamentlichen Forschung über Jesus und die sozialen Verhältnisse seiner Zeit: Hanna, die Mutter Mirjams und Andreas stehen am Bett der totkranken 12jährigen Mirjam. Die kranke Mirjam fragt Andreas, ob er den Messias gesehen habe. Andreas antwortet:

»Du meinst Jesus!«
Mirjam nickte: »Hast du ihn gesehen?«
»Nein«, sagte ich. »Aber ich würde ihn gern sehen. Alle erzählen von ihm. Er soll oft in dieser Gegend sein.«
»Er ist nie lange an einem Ort«, erklärte Hanna.
Mirjam murmelte: »Warum ist er nicht hier? Warum macht er mich nicht gesund?«
Die Mutter setzte sich zu Mirjam auf den Boden und streichelte liebevoll ihr Haar: »Er hat gesagt:

Blinde sehen und Lahme gehen,
Aussätzige werden rein und Taube hören,
Tote werden auferweckt
und die Armen erhalten eine gute Botschaft.
Glücklich, wer nicht Anstoß an mir nimmt.«

»Wenn er doch käme!« flüstert das Kind.
Hanna wickelte ihre Tochter in ein Tuch und nahm sie auf den Schoß: »Ich kann ihn nicht herbeiholen. Glaub mir, ich kann es nicht. Aber ich kann dir eine Geschichte von ihm erzählen, willst du?«
Mirjam nickte, und Hanna begann:

»Eine Frau litt zwölf Jahre lang an Blutungen. Sie hatte schon viel durchgemacht, hatte viele Ärzte besucht und ihr ganzes Vermögen dafür aufgebraucht. Aber es hatte nichts genutzt. Im Gegenteil, es war noch schlimmer geworden. Als sie von Jesus hörte, kam sie mitten in der Menge zu ihm und faßte heimlich von hinten sein Kleid an. Denn sie sagte sich: ›Wenn ich nur ein Stückchen von seinen Kleidern berühre, werde ich gerettet.‹ Da hörten die Blutungen sofort auf. Sie spürte am ganzen Körper, daß sie geheilt war. Aber auch Jesus hatte etwas gemerkt. Er drehte sich um und fragte: ›Wer hat meine Kleider berührt?‹ Seine Jünger sagten: ›Du siehst doch, wie dich das Volk bedrängt und da fragst du: Wer hat mich berührt?‹ Aber Jesus schaute sich trotzdem um, um herauszufinden, wer es getan hatte. Die Frau fürchtete sich sehr und zitterte am ganzen Körper. Sie trat vor und warf sich vor ihm nieder. Er aber sagte: ›Tochter, den Glaube hat dich gerettet.
Gehe hin in Frieden und sei geheilt von deinen Beschwerden.‹«

Mirjam hatte begierig zugehört, als wäre alles zu ihr gesagt. Aber jetzt hielt sie nicht mehr an sich. Sie schrie:
»Warum kommt er nicht? Warum kann ich ihn nicht berühren wie die Frau, damit ich gesund werde? Warum nicht?« Und sie fing an zu weinen.
Da hatte ich einen Einfall: Ich ging zu ihr hin, legte meine Hand auf ihre Stirn und sagte:
»Mirjam, du bist wie die Frau in der Geschichte. Du glaubst, daß Berührungen gesund machen. Aber hast du nicht gehört, was Jesus am Ende gesagt hat? Er hat gesagt: Dein Glaube hat dich gerettet. Er hat nicht gesagt: Deine Berührung hat dich gerettet!«
Ich gebe zu, es war ein verzweifelter Einfall. Ich war selbst nicht davon überzeugt, daß es richtig war, was ich tat. Ich wollte etwas Freundliches zu dem Mädchen sagen, das Angst vor dem Sterben hatte.
Mirjam schaute mich dankbar an. Sie wurde ruhiger. Sie bat um mehr Geschichten. Hanna erzählte. Sie

erzählte von einer Frau, die für ihr kleines Töchterchen Jesus um Heilung gebeten hatte – und Jesus hatte es aus der Ferne geheilt, ohne zu ihr zu kommen. Hanna fügte hinzu:
»Warum muß er denn unbedingt in unsere Hütte kommen? Kann er nicht auch dich aus der Ferne heilen?«
Und dann erzählte sie von Blinden, die wieder sehend geworden waren, von Aussätzigen, die geheilt wurden, von Lahmen, die wieder gehen konnten. Ihre Geschichten wurde immer wunderbarer und unwahrscheinlicher. Mirjam sog jede Geschichte in sich hinein. Es waren ihre Geschichten. Sie war blind und wurde sehend. Sie war lahm und konnte wieder gehen. Sie wurde krank und wurde wieder gesund. Aus jedem Wort schöpfte sie neue Hoffnung.
Auch ich hörte gebannt zu: Manches in diesen Geschichten stieß mich ab. Es klang abergläubisch und primitiv. Aber ich wurde mit der Zeit nicht weniger von ihnen gepackt als Mirjam. Ich merkte: In diesen Geschichten lag die ganze Hoffnung dieser armen Leute. Ich hörte aus ihnen ihr Aufbegehren gegen Leid und Tod. Ich spürte: Solange diese Geschichten erzählt wurden, würden sie sich nicht damit abfinden, daß Menschen hungern und dürsten, daß sie verstümmelt und behindert, daß sie krank und hilflos sind. Solange sie diese Geschichten hatten, würden sie Hoffnung haben.
Ich fragte mich, ob Hanna all ihre Geschichten von Jesus, die sie Mirjam erzählte, gehört hatte. Oder ob sie nicht einige erfand, um die kleine Mirjam zu trösten? Ich glaube, wenn ihr die Geschichten ausgegangen wären, ich hätte mich selbst hingesetzt und einige hinzu erfunden. Ich weiß, Geschichten machen allein nicht gesund. Aber ich hatte das Gefühl, ohne diese Geschichten würde Mirjam nicht geheilt.

Textauszug B

Der Jude Andreas ist bei der Familie des Mattathias zu Besuch; er hat eine Botschaft des ältesten Sohnes, der sich den Zeloten angeschlossen hat, überbracht. Die Tochter Mirjam ist schwer krank. Während die Mutter Hanna der Tochter Geschichten erzählt, hat Andreas den Sohn und seine zwei Reisebegleiter zu einem griechischen Arzt geschickt. Gamaliel und Daniel, zwei Schriftgelehrte, kommen in die Fischerhütte am See Genezareth:

Es dauerte nicht lange, und es wurde an der Hütte geklopft. Zwei Männer verlangten Mattathias zu sprechen. Der ältere hieß Gamaliel, der jüngere Daniel. Mattathias bat sie herein. Die beiden nahmen Platz.
Gamaliel begann: »Dein Sohn ist mit ein paar Fremden am Sabbat zum Fischen gefahren! Weißt du nicht, daß es verboten ist, am Sabbat zu arbeiten?«
Mattathias beruhigte ihn: »Sie fuhren nicht zum Fischen. Sie wollten nach Tiberias, um einen Arzt für Mirjam zu holen. Niemand hat den Sabbat übertreten!«
Daniel wandte ein: »Konntest du nicht warten, bis der Sabbat vorüber ist?«
Ich schaltete mich ein: »Ich habe sie geschickt. Mirjam braucht Hilfe. Wenn es um eine Heilung geht, ist es erlaubt, die Sabbatregeln außer Kraft zu setzen.«
»Nein!« widersprach Daniel. »Nur wenn es keine andere Möglichkeit gibt.«
Ich wurde ärgerlich. In Sepphoris war es selbstverständlich, daß man am Sabbat den Arzt holen durfte. Waren diese Leute vom Lande engherzig! Aber vielleicht mußten sich die beiden auch nur dafür rechtfertigen, daß sie uns beim Essen gestört hatten.
Gamaliel sagte nachdenklich: »Es gibt erlaubte Fälle: Wenn am Sabbat ein Schaf in den Brunnen fällt, so darf es rausgeholt werden!«
Daniel protestierte: »Da bin ich anderer Meinung. Wenn Gott will, daß das Schaf überlebt, wird es überleben! Man darf sich erst nach dem Sabbat darum kümmern.«[1]
Gamaliel widersprach: »Wie kann es denn überlebern. Es wird ertrinken. Willst du Gott ein Wunder vorschreiben? Ihr Essener seid strenger als wir Pharisäer. Wir wollen praktikable Lösungen. Die meisten Schriftgelehrten stimmen mit mir überein, daß die Rettung eines Tieres am Sabbat erlaubt ist.

Schließen wir nun vom Geringeren auf das Größere, dann komme ich zu dem Ergebnis: Wenn es erlaubt ist, ein Tier zu retten, wieviel mehr ist es erlaubt, einen Menschen zu heilen!«
Mirjam hatte die Diskussion verfolgt. Sie rief dazwischen: »Auch Jesus hat Menschen am Sabbat geheilt! Mama, erzählt doch die Geschichte!«
Hanna war es sichtlich peinlich, vor den beiden Besuchern von Jesus zu reden. Doch welche Mutter hätte in dieser Situation ihrem Kind eine Bitte abgeschlagen? Also erzählte sie:

»Jesus kam am Sabbat in eine Synagoge. Dort war ein Mensch mit einer verdorrten Hand. Und die Leute lauerten darauf, daß er den Sabbat bricht. Und er sprach zu dem Mann mit der verdorrten Hand: ›Steh auf und tritt in die Mitte!‹ Dann sagte er zu den anderen: ›Ist es erlaubt, am Sabbat Gutes zu tun oder soll man Böses tun? Ist es erlaubt, Leben zu retten oder soll man töten?‹ Die Leute schwiegen. Er blickte sich zornig um, und er war voll Traurigkeit über die Verstockung ihrer Herzen und sprach zu dem Mann: ›Streck deine Hand aus!‹ und er streckte sie aus, und seine Hand war geheilt.«[2]

Alle hatten ihr aufmerksam zugehört. Gamaliel sagte freundlich:
»Mirjam, ist das nicht ein anderer Fall als unser Schaf im Brunnen? Das Schaf würde ertrinken, wenn man es nicht sofort rausholt. Aber könnte der Mann mit der verdorrten Hand nicht einen Tag warten? Es geht doch nicht darum, Gutes oder Böses zu tun, zu heilen oder zu töten! Es geht darum, das Gute heute oder morgen zu tun.«
Daniel warf ein: »Da siehst du, was daraus wird, wenn man Zugeständnisse macht. Sie werden ausgenutzt. Dieser Jesus weiß genau: Alle Schriftgelehrten stimmen mit ihm darin überein, daß am Sabbat einem anderen Menschen geholfen werden darf. Und das legt er nun extrem aus: Jeder könne entscheiden, wann er die Sabbatregeln zu beachten habe und wann nicht, wann er zur Hilfe verpflichtet sei und wann nicht.«
Hannah hatte ungeduldig zugehört: »Ich verstehe diese Spitzfindigkeiten nicht. Es ist doch klar: Man darf am Sabbat helfen. Der Sabbat wurde für den Menschen geschaffen und nicht der Mensch für den Sabbat. Menschliches Leben ist mehr wert als der Sabbat.«[3]
Gamaliel verteidigte sich: »Was heißt hier helfen? Jemand könnte sagen, ich will meinem Nachbarn bei der Ernte helfen. Also darf ich die Sabbatregeln verletzen. Nein, es ist wichtig, daß wir die einzelnen Fälle genau regeln.«

1 Die Essener vertraten in der Tat diese strenge Meinung, wie wir aus der u. a. in Qumran gefundenen »Damaskusschrift« (abgekürzt CD) wissen: »Niemand soll Vieh beim Werfen helfen am Sabbattag. Und wenn es in den Brunnen fällt oder in eine Grube, so soll er es nicht am Sabbat wieder herausholen« (CD XI, 13 f.). Dasselbe wird auch für Menschen geltend gemacht: »Einen lebendigen Menschen, der in ein Wasserloch fällt oder sonst in einen Ort, soll niemand heraufholen mit einer Leiter oder einem Strick oder einem (anderen) Gegenstand« (am Sabbat) (CD XI, 16 f.). Die Pharisäer vertraten hier eine mildere Meinung: »Wenn ein Stück Vieh (am Sabbat) in einen Wassergraben gefallen ist, so bringt man Decken und Polster und legt sie ihm unter. Kommt es herauf, so kommt es herauf« (d. h. man braucht sich deswegen keine Sorgen wegen der Entweihung des Sabbats zu machen; b Schabbat 128 b). Mt 12,11 setzt für das 1. Jahrhundert n. Chr. sogar die Meinung voraus, man dürfe einem Vieh aktiv am Sabbat helfen.

2 Mk 3,1–5

3 Mk 2,27

Textauszug C

Andreas, ein griechischer Olivenhändler, ist zu Besuch bei Mattathias und Hanna. Ihre Tochter ist sehr krank. Gamaliel und Daniel, zwei Schriftgelehrte diskutieren am Krankenbett über die Frage des Helfens am Sabbat. Andreas versucht, im Streit um die Auslegung des Sabbatgebotes zu vermitteln. Er hat am Sabbat nach dem griechischen Arzt Hippokrates geschickt, der Mirjam helfen soll.

Ich versuchte zu vermitteln: »Darum laßt uns doch wenigstens für diesen Fall festhalten: Es ist erlaubt, am Sabbat nach einem Arzt zu schicken. Wir haben nichts Falsches gemacht, als wir nach Hippokrates gesandt haben.«
Das hätte ich nicht sagen sollen! Daniel fiel gleich über mich her: »Hippokrates – ein heidnischer Arzt! Ein Fremder! Gibt es denn keine jüdischen Ärzte in Tiberias? Nein, das ist wirklich zu viel. Erst den Sabbat brechen, dann die Reinheitsgebote verletzen. Weißt du nicht, daß Fremde und Juden sich nicht berühren sollen? Sie sollen so getrennt bleiben wie rein und unrein. Aber du willst ein jüdisches Mädchen von einem heidnischen Arzt behandeln lassen? Willst ihn in diese Stube kommen lassen?«
Ich entgegnete trotzig: »Hippokrates behandelt in Tiberias Juden. Wieso nicht in Kapernaum?«
Demonstrativ drehte uns Mattathias den Rücken zu, holte sich einen Hocker und setzte sich zu Hanna, die immer noch das fiebernde Kind auf dem Schoß hielt.
Gamaliel sagte ernst: »Die in Tiberias nahmen es mit den Reinheitsregeln nie so genau. Als Herodes Antipas die Stadt gründete, wußte er, daß diese Siedlung gegen unsere Gesetze verstieß. Denn Tiberias wurde auf vielen Gräbern gebaut.[4] Unser Gesetz sagt, daß solche Siedler unrein sind. Aber niemand beachtete das. Dieses Tiberias ist eine unreine Stadt!«
Daniel unterstützte ihn: »Die Nachlässigkeit breitete sich jetzt auf dem Lande aus. Die Jesusanhänger vernachlässigen den Unterschied zwischen rein und unrein. Sie waschen sich nicht die Hände vor dem Essen.[5] Sie ziehen durch die Felder und raufen Ähren am Sabbat.[6] Sie sondern sich nicht von den Fremden ab. Jetzt holen sie sogar heidnische Ärzte in jüdische Häuser!«
Nun wurde ich ärgerlich: »Ich bin kein Jesusanhänger! Ich habe Jesus nie gesehen. Und ich würde immer einen heidnischen Arzt holen, gleichgültig was Jesus oder ihr sagt! – Aber was hat Jesus zu den Reinheitsgeboten denn gesagt?«
Gamaliel erklärte: »Ich habe ihn darüber diskutieren hören. Er wischte alle unsere Überlegungen mit dem Argument weg:

›Nichts was von außen in den Menschen hereinkommt,
kann den Menschen verunreinigen.
Sondern was aus dem Menschen herauskommt,
das verunreinigt den Menschen!‹«[7]

Ich fragte: »Sagt er damit, daß es keinen Unterschied zwischen rein und unrein gibt?«
»Das ist es ja! Wenn er recht hätte, gäbe es keine unreinen Speisen mehr, keine unreinen Menschen, keine unreinen Orte. Alles wäre rein. Man könnte alles von Heiden kaufen und alles an Heiden verkaufen!«
Ich wurde hellhörig: »Man könnte auch Olivenöl von Fremden kaufen?«
Gamaliel nickte: »Das wäre die Konsequenz!«
Ich begann über mögliche Folgen für unseren Olivenhandel nachzudenken, aber dann platzte Mattathias in die Diskussion hinein:

4 Zur Gründung von Tiberias auf einem Friedhof vgl. Josephus ant 18,38 = XVIII, 2,3.
5 Vgl. Mk 7,1 ff.
6 Mk 2,23–28
7 Mk 7,15

»Was schert mich diese Diskussion über rein und unrein! Über eure Sabbatregeln! Brecht ihr nicht selbst den Sabbat, wenn ihr mit euren gelehrten Diskussionen andere Leute behelligt, anstatt uns und unser krankes Kind in Ruhe zu lassen? Seht ihr nicht, wie krank sie ist! Seht ihr nicht, daß wir ganz andere Sorgen haben! Aber ihr diskutiert über Helfen und Nichthelfen, Erlaubtsein und Nichterlaubtsein, anstatt zu helfen. Anstatt wenigstens still zu sein. Jesus sagt noch ganz andere Sachen über euch:[8]

›Weh euch, ihr Schriftgelehrten und Pharisäer, ihr Heuchler.
Ihr reinigt das Äußere des Bechers und der Schüssel.
Innen aber seid ihr voll von Raub und Unreinheit:
Weh euch, Schriftgelehrten und Pharisäer ihr Heuchler,
ihr ähnelt getünchten Gräbern, die von außen schön erscheinen,
innen aber sind sie voll toter Knochen und Unreinheit.‹

Recht hat er!«
Kein Zweifel: Das war ein Rausschmiß. Unsere beiden Schriftgelehrten wandten sich zum Gehen. Damaliel sagte noch:
»Du bist ungerecht, Mattathias. Die Sorge um dein Kind spricht aus dir! Möge es gesund werden!« Dann eilten die beiden hinaus.
Ich war versucht, ihnen nachzugehen. Gerne hätte ich etwas Versöhnliches gesagt. Aber jetzt war es wichtiger, Mirjam zu beruhigen. Ich setzte mich neben sie und erzählte ihr harmlose Geschichten, keine Wundergeschichten, sondern Fabeln und Märchen. Bald schlief sie ein. Und auch wir legten uns schlafen.

Textauszug D

Am Sabbatmorgen nach dem Synagogengottesdienst unterhalten sich der Olivenhändler Andreas, der bei der Familie des Mattathias zu Besuch ist und der pharisäische Schriftgelehrte Gamaliel über die Auslegung des Gesetzes. Der Olivenhändler zu dem Einwand, die Kaufleute seien an einer Abschaffung der vielen Feiertage interessiert:

»Keiner unter uns will diese vielen Ruhetage abschaffen! Warum aber die vielen Regeln im einzelnen? Warum die Aufregung, wenn nicht alle gehalten werden?«
»Keiner will sie abschaffen! Aber viele Reiche hätten gerne, daß ihre Sklaven, ihre Dienerinnen, ihre Pächter am Sabbat für sie arbeiteten! Dann könnten sie noch mehr verdienen! Zumal sie sehen, wie ihre heidnischen Konkurrenten und Geschäftspartner ihre Leute ausnutzen und auch am Sabbat arbeiten lassen. Sie wollen gewiß nicht den Sabbat abschaffen, aber sie würden ihn aushöhlen. Sie würden tausend Ausnahmen zulassen! Wenn es um Geld geht, muß man mit ganz scharfen Bestimmungen gegenwirken – sonst setzen sich Geld und Reichtum durch.«
»Befürchtest du denn, daß Leute wie Jesus den Sabbat in diesem Sinne aushöhlen?«
»Absichtlich tut er es gewiß nicht. Im Gegenteil! Reiche und Mächtige finden bei ihm wenig Unterstützung! Aber was er zu wenig bedenkt: Sein Beispiel könnte Schule machen. Es könnte modern werden, das Arbeitsverbot am Sabbat lax zu handhaben. Andere könnten das in ihrem Sinne ausnutzen.«
»Ist es nach deiner Meinung verboten, was Jesus tut?«
»Das kann man nicht sagen. Alles, was Jesus zum Sabbat und zu den Reinheitsgeboten lehrt, könnte auch einer von uns sagen. Gewiß hat er eine radikale Auffassung. Aber bei uns vertreten viele radikale Auffassungen.«
»Aber warum gibt es immer Streit um seine Lehre?«

8 Mt 23,25–27
9 Daß die Juden den Sabbat aus Faulheit hatten, meinen Tacitus (hist V,5) und Juvenal (sat XIV,105 f.).

»Er denkt zu wenig an die Konsequenzen. Er sieht nicht, daß jede Durchlöcherung der Sabbatregeln später dazu führen könnte, daß wir wie die Heiden leben! Und diese Unbesonnenheit findet sich oft bei ihm! Er gibt sich mit zweifelhaften Gestalten ab: mit Säufern, Prostituierten, Betrügern. Das ist nicht verboten. Wer Sünder auf den rechten Weg zurückbringt, findet unsere Anerkennung. Wir wissen, daß Gottes Barmherzigkeit denen gilt, die versagen! Wir freuen uns über die Umkehr der Bösen! Aber er ißt mit ihnen zusammen, ohne sich zu vergewissern, daß sie sich von ihrem bisherigen Leben abgekehrt haben. Er stellt keine Anforderungen. Er hofft, daß sie schon von selbst zur Umkehr kommen! Das nenne ich Leichtsinn. Vielleicht hilft er einigen Menschen so. Aber was für Auswirkungen hat es auf die vielen anderen? Werden sie nicht sagen: Warum muß ich mich noch anstrengen, das Gute zu tun? Wenn Jesus recht hat, ist Gott auch so schon mit mir zufrieden.«
Gamaliel hatte sich in seine Gedanken gesteigert. Seine Worte wurden bewegter.
»Ja«, sagte er. »Dieser Jesus könnte mein Schüler sein! Er könnte alle seine Meinungen vertreten. Aber ich würde ihn zwingen, die Konsequenzen für unser Volk und das alltägliche Leben zu durchdenken...
Ich darf noch einmal betonen: Die Meinungen, die Jesus vertritt, können von uns Pharisäern und Schriftgelehrten vertreten werden. Wir sind gewohnt, viele Meinungen zu diskutieren. Aber Jesus entzieht sich unseren üblichen Diskussionsmethoden. Er äußert seine Meinung nicht als eine Meinung neben anderen. Er diskutiert sie nicht mit Gründen und Gegengründen. Er tut so, als spreche Gott selbst aus ihm! Diese Mißachtung unserer Formen – das ist das Anstößige an ihm.«
Wir unterhielten uns noch lange über Jesus. Ich merkte, wie mich diese Gestalt anzog. Auch ich pendelte zwischen den Fronten. War ich nicht einem Zöllner vergleichbar, nur daß ich nicht Geld sammelte, sondern Informationen, um sie an die Römer weiterzugeben. Müßte dieser Jesus nicht Verständnis für mich haben?
Ich kehrte mit Gamaliel in die Hütte des Mattathias zurück. Gamaliel brachte Früchte mit, um sie Mirjam zu schenken: »Am Sabbat soll Friede unter uns sein«, sagte er. Und Mattathias antwortete: »Schalom! Friede sei mit dir!«
Der gestrige Eklat war ausgeräumt.
Bald kamen auch die Jungen mit Hippokrates aus Tiberias. Er untersuchte Mirjam und meinte: »Das Schlimmste ist wohl vorbei!«
Da wurde es wieder hell in der kleinen Hütte, als finge das Leben noch einmal von vorne an.

ZM 7: Arbeitsblatt zur Entstehung der Evangelien

Ordnen Sie die folgenden Bilder und Texte einander zu. Ordnen Sie sie nach den folgenden Gesichtspunkten:

1. Geschichten und Texte, die bei MK, Lk und Mt vorkommen

Die Taufe Jesu

Markus 1,9–11
Mt 3,13,13–17
Lk 3,21–22

2. Geschichten und Texte, die nur bei Mt vorkommen

3. Geschichten und Texte, die nur bei Lk vorkommen

4. Geschichten und Texte, die bei Mt und Lk vorkommen, jedoch nicht bei Mk

Die Flucht nach Ägyptern

Das große Abendmahl

Das Gleichnis vom barmherzigen Samariter

Die Heilung des Gelähmten

Die Taufe Jesu

Aus der Bergpredigt bzw. der Feldrede:

Das Vaterunser

Die Seligpreisungen

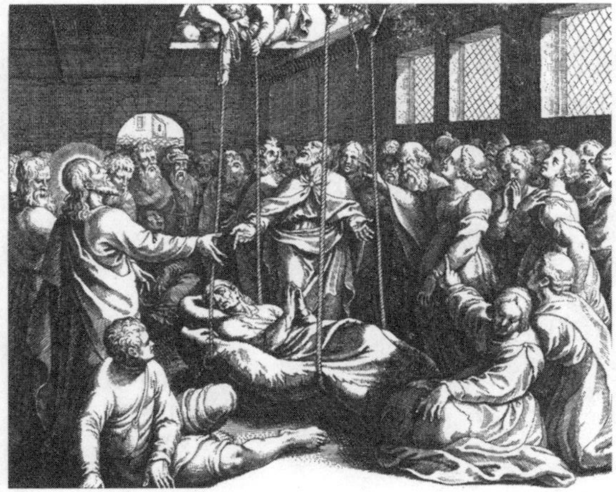

Das Gleichnis von den Arbeitern im Weinberg

Zachäus

Markus 1,9–11
Mt 3,13,13–17
Lk 3,21–22

Mt 2,13–15

Mt 5,3–12
Lk 6,20–23

Lk 19,1–10

Mk 2,1–12
Mt 9,1–8
Lk 5,17–26

Mt 22,1–10
Lk 14,15–24

Mt 20,1–16

Lk 10,25–37

Mt 6,9–13
Lk 11,1–4

1. Geschichten und Texte, die bei MK, Lk und Mt vorkommen

Die Taufe Jesu

Markus 1,9–11
Mt 3,13,13–17
Lk 3,21–22

Die Heilung des Gelähmten

Mk 2,1–12
Mt 9,1–8
Lk 5,17–26

2. Geschichten und Texte, die nur bei Mt vorkommen

Die Flucht nach Ägyptern

Mt 2,13–15

Das Gleichnis von den Arbeitern im Weinberg

Mt 20,1–16

3. Geschichten und Texte, die nur bei Lk vorkommen

Das Gleichnis vom barmherzigen Samariter

Lk 10,25–37

Zachäus

Lk 19,1–10

4. Geschichten und Texte, die bei Mt und Lk vorkommen, jedoch nicht bei Mk

Aus der Bergpredigt bzw. der Feldrede:

Das Vaterunser
Mt 6,9–13
Lk 11,1–4

Die Seligpreisungen
Mt 5,3–12
Lk 6,20–23

Das große Abendmahl

Mt 22,1–10
Lk 14,15–24

ZM 8: Matthäus, Markus und Lukas – Ein Vergleich

1. Mk ist mit geringen Ausnahmen sowohl im Mt als auch im Lk enthalten; es gibt Übereinstimmungen in der Reihenfolge und im Wortlaut der Perikopen.
   Welche Schlußfolgerungen kann man daraus ziehen?
   Mt und Lk haben das Mk-Ev. gekannt und in ihr Evangelium übernommen.
2. Mt enthält viele wichtige Abschnitte, die nicht bei (Mk und) Lk enthalten sind.
   Lesen Sie dazu Mt 13, Mt 18, Mt 20 und Mt 25.
   Welche Schlußfolgerungen kann man daraus ziehen, daß Lk wichtige Stücke des Mt nicht in sein Evangelium aufgenommen hat?
   Lk hat Mt nicht gekannt; sonst hätte er die genannten Abschnitte zumindest teilweise in sein Evangelium übernommen.
3. *Lk enthält viele wichtige Abschnitte, die nicht bei Mt enthalten sind.*
   Lesen Sie dazu Lk 2, Lk 15, Lk 16, Lk 18 und Lk 19.
   Welche Schlußfolgerungen kann man daraus ziehen, daß Mt wichtige Abschnitte des Lk nicht in sein Evangelium aufgenommen hat?
   Mt hat das Lk nicht gekannt, sonst hätte er die genannten wichtigen Abschnitte zumindest teilweise in sein Evangelium aufgenommen.
   Welche Schlußfolgerung kann man aus 1)–3) für die Abhängigkeit der ersten drei Evangelien untereinander ziehen?
   Mt und Lk haben sich gegenseitig nicht gekannt und unabhängig voneinander das Mk-Ev. bei der Abfassung ihrer Evangelien benutzt.
4. Mt und Lk haben viele Abschnitte gemeinsam (oft wörtliche Übereinstimmung), die nicht im Mk vorkommen.
   Lesen Sie dazu Lk 11 / Mt 6; Lk 6/Mt 8; Lk 10/Mt 10.
   Welche Schlußfolgerungen kann man daraus ziehen?
   Mt und Lk haben bei der Abfassung ihrer Evangelien eine weitere schriftliche Quelle benutzt. Diese Quelle können wir aus dem Vergleich von Mt und Lk erschließen; da in ihr hauptsächlich Worte (Logien) Jesu enthalten waren, nennt man diese Quelle auch Logienquelle oder Spruchquelle, abgekürzt: Q.
5. *Aus (2) und (3) kann man folgern, daß Mt und Lk neben Q und dem Mk bei der Abfassung ihrer Evangeliun noch andere (schriftliche oder mündliche) Quellen benutzt haben. Diese Stücke nennt man »Sondergut« (S).*
   Da sich Mt und Lk auf zwei schriftliche Quellen stützen, nennt man diese Theorien über die Entstehung der Evangelien: »Zweiquellentheorie«. Man kann diese Zweiquellentheorie auch graphisch darstellen.